中国社会科学院创新工程学术出版资助项目

资产阶级新闻观批判文选

中国社会科学院 编

中国社会科学出版社

图书在版编目(CIP)数据

资产阶级新闻观批判文选/中国社会科学院编.—北京：中国社会科学出版社，2017.12

ISBN 978-7-5203-1561-6

Ⅰ.①资… Ⅱ.①中… Ⅲ.①马克思主义—新闻学—中国—文集 Ⅳ.①G219.2-53

中国版本图书馆 CIP 数据核字(2017)第 302790 号

出 版 人	赵剑英
责任编辑	田　文
特约编辑	刘景钊
责任校对	张爱华
责任印制	王　超

出　　版	中国社会科学出版社
社　　址	北京鼓楼西大街甲 158 号
邮　　编	100720
网　　址	http://www.csspw.cn
发 行 部	010-84083685
门 市 部	010-84029450
经　　销	新华书店及其他书店
印　　刷	北京君升印刷有限公司
装　　订	廊坊市广阳区广增装订厂
版　　次	2017 年 12 月第 1 版
印　　次	2017 年 12 月第 1 次印刷
开　　本	787×1092　1/16
印　　张	18.25
插　　页	2
字　　数	271 千字
定　　价	78.00 元

凡购买中国社会科学出版社图书，如有质量问题请与本社营销中心联系调换
电话：010-84083683
版权所有　侵权必究

序

世界历史发展的实践证明，选择什么样的指导思想，选择什么样的社会制度，选择什么样的发展道路，将会深刻地影响一个国家、一个民族的前途命运。当前，面对各种思想文化交流交融交锋的新形势，哲学社会科学战线的一项重要任务是自觉坚持以马克思主义为指导，深入批判"普世价值"论、"宪政民主"观、新自由主义、历史虚无主义、民主社会主义、资产阶级新闻观等错误思潮，坚定中国特色社会主义道路自信、理论自信、制度自信和文化自信。

冷战结束以来，在西方所谓"普世价值"论的鼓吹下，一些国家被折腾得不成样子，有的四分五裂，有的战火纷飞，有的整天乱哄哄的……阿富汗、伊拉克、叙利亚、利比亚、也门等国家就是典型案例。西方资本主义价值体系给这些国家带来的显然不是"福音"或"救世良方"，而是无尽的动荡和灾难。这些国家和地区惨痛的教训证明，根本就没有普遍适用于一切社会、一切国家和一切民族的永恒的价值观。价值观念从来都是一定历史条件下具体社会经济政治形态的产物，都是具体的、历史的、变化的，总是与一定的社会经济政治关系相联系，所谓抽象的、超阶级的、超历史的"普世价值"在现实生活中不可能独立存在。一些人宣扬的"普世价值"论，是一个有特定政治含义和具体企图的思想陷阱，其针对我国的目的，就是要否定四项基本原则，而代之以西方资产阶级意识形态，本质上是要否定中国共产党的领导、否定马克思主义的指导地位、否定人民民主专政、否定社会主义制度。

"宪政民主"观是近年在我国意识形态领域涌现的又一股错误思潮。在党中央作出全面推进依法治国重大战略部署的背景下，有人趁机兴风作浪，故意混淆"依法治国"、"依宪治国"、"依宪执政"与西方"宪政民主"的本质区别。"宪政民主"是伴随西方资本主义的产生而发展起来的政治理念，逐渐演变成为西方资产阶级的主流政治和制度主张，完全是西方资产阶级的国家理念、政治模式和制度设计。他们鼓吹的"宪政民主"，实质上是要彻底否定我国社会主义人民民主和法治、社会主义制度、中国共产党领导下的人民民主专政的社会主义国体，代之以西方资本主义的法治理念和法治模式，搞"三权分立"、"多党制"和"议会制"，一句话搞资产阶级专政的资本主义国体。"宪政民主"显然绝对不是什么"普世民主"或"普世价值"，不是适用于一切国家的政治制度。我国是具有本国具体历史和现实特点的社会主义国家。我国适合什么样的制度，适用什么样的模式，是由我国国情决定的。照抄照搬他国的政治制度和政治模式行不通，甚至会把国家前途命运葬送掉。中国是一个社会主义的发展中大国，我们需要借鉴国外政治文明的有益成果，但绝不能放弃中国特色社会主义政治制度的根本。

　　新自由主义思潮是随着我国改革开放而渗入进来的。从本质上看，新自由主义是西方资产阶级的意识形态，代表了国际金融垄断资本的核心利益和价值观念，通过鼓吹完全私有化、彻底市场化、绝对自由化和全球一体化，为以美国为首的国际金融垄断资本开辟全球空间。新自由主义先后被英、美金融垄断资产阶级捧上了西方主流经济学的宝座，逐步由经济思潮转化为附带一系列政策、举措的意识形态主张，并迅速向拉美、亚非、东欧等国家和地区广泛蔓延。自90年代后期开始，新自由主义的"副作用"开始显现，先后导致一系列引进新自由主义的国家与地区的经济深受重创，社会动荡不安，人民苦不堪言。2007年美国次贷危机全面爆发，随即蔓延为一场全球性的金融危机。这十年来，为了走出金融危机与经济衰退相互拖累的发展困境，以美国为首的西方主要国家被迫采取加大政府开支、扩大基础建设投入等政府干预政策。可以说，世界金融危机这场肇始于美国的"经济灾难"正式宣告了新自由主义的彻底破产。这一破产表明,当代资本主义并没有从根本上解决生产社会化同生产资料私人占有之间的内在矛盾;周期性经济危机的爆发是资本主义基本矛盾发展的必然产物。正是由于生产资料占有方式的不同,社会主义市场经济的公有制本质决定了经济危机的可规避性、可防范性。中国特色社会主义的成功实践告诉人们,只有将公有制为主体的制度与市场经济紧密结合,同时用好"看得见的手"和"看不见的手",才能使社会主义制度的优越性更好地发挥出来。

西方新闻自由观是资产阶级在欧洲大陆血雨腥风的斗争中形成的,曾经为资本主义打倒封建制度的传播武器。然而,随着岁月流逝,新闻自由的进步因素在西方传媒界越来越被淡化,越来越变成一种巩固资本主义统治、打压社会主义和一切寻求国家独立与社会进步发展的国家的武器。以美国为首的西方国家,根据所谓的国家核心利益的诉求,肆意扭曲与歪曲新闻自由,使新闻自由成为"为我所用"、"唯我独尊"的"法宝"。这也充分暴露了西方新闻自由观的虚伪性、自私性、两面性和独裁性。为了针对中国,美国等西方国家把新闻自由等价值观包装成全球公共产品,以全人类"适世价值"观为幌子,宣传资本主义国家的制度优势,以此进行思想控制,进而危害中国的国家安全和中国社会的和谐稳定。

当然,对充满西方意识形态色彩的错误思潮的否定与批判,并不等于全盘否定西方现代文明所创造的一切有价值的、于我有用的思想与文化。中国特色社会主义是在汲取世界先进文明的基础上发展起来的。

以习近平同志为核心的党中央坚持马克思主义指导,高扬中国特色社会主义伟大旗帜,坚持中国特色社会主义道路自信、理论自信、制度自信和文化自信,大力加强意识形态工作,对错误思潮予以鲜明的批判和抵制,不断巩固马克思主义的指导地位,巩固全国人民共同奋斗的思想基础。中国社会科学院党组按照党中央的决策部署,积极组织院内外专家学者,围绕错误思潮的源流、本质及其危害等问题,展开了一系列深入的研究与批驳,推出了一批较有影响的论著,受到了社会各界的广泛关注和充分肯定。

本套文选选编了近年来公开发表的一些重点文章。这些文章积极运用马克思主义的立场、观点、方法,对各种谬论展开了具体而深入的批判。

我们期望这套文选的出版,能够帮助广大干部群众进一步学好马克思主义,学好习近平总书记系列重要讲话,将自身原有的理论素养转化为清醒的理论自觉、坚定的政治信念、科学的思维方法,在推动马克思主义中国化、时代化、大众化,推进中国特色社会主义理论体系创新发展,加快构建中国特色哲学社会科学创新体系,巩固和发展中国特色社会主义方面,发挥更为积极的作用。

是为序。

王伟光

2017 年 10 月

目 录

一

被劫持的"新闻自由"与文化领导权 ………………………… 赵月枝(3)

西方新闻自由与国家核心利益 ……………………… 尹韵公 王凤翔(13)

《世界新闻报》窃听事件和西方新闻自由再审视 ………………… 童 兵(20)

从"《查理周刊》事件"透视西方新闻观的现实困境和
　　逻辑悖论 ………………………………… 新华社新闻研究所课题组(37)

从宪法《第一修正案》到"窃听门"事件：关于美国新闻
　　自由的反思 ……………………………………………………… 於 春(46)

从《世界新闻报》事件看西方的新闻自由、社会责任与
　　资本至上 ………………………………………………………… 黄 瑚(57)

试论美国新闻业言论自由角色与结构自由角色之
　　冲突及理论根源 ………………………………………………… 姜 华(62)

西方新闻自由思潮批判与我国意识形态安全 ……… 刘玲玲 王 岩(78)

美国新闻自由并非没有边界 ……………………………………… 毛 莉(89)

真理还是神话：西方新闻观的真相 ……………………………… 王 强(92)

二

美国新闻专业主义观念发展史的评述与反思 ……… 郑保卫 李玉洁（103）
厘清对"新闻专业主义"的认知
　　——兼论对美国"新闻专业主义"的质疑 ……………… 童　兵（123）
为什么今天我们对西方新闻客观性失望？
　　——谨以此文纪念"改革开放"30周年 ……………… 赵月枝（129）
为什么美国媒体会"遗漏"重要新闻？ ……………… 李希光（145）
追问"新闻专业主义迷思"
　　——一个历史与权力的分析 ………………………… 王维佳（155）
美国新闻公评人制度：新闻道德控制的幻象 ……… 单　波 陈俊妮（167）
从"雷诺兹特权"案浅析西方新闻的工具性 …………… 王丹妮（178）
"不死的上帝"在哪里？
　　——从美国大选看西方新闻报道"客观公正"的
　　　虚伪性 ……… 唐润华 文　建 张　宸 申　琰 陈　怡（185）
新闻专业主义的现实困境及其在中国生发的社会土壤
　　——以BBC为例 ………………………………………… 常　江（194）
西方新闻专业主义的逻辑悖论及其启思 ……………… 刘文辉（202）
警惕西方新闻观的侵蚀 ………………………………… 曹仁义（214）

三

美国总统与记者的角斗 ………………………………… 刘建明（221）
再塑新闻魂
　　——浅谈马克思主义新闻观及其科学与价值 ………… 李　彬（230）

"去政治化""去意识形态化"的神话
　　——美国媒体价值观传播的历史脉络与实践
　　　　经验 ………………………………… 史安斌　廖鲽尔（250）
"川普"奇观与美国政治新闻的困境 …………… 史安斌　周迎昕（259）
西方媒体真的不讲政治吗？ …………………… 张涛甫　郑保卫（267）
从美国大选报道看西方媒体的局限性 ………………… 黄楚新（271）
为何美国媒体漠视"民主之春" ………………………… 詹得雄（275）
民主失算与媒体失范 …………………………………… 李新烽（281）

被劫持的"新闻自由"与文化领导权

赵月枝

国际话语体系中讨论问题框架的置换

中国官方和知识界的某些人，尤其一些新自由主义知识分子，是以其昏昏，使人昭昭。这一点在对美国的理解上表现得特别明显。更令人遗憾的是，新自由主义知识分子跟官方互相较劲，你跟我急我就跟你更急；你越批评美国模式和西方"普世价值"，我就把美国模式更加理想化，把"普世价值"更加神圣化，从而造成了一种恶性循环。这是很典型的文化领导权旁落的表现。

毛泽东时代，中国在国际上是有一定文化领导权的。20世纪60年代，中国在人权问题上站在道义的制高点上，指着美国鼻子说，你们对本国的黑人如何如何，你们的人权状况有待改善。当时，国际意识形态领域存在着资本主义和社会主义两个话语体系或两种"普世价值"，以及背后的两种社会政治经济制度的对立与竞争。然而，正如萨米尔·阿明所言，随着20世纪70年代末新自由主义意识形态霸权在全球的建立，战后国际话语体系中资本主义和社会主义的对立，被置换成了民主和专制的对立。在民主和专制的二元选择面前，民主有着不言自明的道义制高点，而民主又被等同于资本主义自由民主。这样一来，西方所代表的资本主义自由民主制度及其意识形态就成了唯一、当然的"普世价值"体系。

毋庸置疑，在这一国际意识形态斗争过程中，媒体和学界是最主要的场域。

随着讨论问题的框架被置换，讨论问题的词汇自然也被改变了。在这方面，国内媒体和学界比西方更有过之无不及。在我熟悉的西方批判学术界，诸如"意识形态斗争""资本主义""阶级"这些词，现在都还常见。但是在国内的语境下，这些词汇却变得特别刺眼，比如我的一篇文章在某大学新闻学院一个学术刊物上发表的过程中，审稿的编辑一定要我把"资本主义"改成"市场经济"，"阶级"改成"阶层"。

"新闻自由"诉求不等于人民的表达权利

我们需要在以上国内外新自由主义意识形态语境下理解当下的"新闻自由"话语。在这一语境下，"新闻自由"不仅是占据宪法和道德制高点的理所当然的原则，而且不言自明地意指：（1）新闻报道不受政府干预；（2）开放媒体市场，允许私人办媒体。这样一来，只要中国的媒体还是国家所有，只要中国不开放私人媒体，那就没有新闻自由。

泛泛而谈，就像民主是个好东西一样，自由也是个好东西。但是，争取新闻自由的出发点和落脚点应该是什么？对此，恐怕没有人会否认，是为了民主自治和实现全体人民的表达权利。然而，无论在理论上还是实践中，公民的表达权利都并非简单地等同于媒体不受党政权力控制、开放媒体市场和实现媒体私有化。在"新闻自由"诉求与人民的表达权利之间，往往存在着矛盾和鸿沟。

实际上，中国共产党本来是有一套新闻自由理论的，就是基于马克思主义阶级理论的新闻自由观。这个理论认为，新闻自由是有阶级性的。回顾历史，中华人民共和国的立国过程包括了共产党领导的中国革命以"人民"的名义剥夺"资产阶级新闻自由"的过程；包括了在宪法序言中所言的"工人阶级领导的、以工农联盟为基础的人民民主专政，实质上即无产阶级专政"的基础上，建立起"无产阶级新闻自由"的过程。在这一语境中，"无产阶级新闻自由"首先被定义为，新闻机构摆脱国内外私人资本控制的自由。

我在此指出这一点，无意重构"无产阶级新闻自由"理论，而是通过对自由主义新闻理论和具体历史实践的相关讨论，加深对新闻自由问题复杂性的认识。不可否认，在当下中国的"新闻自由"舆论中，存在着事实上的资产阶级价值观和话语霸权。一个重要的表现是，西方自由主义新闻理论和美国宪法第一修正案成了中国"新闻自由"言说的理论和世界历史及现实的参照。

例如，我们的新闻教育至今还在用美国冷战新闻学中最富反共色彩的教科书，即斯拉姆等人的《报刊的四种理论》。实际上，早在1995年美国伊利诺伊大学出版了一本书，叫《最后的权利：反思报刊的四种理论》(Last Rights: Revisiting Four Theories of the Press)。该书从学术角度将《报刊的四种理论》批得体无完肤。然而，这本美国当代学者的批判之作在中国被视而不见①，而《报刊的四种理论》至今仍被列为经典。这一现象，令人深思。

公民的言论自由，还是新闻媒体的自由？

任何一部宪法都明言保障公民的言论自由，但这并不等于新闻界的自由，更不等于私人所拥有的已经成为跨国财团的媒体机构的自由。当下流行的"新闻自由"言说有意无意混淆了两个相关但并不一致的自由主体：公民的言论自由，还是作为特定社会组织机构的新闻媒体的自由？

《中华人民共和国宪法》第三十五条规定，"中华人民共和国公民有言论、出版、集会、结社、游行、示威的自由"，而没有明言保障新闻机构的自由。这里的作为个体的"公民"概念如何与宪法序言和总纲中作为国家主体的集合性的、有明确阶级含义的"人民"概念相衔接，正是问题的

---

① 汕头大学出版社于2008年翻译出版了《最后的权利》。

关键所在。然而，在当下的舆论中，新闻机构的自由似乎成了作为个体的"公民"的言论自由的同义语。当然，由于新闻机构从事言论表达和出版，其自由可以被认为是公民言论和出版自由的延伸。但是，无论是相对于作为集体的"人民"还是作为个体的"公民"的表达和出版自由，媒体机构的表达和出版自由都是延伸性的或从属性的。

虽然作为个体的公民的出版自由是宪法保障的，在一个社会成员对物质和文化资源的占有不平等的社会里，如何最大限度地实现最大多数公民——宪法序言和总纲里的"人民"的出版自由，是一个非常具体而又复杂的制度设计问题。中国在改革开放前，媒体不但为党和国家所有，而且由国家财政支持，不从事任何商业牟利活动。但过去二三十年以来，随着媒体的商业化和媒体自身变成了利益集团，随着中国社会的阶级分化，这个问题就变得很复杂了。

广告资助媒体是"经过算计的自由化"

西方把公民出版自由的实现途径定义为个体公民自力、媒体的自由。而这种媒体又按自由主义模式被定义为私人公司拥有的，以广告为支撑、以营利为主旨的媒体。如此，没有能力拥有媒体或成为广告商的广大民众在媒体上的表达权利，包括这些媒体所雇用的新闻工作者的表达权利，就会从属于媒体所有者的私人产权和在此基础上形成的阶级权力，从而导致少数"豪民"或"豪民"阶级劫持人民的出版自由权利。与此相关，广告支撑的媒体市场不是按"一人一票"的民主逻辑运作，而是按"一元一票"的"钱主"逻辑运作的。传媒资本与广告商不会向那些反资本、迎合低消费能力的劳工阶级和农民阶级的媒体注资和投入广告费用。

然而在国内，包括媒体政策部门、学术界和主流舆论界，普遍存在一个认识误区，把媒体的市场机制理解为政治上中性的经济化约主义。更有甚者，媒体市场中的消费者被等同于政治意义上的"人民"。这是典型的市场民粹主义立场。

纵观西方新闻史，从党派媒体到市场开放下"自由"媒体的转型过程，并不是一个简单的经济问题，而是一个重大的政治问题和意识形态斗争的过程。这方面最典型的是英国报业史。

英国资产阶级在巩固其意识形态统治过程中，曾经面临一个"疏"和"堵"的策略选择。面对政府的垄断经营和高印花税政策，正在崛起的英国工人阶级出版非法报纸来表达自己的声音。英国议会就此展开辩论：如何最有效地把工人阶级的报纸打压下去。保守派主张"堵"，增加印刷成本；自由派、改革派则主张"疏"，放开媒体市场。结果，改革派占了上风。放开市场后，那些为工人阶级说话的报纸因为没有广告商的支持，"自然而然"地渐渐消失了。这也就是说，广告资助媒体这一制度设计本身是一种政治选择，英文叫 calculated liberalization，即经过算计的自由化。其目的就是为了打压工人阶级的媒体，而资产阶级也正是通过媒体的商业化和市场自由化，来巩固其话语权，实现意识形态领导权的。

关于这个问题，著名英国传播学者詹姆斯·卡伦在《媒体与权力》（*Media and Power*）一书中有深刻分析（这本书在国内早有翻译）。卡伦引用了英国报业史上一个强有力的实例：拥有474万下层劳工读者的激进报纸《每日导报》（*The Daily Herald*），由于无法得到足够的广告收入而在20世纪60年代被迫关闭。意味深长的是，这份报纸的读者人数比另外三家迎合统治阶层和中产阶层的报纸——《泰晤士报》（*The Times*）、《金融时报》（*Financial Times*）和《卫报》（*The Guardian*）——读者总人数多出将近一倍。

需要强调的是，这里所讨论的是内在于商业化、市场化和资本化机制的媒体的阶级倾向性问题，与商业化媒体人的主观意识形态立场还不是一回事。也就是说，一旦媒体是由广告商资助和被纳入市场化以及资本化运作的轨道，资产阶级的话语权也就体制性地建立起来了，这不是个人的主观意志和政治倾向性能够左右的。当然，媒体所有者和从业者的主观意识形态和政治立场也很重要。比如，当下国内一些媒体和网络在报道"八卦新闻"和负面新闻时，是有强烈的主观选择性的。在西方具体的媒体运作中，内在于商业化体制和市场机制的资产阶级倾向性往往与媒体所有者和从业者的主观意识形态相辅相成，从而形成强大的资产阶级意识形态和话语霸权。

美国媒体改革家：新闻应该成为公共产品

令人深思的是，在国内的传媒政策界和学术界，不但有很多人在抽象地讲放开市场等于更多的媒体自由，而且还有不少人天真地希望通过"占领媒体市场"来达到意识形态控制的目的。事实上，如果中国还希望建立社会主义话语体系，如果共产党领导的新闻事业还希望坚持党性与人民性一致性的言说，共产党在媒体治理体制和机制问题上，就不得不认清和面对这一现实——如果让媒体走商业化、市场化和资本化之路，必然会导致资本主义话语体系和资产阶级话语霸权的建立。

某些人以为占领了媒体市场就能建立共产党意识形态领导权的认识，表明新闻媒体界思路的不清醒，其最终结果将使作为社会主义制度自我完善的中国改革南辕北辙。

实际上，即使是在美国，随着20世纪80年代以来的全球新自由主义浪潮，200多年前出现的个体出版商已演变为全球媒体和互联网巨无霸，有关新闻自由的讨论早已不得不面对一个悖论：美国宪法第一修正案已被强势私有媒体集团所劫持，成了它们反对立法机构以实现公民传播权利和社会自治名义促进媒体制度民主化的挡箭牌。尤其值得注意的是，这一法案在美国的法理辩论和法院判决案例中一直有不同的解读。其中以自由主义学者亚历山大·迈克约翰（Alexander Meiklejohn）为代表的"大多数立场"强调，第一修正案是保障每个公民都能最大限度地参与公共事务的立法，而不是保护媒体产业拥有者的立法。在美国司法实践中，最高法院1969年著名的"红狮"（Red Lions）案，明确体现了公众利益高于广播电台拥有者利益的原则。杰洛姆·巴伦（Jerome Barron）这样的知名法学者，则强力倡导把这一原则延伸到报业。

在当下西方学术讨论中，新闻自由原则已被认为是更好和更广泛的公民传播权利概念的一部分。这个概念涉及一系列以实现民主自治为目标的公民权利，包括新闻机构作为社会公共舆论机关相对于政府的自由，同时也与其他一些对立的权利相平衡，如名誉权、公正审判、国家安全等。它不仅包括公民对多元信息的近用权和对媒体报道的回应权，而且包括弱小声音被听到的权利。同时，它也考虑群体利益，关注经济文化不平等这一现实因素对公民平等、有效地实现自由表达权利形成制约的问题。

更值得注意的是，针对媒体的深层危机和互联网领域出现的极端商业主义和垄断控制现象，美国还有更为激进的媒体改革建议。今年初，著名媒体改革家麦克切斯尼（Robert McChesney）在一篇文章中就建议，新闻应该成为公共产品。既然大型网络提供商和谷歌这样的互联网公司本身就不是自由市场竞争的结果，而是特定国家政策的产物，它们就应该像美国的公路系统那样，成为公有或非营利的机构。这种激进的新闻改革言论有很强的社会主义色彩，但时至今日，国内新自由主义学者过滤进来的西方"新闻自由"理论，还是美国冷战时期最具反共色彩的新闻自由理论。

特定的"新闻自由"可能劫持人民的表达权利

尤其需要指出的是，这种带有新自由主义意识形态色彩的"新闻自由"诉求，可能会劫持人民的表达权利。一方面，它可能被业已商业化和利益集团化的媒体机构所劫持，从而使"新闻自由"变成媒体机构的自由；而媒体机构则以公民自由之名为特定的阶级利益服务，进而谋取一己之私。另一方面，在国际语境下，"新闻自由"在很大程度上已被美国前国务卿希拉里所宣称的"信息自由流动"和"网络自由"的话语所劫持，从而使中国共产党想通过对思想和舆论领域的干预来重建文化领导权的努力，失去任何意识形态和道德制高点。

不可否认，在中国目前语境下，把"新闻自由"定义为新闻机构相对于党政权力机构的自由有其针对性。而如何阻止媒体公权力的官僚化以及事实上存在的新闻公权私有化倾向，也是一个非常迫切的问题。但是，重建媒体党性和人民性一致性的理论和制度设计，不应陷入非此（现状）即彼（新自由主义化）的二元选择。媒体新自由主义化所带来的未必是人民传播权利的实现，反而会让本土与跨国资本假自由之名，抢占本该属于全体人民的社会传播空间。天真地期待媒体机构与国家分手，并通过市场逻辑的运作成为监督国家的"第四权力"以及为民请命的"包青天"，既忽略了更深层的传播政治经济分析，也可能掩盖媒体机构本身与广大民众之间可能存在的矛盾。当下，媒体表达权在不同社会群体中的实际分配非常不平等，不同社会个体的表达能力也极不平衡；媒体机构本身已被商业化，并在此过程中催生了既得利益群体，而新的资本拥有阶层也已形成。

在这样的社会政治经济背景下，我们有必要对非党政机关的权力保持警觉，包括资本拥有者和媒体管理者的权力。尤其是对这两个权力及其舆论代言者在"新闻自由"名义下将公有媒体私有化的动机要保持警觉。在讨论媒体机构自由权利的同时，也应该讨论民众对媒体机构的监督权和近用权，更应该讨论如何使全体人民更直接、更有效地实现自由表达的权利。

中国在国际意识形态场域要敢于说话

在当下不平等的世界体系中，西方强势跨国媒体集团不仅希望把整个世界变成其资本积累的场域，而且希望根据跨国资本的利益传播单一意识形态，甚至通过制造新闻来影响他国政治。在这样的背景下，"新闻自由"必然事关国家主权。而在中国，辛亥革命一百多年后的今天，以下问题依然没有解决：一个主权国家是不是应该放弃孙中山先生倡导的"节制资本"——包括境外资本这一强大构建性力量——的任何手段？

英文有个词叫 national control，就是本国控制。在这一点上，美国往往寸土不让——这在美国政府对华为公司到美国投资所采取的各种或明或暗的强硬手段中可见一斑。在当下西方针对中国的"新闻自由"舆论攻势中，"本国控制"这个词被等同于共产党的政治控制和一党新闻专制，而美国所倡导的"信息自由流动"和"网络自由"话语，则成为它在国际信息传播政策层面"不战而屈人之兵"的锐利武器。

与此相关，中国媒体在重大意识形态问题上往往不敢鲜明发言，不是唯西方舆论马首是瞻，就是主动退让或沉默。我曾经比较过半岛电视台、CNN、BBC 和中央电视台国际频道新闻节目对 2008 年金融危机的报道。其中一个历史性的新闻事件是，格林斯潘在美国国会听证会上承认，自己坚信了近 40 年的新自由主义意识形态是错的。明明这个资产阶级的大代理人在这样一个场合公开承认，新自由主义意识形态和金融资本主义失败了，可是中国的国家电视台却把这样的重大政治新闻进行了"莫名其妙"的淡化处理：不仅把这条新闻放在整个新闻节目的最后，而且在一分多钟的新闻里，还将格林斯潘描述为权威人士。我奇怪：为何我们的编辑记者如此深陷新自由主义政治意识不可自拔？

与之相反，半岛电视台以头条新闻的显著位置、用了 5 分多钟时间让格林斯潘暴露自己。如此客观真实报道，半岛电视台当然就赢得了西方有头脑的观众，也就是中国软实力追求者们梦寐以求的西方"主流"受众。这个事实告诉我们，中国如果不希望自己用于"软实力"建设的投入落得"打水漂"的结局，中国媒体就必须在国际意识形态场域有自己的立场，而且还应该在国际电信联盟等世界信息传播治理体系中敢于说话、善于说话。这不仅意味着首先要了解人家的游戏规则，然后去改变这些游戏规则，而且要超越国家利益的话语，以社会主义、国际主义的话语在世界舆论场上赢得道义制高点。这是一个巨大的挑战。

新闻自由的关键，不在于要不要言论表达的自由，而在于谁的自由——是媒体拥有者的自由，还是全体人民的自由？谁的需要——是商业牟利和资本积累的需要，还是人民言论表达的需要？在一个资本主导的世界里，表达自由是被阶级关系构建的。今天，在对信息化资本主义所深陷的政治经济文化危机进行反思的时候，如何实质性地把民众的表达自由原则贯彻于一个新旧媒体相互融合的传播体系中，是美国维系和深化民主所面临的一个挑战。同时，这也是中国在继承人类文明优秀成果的基础上，通过划时代的体制和机制创新，走出一条真正的社会主义道路，从而促进世界传播民主化进程的应有之义。在这个问题上，任何鼓吹媒体和文化产业不仅能赚大钱，而且还能打赢意识形态战争的说法，如果不是别有用心的意识形态烟幕弹，就是痴人说梦。

（作者单位：加拿大西门菲莎大学传播学院）

（原载《经济导刊》2014年第7期）

西方新闻自由与国家核心利益

尹韵公　王凤翔

　　西方新闻自由是最重要的价值观的传播，服务与服从于国家核心利益，是维护国家安全利益、经济利益与价值观传播的"自由女神"。

　　认识西方新闻自由的实质内涵，首先要认识和研究国家安全利益、经济利益与价值观的传播，这三个"砝码"的分量和排序。因为，亨利·基辛格所著的《大外交》一书，对美国国家利益进行过精辟总结与经典概括。他把国家安全利益、经济利益与美国价值观的传播依次分为三个部分。国家安全利益与经济利益是国家根本利益，是神圣不可侵犯的核心利益，绝对位于第一位与第二位，而美国价值观的传播是美国对国家品格、国际道义与人类崇高理想的一种信念追求，只能位于第三位。

　　新闻自由是美国最重要的价值观传播，也只能处于第三位。国家安全利益与经济利益是维护与推行新闻自由的传播基石，新闻自由是传播与构建国家安全利益与经济利益的话语支撑点。当国家安全利益与经济利益的任何一个现实利益和美国价值观的传播发生冲突时，美国政府与媒体就会扔掉价值理性，毫不犹豫地将后者彻底抛弃。这种国家利益秩序与价值顺序绝对不容也不能修正、更改与撼动。可见，真正的新闻自由是不存在的。

已沦为"州官放火论""世界宪兵论"

从西方新闻自由的形成历史及其影响与贡献来看,其正义性与合法性彰显西方国家共同的核心利益与价值理念。资产阶级在欧洲大陆血雨腥风的阶级斗争中确立了西方新闻自由观,成为资本主义制度打倒封建制度的传播利器,解放和发展了生产力;同时资本主义国家一直试图以新闻自由等价值观弱化与缓和社会阶级矛盾,优化与强化本阶级的意识形态,力图将整个社会统合到为资本服务。无论是商业媒体还是劳工媒体,大多都一味强调"非党派""非政治派别"的媒体独立观,强调阶层而不强调阶级的受众观,善于隐性传播自己的意识形态,以标榜西方独立媒体的新闻自由。西方国家大多具有整一的欧洲文化背景与独特的种族历史传统,数百年的对外殖民掠夺和内部发展与完善使其彻底完成社会转型,形成了比较系统、稳定、科学的政治、经济、文化等社会性制度,以及群体性认同新闻自由的传播理念,历史性地形成了以美国为核心的西方国家与民族的共同利益关联,构建了西方国家在全球政治、经济、文化、军事、科技与新闻传播上的话语霸权。新闻自由观不只是西方国家共同利益链上的一个链节支点,而且获得了西方民众的传播认同,也深深契合其民族的心理文化。西方发达国家、联合国等国际组织与发展中国家逐步把新闻自由理念奉为传播理想、人权圭臬与文明符号,具有全球语境的合法性与正义性,成为西方主导的法律原则、国家制度、自由精神与普世法则,成为西方引以为自豪的意识形态、津津乐道的文化遗产与普世全球的传播"佛光"。

不可否认的是,在历史发展进程中,西方新闻自由被构建为一种全球公共传播产品,是自由精神、人权价值与普世理想的一种符号,推动了历史进步,营养了人类文明。然而,**随着岁月流逝,新闻自由的进步因素在西方传媒界越来越淡化,越来越变成一种布道的武器。**

西方新闻自由是西方霸权推销的"州官放火论",是以美国为核心的"世界宪兵论"。美国根据国家核心利益诉求可肆意扭曲与歪曲新闻自由,把美国在经济、政治、道德、哲学、宗教等公共和私人领域的观念与原则推广到全世界，使西方新闻自由为我所用，唯我独尊。这种活见鬼的现实与鬼见怕的事实，在本质上揭示了新闻自由已完全沦为西方的国家利益符号。主要表现在四个方面。

一是西方新闻自由的虚伪性。每个现代主权国家维护自己国家核心利益与价值观的传播无可厚非，对三大国家利益的矛盾处理以现实利益让崇高理想滚蛋见鬼，虽然拙劣无品之至，却也可理解。但是，西方国家为维护国家核心利益而抛弃价值理性，不肯承认却"犹抱琵琶半遮面"加以掩饰，而且让崇高理想滚蛋见鬼的价值观的传播阴魂不散，居然高举新闻自由的"招魂幡"为自己的"灵魂""涂脂抹粉"，以彰显其正义性与合法性。美国政府对中情局雇员爱德华·斯诺登的泄密态度与迫使斯诺登逃亡天涯的措施就是一个典型的案例。

二是西方新闻自由的自私性。新闻媒体充分显示环境预警功能和发挥舆论监督作用，是新闻自由的根本内容、新闻道义与职业操守。美国华尔街金融次贷危机演变为百年一遇的全球金融风暴，引起全球经济的阶段性衰退，全球人民为此买单。然而在该危机爆发之前，具有所谓新闻专业主义精神的美国与西方强大媒体的环境预警功能在哪里？为此而爆发的"占领华尔街运动"引起各国政府、广大民众与全球舆论的关注之时，而美国主流媒体在该运动爆发半个月后才给予报道，美国的舆论监督又去哪儿了？无论是环境预警还是舆论监督，被西方主流媒体自私地扔到了"爪哇国"！

三是西方新闻自由的两面性。以美国为首的西方国家根据其国家核心利益与意识形态需要采用双重标准，对盟国与利益相关国的专制独裁视若无睹（也进行无关宏旨的舆论批评），甚至可以单独或组织西方国家或盟国通过西方新闻自由为盟国与利益相关国的专制独裁保驾护航。与此同时，又蓄意指责所谓"异己国家"与核心利益不相关国没有新闻自由与基本人权，不仅横加制裁，武力威胁，还无所不用其极。对苏联与中东欧国家的"和平演变"，在科索沃战争、海湾战争与阿富汗战争中，无不显示西方新闻自由的两面性与虚伪性。

四是西方新闻自由的独裁性。西方国家造成的全球新闻信息传播鸿沟使相关国家与地区在其国内外的新闻传播、市场发展、资本融合、技术更新、资源争夺与品牌竞争等方面失去传播力与竞争力,已严重地损害了世界新闻信息结构发展的不平衡,使相关国家的国家利益与新闻信息发展能力和参与国际事务应属的话语权受到极大打压。这种发展的不平衡与信息鸿沟主客观上帮助西方国家通过新闻自由实现了新闻独裁与媒介专制,表面上却彰显所谓的国际正义与人间正道。为颠覆伊拉克萨达姆政权,美国等西方国家污蔑伊拉克存在大量杀伤性武器,西方媒体大肆附和,全球媒体超常报道,而事实是西方对伊拉克实施的舆论信息心理战与媒介审判,制造了人类新闻史上最大的新闻谎言。然而,更可悲的是,这个最大新闻谎言的制造者却没有受到任何公正的审判和正义的惩罚,这难道不是新闻霸权吗?

斯诺登的曝光是对美国最大讽刺

无论是传统媒体时代还是网络新媒体时代,无论网络时代是否可以实现新闻自由的理念,西方新闻自由观仍然是维护西方国家核心利益的工具话语与资本主义包装的意识形态。

首先,网络社会的大众媒体传播实现了人类历史上最大、最广泛、最全面的新闻自由,这是人类历史上最具深远意义与最具历史价值的传播文明。

新闻自由在一个国家实施的程度怎样,主要取决于两方面。一方面取决于政府等政治代表体、大众媒体与公众等社会体等利益攸关方相互博弈的程度与结果。其中,由于政治代表体、大众媒体与社会体掌控新闻信息传播的不对称与不平等,使得占有人数绝对优势的公众成为处于相对弱势而对新闻自由最为渴望的一个利益群体,而公众的参与程度成为政府与媒体相互制衡与博弈的一个砝码,是新闻自由与文明传播进程中的一种平衡工具。广大公众是影响与实现新闻自由落地生根最为重要的一极,因此多数人对实实在在实现新闻自由的渴望，并以实现传播的终极关怀成为人类文明的一个共同理想与终极追求。

另一方面取决于媒体的信息技术发展程度。技术发展推动了报纸、电视与互联网等媒体形态的出现与发展，不同媒体形态实现新闻自由的程度是不一样的。报纸、电视等传统媒体是单向度的新闻信息传播，新闻自由的程度取决于政府与媒体的各自利益与相互博弈，以及公众的参与程度。而网络时代的新闻信息传播已经根本性地影响了全球各个新闻媒体的采编方式、传播方式、生存方式与发展方式，也已深刻地改变着全世界几十亿不同种族的人们的思维方式、行为方式、生活方式与交际方式。网络媒体传播与自媒体生产实现了公众、媒体与政府等多个利益群体的双向多元传播与均等互动交流，是全民参与的、渠道畅通的、全球同步的、个性十足的、集大成的和强势的新闻传播。任何政府、任何媒体、任何法律、任何组织与任何个人在全球化社会与网络社会的语境下都无法改变这种新闻自由的现实与事实。从公众参与的实践来看，尽管全球各个国家与地区的技术发展与网络建设不一，而网络信息技术创造的网络社会、网络媒体、网络生产与网络生活在人类历史上最大限度地实现了人类一直梦寐以求的新闻自由梦与人们一贯孜孜以求的文明传播梦！

其次，即使网络社会与网络媒体实现了完全充分的新闻自由，而以美国为首的西方国家仍会通过倡导与传播西方新闻自由的价值观，以维护其在全球化语境下的国家核心利益。美国前国务卿希拉里2010年1月在《互联网自由》的演讲中认为新闻自由始终是美国对外传播的软实力，显示了美国互联网自由政策的两面性。一方面，她把增进"连接自由"作为一项基本外交目标，把"不受限制的互联网访问作为外交政策的首要任务"，支持至关重要的某些基本自由，其中最重要的是言论表达自由。另一方面，说美国"支持一个允许全人类平等享有知识和思想的互联网"之时，又提出"在世界上建立何种信息基础设施将取决于我们和其他人为之确定的性质"，同时批评中国等国家对互联网的审查是对信息流通与传播自由的威胁。2013年6月美国中情局雇员爱德华·斯诺登向媒体披露与曝光包括

"棱镜"项目在内的美国政府多个秘密监视项目,世界舆论为之哗然,也给希拉里所谓的互联网自由狠狠地扇了一记耳光。斯诺登对《卫报》说:"我愿意牺牲这一切,因为我无法昧着良心允许美国政府侵犯全球人民的隐私、网络自由和基本自由。"而奥巴马总统回应舆论质疑时说:"这些是保护美国人民安全、对抗恐怖分子威胁的重要国家安全计划,完全符合宪法,并得到国会的充分批准和限制。"由此可见,所谓道德高地、人权理念与民主价值的西方新闻自由与隐私尊严就是美国国家核心利益的蕾色"遮羞布",美国为了其国家安全利益,乃至以国家安全利益名义随意将美国价值观的传播弃之如"破鞋"。

对西方新闻自由要保持高度警惕

中国的新闻传媒政策必须服务和服从于中国的国家核心利益,全面推进改革开放,加强国家治理体系与治理能力的现代化建设,完善和发展中国特色社会主义制度。美国等西方国家自新中国成立以来,一直把中国当作自己的战略对手。无论是对中国,还是对其他国家的民主"布道",西方国家都把新闻自由等价值观包装成为全球公共传播产品,以全人类共同价值观的幌子,宣传资本主义国家的制度优势,把他国民众以自由与民主的名义"碎片化",并以此进行思想控制。为此,我们的党和政府必须保持清醒的头脑,认真审视其价值观的传播,**深刻认识西方新闻自由是植入了意识形态的"芯片"**,避免世界与中国为此而深受其忽悠之害与创伤之痛。

对西方国家与媒体借新闻自由之名危害中国国家安全的行为要保持高度警觉。一方面,对西方通过新闻自由报道中国民族问题、宗教问题、社会问题与网络传播问题要有充分的科学分析和认识,同时对其是否危害国家安全加以甄别,并加强应对措施。另一方面,对西方国家通过新闻自由推行"颜色革命""阿拉伯之春"与"街头政治革命"等运动进行分析研究,以总结应对经验。

要建设具有中国特色、中国作风、中国气派的主流价值观与传播观。坚持以人民为中心的价值导向，坚持把社会效益放在首位、社会效益与经济效益相统一的舆论导向，推动既符合社会主义核心价值观又具有全球公共传播内容产品的传播，切实维护中国宪法确立的国家政治制度、社会大局稳定与长治久安。

（作者单位：尹韵公，中国社会科学院中国特色社会主义理论体系研究中心；王凤翔，中国社会科学院新闻与传播研究所）

（原载《紫光阁》2014年第1期）

《世界新闻报》窃听事件和西方新闻自由再审视

童 兵

进入2012年不久，默多克新闻集团英国子公司旗下的又一份小报《太阳报》，四名管理人员因涉嫌腐败被英国警方逮捕。这又一次让人回想起2011年《世界新闻报》窃听事件及其引发的持续讨论。

2011年7月10日，有着168年历史和280万份发行量的英国周报《世界新闻报》停刊了。终刊号头版印着这样的告白：168年之后，我们终于悲伤然而自豪地向750万忠实读者说出一句"永别了"。鲁珀特·默多克的国际新闻集团旗下的这家最大周报的逝去，英国、美国、中国以至全球对这家颇有争议的"黄色小报"的声讨也随之展开，并由此引发对默多克办报理念和西方新闻自由的再审视。

一 《世界新闻报》及其窃听行为

（一）《世界新闻报》的"经营之道"

创办于1843年的《世界新闻报》，起初只是一张单页纸，逢星期天出版，销量一度高达七八百万份，是世界上销量最多的英语报纸。1969年，默多克出资400万英镑买下《世界新闻报》，随后又收购了英国创办于1964年的另一份报纸《太阳报》。没有多长时间，默多克就使这两份报纸成为"最有活力"、最能赚钱的报纸。除了一般报人的精明之外,他还有"过人"的"经营之道"。"默多克使了一个花招,让《太阳报》迅速成为小报中的佼佼者。"BBC 前制作人康艺说,那就是英国小报著名的"第三版"。所谓"第三版",就是在这块已成为英国小报"通例"的版面上,放置整版篇幅的半裸美女照片。① 《太阳报》的"第三版女郎"首次亮相于 1970 年,刊登的是当时 20 岁的德国模特斯蒂芬尼·拉恩。40 年来,已经有 2000 多名"三版女郎"在《太阳报》上刊出自己的裸照。《世界新闻报》也如法炮制,所不同的只是,《太阳报》瞄准的是娱乐明星同谁睡,而《世界新闻报》则更关心政客同谁上床。②

有人认为,1997 年是英国小报发展历史上重要的一年。这一年,在八卦记者驱车围追堵截下,人们爱戴的戴安娜王妃在车祸中香消玉殒。惨剧发生后,引发了英国媒体的反思。民众认为,小报记者是杀死戴安娜王妃的凶手,对小报记者的这种极端采访手段提出了指责。一些小报记者自己也有所反省并开始自律。③

在这种背景下,大致从 2000 年开始,一些小报记者开始采用电话窃听手段来获取他们所需要的新闻信息。人们议论纷纷的所谓英国"电话窃听门",其实指的是窃取电话留言密码,偷听留言,也即"语音信箱"。据揭露,《世界新闻报》对政客、名流私生活的打探,早已不是什么秘密,成了这家报纸增加销量的重要手段。④

除了窃听电话,《世界新闻报》还截取电子邮件,以及时获知名流政客带有隐私性质的个人信息。在英国,根据法律规定,只有执法部门在针对高度敏感的犯罪案和恐怖案时,才能使用这些特殊手段以截取相关信息,且需获得特别批准。

当然,窃听也好,截取也好,不是《世界新闻报》一家独创,几乎英

---

① 参见姜弘《窃听之后整风开始——英国小报四十年》,《南方周末》2011 年 7 月 21 日。
② 同上。
③ 同上。
④ 同上。

国的小报都这么干。当英国下院内政委员会对警方没能在几年前就报纸窃听案进行调查提出质疑时，2005—2008年领导窃听调查工作的警官伊恩·布莱尔说，"在那个时候，报纸搞窃听从来就不是什么大事"。对于《世界新闻报》来说，"他们唯一遗憾的事情，就是（他们）被抓住了"①。

为获得"爆炸性信息"，赤裸裸的金钱贿赂也成为《世界新闻报》的惯用手段。早期，如果在街头看到某个政客或某个名人同异性搭讪，你给报社打个电话，所谓"爆料"，也就是提供八卦新闻的线索，打电话的人可以得到几个英镑的酬金。而现在，这种"酬金"大幅增加。接受这种实质上的贿赂的人中，不仅有警方人士，也有英国女王身边的工作人员。据调查，《世界新闻报》近几年为获得"内部消息"而向警方人员行贿的金额至少有16万美元。更为恶劣的是，《世界新闻报》在实施贿赂的同时，还使用反制手段，"封警察的嘴"，以防止自己的违法行为被调查。早在2006年，英国警方就立案侦查过《世界新闻报》非法窃听行为，但参与调查的五名高级警官后来发现，他们自己的手机也被窃听了，其中两名警官因婚外情及滥用公款被报纸抓住把柄，这桩案子也就不了了之。②

英国小报使用如此卑鄙的手段获取信息，是因为这些小报后面有一大批喜欢读这些小报新闻的读者。有研究者指出，英国特殊的小报时代背景造就了特殊的小报读者和阅读小报新闻的特殊心理。"维多利亚时代的伦敦雾气茫茫，潮湿的小巷中发生着凶杀，色迷迷的牧师窥视着街头的妓女，行为不检点的政客出入青楼，牵扯到偷情的知名人士的妓院中的谋杀案是它最吃香的故事，趣味低级，效果煽情，它常常会全文刊登淫秽的口供，猥亵的法院报告，粗俗的警察记录。"再者，"《世界新闻报》的读者是那些刚刚脱盲的工人阶级，谋杀、奸情、暴力，普通的草根普罗大众的定位，三便士一份，也是当时最便宜的报纸"。正是这种特殊的传播环境、特殊的收受群体和特殊的"经营之道"，使得《世界新闻报》长盛不衰。③ 还有

---

① 温宪：《窃听丑闻背后的道德沦丧》，《人民日报》2011年7月15日。
② 同上。
③ 恺蒂：《英国不可能没有小报》，《东方早报》2011年8月7日。

人指出，这份报纸号称《世界新闻报》，但从来对"世界新闻"没有兴趣，有的时候甚至连"世界"和"新闻"都不涉及，它在英国的绰号是"世界性闻报"。

（二）窃听事件导致《世界新闻报》垮台

曾有《世界新闻报》记者透露，为了获取独家绝密消息，记者会用尽千方百计，包括雇用私家侦探，入侵跟踪对象的手机语音信箱。《世界新闻报》前编辑保罗·麦克马伦交代，"电话窃听非常普遍，据我所知，四分之一的英国报纸都这么做，安迪·库尔森（《世界新闻报》前总编）肯定知道。只要去买一个接收器，拿着它待在监听目标的房子外面，就能窃听到电话内容。我记得有人这样抄录了查尔斯王储和卡米拉的谈话，戴安娜王妃与情人的电话也被窃听过，英国的电话窃听已有很长的历史。"①

《世界新闻报》的窃听行为早有案底。2005年11月，三名英国王室家族的高级助手发现，他们手机语音信箱中的信息可能被人窃听了。与此同时，《世界新闻报》刊出了威廉王子的私人信息，而这些很私密的信息应该只有少数人知道。不久，警方把调查目标锁定在《世界新闻报》专门跑王室新闻的记者克利夫·古德曼和私人侦探格伦·穆尔凯尔两个人。这两个人存有接入王室助手手机语音信箱的PIN代码。不久，《太阳报》以《哈里埋脸大波女，舞娘欢笑王子笑》的夸张标题，独家报道了哈里王子光顾脱衣舞俱乐部的新闻。伦敦警察厅追查到古德曼和穆尔凯尔窃听了哈里手机的事实，古德曼这时还发表了有关哈里女朋友的后续报道，其中引用了威廉王子与弟弟哈里王子私下通电话时开玩笑所说的话。警方搜查古德曼和穆尔凯尔办公室时，查到6大袋材料，里面有11000页手记，记录了近4000个可能被《世界新闻报》窃听手机的名人、政要、体育明星、警官及刑事案件受害者的相关资料。后来，这场风波以古德曼和穆尔凯尔向王子道歉和获刑入狱告终，当时《世界新闻报》和新闻集团坚持搞窃听

---

① 邵乐韵：《谁窃听了我的电话？》，《新民周刊》2011年第29期。

只是这两个人的个人行为,与报社其他人无关。①

直到《卫报》记者戴维斯在 2011 年初揭露《世界新闻报》记者在 2002 年雇人窃听失踪少女米莉的手机,扰乱警方破案一事,才引起英国上下的震惊。2002 年,英国 13 岁女孩米莉·道勒被绑架后遭"撕票",由于她的电话语音信箱部分信息被记者删除,使道勒父母误以为女儿还活着,英国警方也因此失去破案线索。英国民众过去都以为记者窃听电话的对象只是名人政要,现在知道《世界新闻报》竟然连普通民众的电话都窃听,让他们十分震惊和愤慨。

愤怒的火焰直接导致《世界新闻报》垮台。如前所述,7 月 10 日,这家以"世界上最伟大报纸"自居的报纸被迫关门。7 月 15 日,新闻集团旗下国际新闻公司首席执行官丽贝卡·布鲁克斯提交辞呈。这个曾任《世界新闻报》主编,被默多克视同女儿的"小报女王"写道:"我们那么爱惜的公司的威信,以及所敬仰的新闻自由的精神,可现在这一切却都岌岌可危。作为公司的首席执行官,我感到应该对那些被我们所伤害到的人们负有责任……"② 同一天,新闻集团旗下道琼斯公司首席执行官莱斯·欣顿也宣布辞职,并对窃听事件的受害者表示道歉。

7 月 16 日,一下子失去两员爱将的新闻集团首席执行官默多克,在英国 7 家全国性报纸上同时刊登签名道歉信:"我们对所发生的严重错误表示道歉。对受影响的个人所遭受的痛苦深感抱歉。我们对未能采取更快速的行动表示遗憾。我知道简单的道歉是不够的。我们的业务理念是一个自由、公开的媒体应当成为社会的正面力量。我们仍需努力。"默多克还向米莉·道勒的家人亲自表达了歉意。

7 月 17 日,英国警方逮捕了丽贝卡·布鲁克斯,她成为《世界新闻报》窃听事件东窗事发后被拘捕的第 10 人。辞职潮同时开始波及英国警方。17 日晚间,伦敦大都会区警察局局长保罗·史蒂劳森辞职。他表示,

---

① 邵乐韵:《谁窃听了我的电话?》,《新民周刊》2011 年第 29 期。
② 同上。

作为警察局长，他对目前警方的处境"负有完全的责任"。而此前已有报道称，警察接受金钱向《世界新闻报》提供内幕消息。

7月18日，《世界新闻报》前记者肖恩·霍尔被警方发现在家中死亡。47岁的霍尔曾透露报社前主编安迪·库尔森鼓励下属动用窃听手段。正是霍尔的揭发，导致库尔森被迫辞去首相新闻主管的职务，并把《世界新闻报》推向"窃听门"的深渊。警方没有排除霍尔被他杀的可能性，形势变得扑朔迷离。

7月19日，默多克不得不亲自飞往伦敦，同儿子詹姆斯一起接受英国议会的质询。听证会现场，一个喜剧演员手托一盘剃须膏泡沫准备朝默多克扔去时，默多克妻子、前女排队员邓文迪出手挡住，保护自己的丈夫。"这是我人生中最谦卑的一天"，傲睨一世的默多克低下了头。

随着《世界新闻报》的垮台和默多克国际新闻集团形象的贬损，这个全球知名的传媒集团精心构筑的政经、司法关系链条开始瓦解。就在"窃听事件"事发一个多月前，默多克还在伦敦金斯敦公园橘园举办每年一度的英国精英大聚会，遍邀英国政界、新闻界、司法界高层以及社会名流畅叙友谊。英国首相卡梅伦夫妇、英国最大反对党工党领袖利班德夫妇以及多位英国政府高级官员都应邀与会。而如今，政治家们纷纷表示同默多克"划清界限"。卡梅伦严词抨击窃听行为"可耻"和"恶心"，并提议成立一个比"英国报刊投诉委员会"更独立的机构来处理今后类似的问题。

默多克和他的《世界新闻报》终于吞下了他们自己酿制的毒酒。

（三）透析《世界新闻报》的"永别词"

2011年7月10日《世界新闻报》终刊号上印着硕大标题："谢谢你，再见！""永别词"中仍自诩为"世界上最伟大报纸"。尽管终刊号上也有一些自责的文字，并且表示这期报纸不登任何商业广告，所有收入将无偿捐赠给慈善机构和公益事业，但它对自己过去漠视法律、滥用新闻自由、以非法手段从事窃听等行为并无丝毫醒悟和反省。《金融时报》在一篇评论中指出，默多克和他的继承人在很大程度上无法或者不愿意就旗下英国公司的犯罪行为给予解释。

　　西班牙《国家报》从经济和政治动因分析《世界新闻报》窃听行为的必然性和恶劣影响。它指出，对于大规模、长期性的窃听丑闻，即便是最为宽容的社会都不能无动于衷。人们无法想象一个媒体会在没有高层推动和许可的情况下，罔顾法律规定和道德制约，通过非法雇用侦探的方式获取信息。窃听丑闻不是一个孤立或者意外的事件，它与当今世界形势紧密相连，利益最大化成为当今主导的思潮。跨国公司或者媒体在这种思潮的推动下，毫不犹豫地向自己的消费者、用户、读者或者观众推销自己的商品。当面对批评时，它会说，我只负责出售，而购买的权利掌握在消费者手里。这就是《世界新闻报》的逻辑。

　　有学者分析媒体同政府、警察之间的不正当关系。他们指出，为追求商业利润最大化，媒体不惜采用窃听、贿赂等非法手段获取独家内幕消息，为此必须求得有利的政策支持。而为得到媒体的舆论支持，政府对媒体的一些不当行为只能"无奈"地睁一只眼闭一只眼。窃听丑闻暴露了媒体同警察、政府高层之间千丝万缕的联系。过度的新闻自由，使西方民主体制在一定程度上陷入"媒体绑架民意、民意胁迫政客、政客勾结媒体"这个难以解脱的恶性循环。①

　　针对《世界新闻报》的"永别词"，有学者指出，打着客观、真实、公正的招牌，不择手段的《世界新闻报》死了，"但死得很不甘心"，因为窃听丑闻本身最清楚不过地说明，这张报纸已经道德沦丧。他们分析说，在英美等西方国家，新闻业一向标榜，媒体注重自律，新闻从业者注重职业约束。从表面看，媒体内部有"从业规范"一类规章，新闻界则有"新闻委员会""报刊投诉委员会""道德委员会"等名目繁多的监督机构。在这些规章和委员会的各种文件中，不乏这样的条文："任何可能的时候，都要指明消息来源。公众应该有尽可能多的信息来判断消息来源的可靠性。""除非传统的公开的方法不能得到对公众至关重要的信息，不要采用

---

① 王方：《窃听丑闻折射西方媒体制度困境》，《人民日报》2011年7月22日。

秘密的或窃听式的方法获取信息。如果使用了这样的方法,在报道中应该加以说明。"实际上他们做得怎么样呢?《世界新闻报》的垮台是最好的说明。还有学者批评说,伴随着网络时代媒体间激烈的市场竞争,一些西方媒体轻视新闻所应担当的社会责任,全然不顾白纸黑字的道德规范和职业操守,滥用新闻自由,一味迎合市场需求。有的媒体将其信誉完全建立在商业收入之上,有时完全是对公共权力的滥用。

还有学者把《世界新闻报》的垮台,看成是媒体间较量与竞争的结果。他们分析说,这次《世界新闻报》窃听事件,由大报《卫报》从2009年跟踪报道,两年来死咬不放,最终把它搞垮。《卫报》的记者这样做,为的就是要证明,在英国,不用下三烂的贿赂窃听手段,同样可以得到独家新闻,同样能够暴露腐败内幕,同样能够伸张正义。人们评论说,大报同小报竞争,是英国新闻界常态,这次是大报占了上风。[①]

二 新闻帝国的崛起和默多克的办报理念

(一) 从地方报老板到传媒业霸主

鲁珀特·默多克是当今最有影响力的跨国新闻公司的大佬之一。他的传媒业发达史是令人自豪和颇有普遍意义的。

1953年9月,年仅22岁、在牛津大学读书的默多克经南非回到澳大利亚,可惜还是没赶上为父亲送终。吉斯·默多克为他唯一的儿子留下了两家报纸:《新闻报》和《星期日邮报》。小默多克以这两张报纸为起点,开始了其新闻帝国的大业。

年轻的默多克从起步就显露出管理企业的才华。经过不长时间治理,他使这两家长期处于亏损的报纸转亏为盈。接着,他从墨尔本转战悉尼,在这个澳洲最大城市创办了第一家全国性报纸《澳大利亚人报》。到1967

---

① 恺蒂:《英国不可能没有小报》,《东方早报》2011年8月7日。

年，这家新报纸发行量达到75000份。走出澳洲之前，他已经建立了一家大型传媒集团：澳大利亚新闻有限公司。

1969年，38岁的默多克击败英国传媒大亨罗伯特·马科斯威尔，成功竞得《世界新闻报》，作为自己攻入英国传媒市场的桥头堡。在同一年稍晚些时间，他又收购了另外一份八卦小报《太阳报》。接着，默多克买下美国《纽约邮报》，使他得以有机会进军世界最大的传媒市场。

继《纽约邮报》之后，默多克又一鼓作气买下英国号称"大力神"的大报《泰晤士报》和《星期日泰晤士报》。这两家报纸虽然连年亏损，员工罢工不断，但仍受到英国人广泛敬重。两家报纸的编辑记者曾放话，如果报纸被默多克买下，他们就全体辞职。默多克没有退缩，换上一批新人，报纸照样每天出版。从此，他控制了英国40%报纸市场份额，成为英国举足轻重的舆论力量。

接连的成功收购使默多克赢得了"购物狂"的名声。在20世纪80年代的十年里，新闻公司（后更名为新闻集团）买下了不少于30笔国际资产，并且不再局限于报纸领域。其中比较重要的有：收购《波士顿先驱报》《芝加哥太阳报》、20世纪福克斯电影制作公司，买下香港英文报纸《南华早报》，与竞争对手英国卫星广播公司合并成立BSKYB，买下美国哈勃·罗出版公司和英国柯林斯出版公司并将其合并为哈勃·柯林斯公司。

从20世纪90年代开始，默多克开始进军电视市场。"9·11"之后，他创立福克斯电视网，超越CNN，成为美国收视率最高的有线电视新闻网。

2007年，新闻集团买下道琼斯公司及其旗下的《华尔街日报》，又一次震惊美国和全球新闻界。但默多克的雄心并不限于西方，他开始把发展的目光转向新兴市场：中国和印度。在过去十年，他花费数十亿美元在亚洲投资星空传媒公司，并使这个公司在其他外资传媒公司之前进入中国。默多克和儿子詹姆斯计划改造印度的有线电视业。他们通过同印度头号有线电视经营商哈斯威公司合作，铺设了这个国家第一个高质量的数字服务网络。①

对中国人来说，鲁珀特·默多克是我们所熟悉的当今世界最有传播力和影响力的国际传媒大亨，是全球传播业中最擅长经营和扩张的一个霸主。

（二）默多克的办报理念

我们手头缺少默多克关于当代传媒及如何运作传媒的理论资料，难以对其传媒理念作出全面概括和评价。作为传媒业业主，他的兴趣也不在此。但我们从他数十年办报实践及偶尔发表的不多的评论中，大致可以梳理出若干条他对办报、办传媒的基本思路、价值观和信条。

第一，既办严肃大报，又办通俗小报；既然办了小报，就必须实行小报路线和小报风格。有人指责默多克不懂新闻，不会办新闻大报。这一批评恐怕没有根据。新闻集团旗下既有严肃大报又有通俗小报。大报者，《泰晤士报》是也，《华尔街日报》是也，福克斯有线电视新闻频道也是专做新闻的电视网。问题是，他对办小报的理念有偏颇，片面强调小报路线，小报风格。默多克的小报路线和小报风格，就是为了营利可以不讲档次，超越底线。

第二，商业理性淹没报纸媒体的本性，以谋取利润为小报的唯一追求。既然默多克把《世界新闻报》《太阳报》这类小报定位为市场工具、营利工具，那就把媒体的本性：坚持客观公正、真实的新闻品质，完全置于脑后，把新闻工作者的社会责任彻底忘却。

第三，默多克办小报的思路只有一个：要提高报纸销量，必须降低报纸格调。他购得《世界新闻报》和《太阳报》之后，立即让它们搞"第三版女郎"，登半裸照片。这是一切谋利小报的"金科玉律"，深谙此道的默多克，自然玩得比一般报人更好。

第四，为搞到比其他报纸更有"分量"的东西，就要源源不断地获得

---

① 此节部分资料取之于沈国麟《默多克新闻帝国的崛起与飘摇》，《瞭望东方周刊》2011年7月28日。

个人隐私、性、暴力方面的信息，就必须罔顾法律运用窃听电话、贿赂警察、雇用私人侦探等非正当手段。否则，不断膨胀的读者的窥视欲就无法满足，小报的销量也难以提升。

第五，动用非法手段被抓住怎么办？平日就要建立良好的政界关系，加大"感情投资"。默多克擅长此道，被人称为"商业软体动物"。他在英、美等国如此复杂多变的政界环境中屡屡化险为夷，同各党各派打交道如鱼得水，同他能够有效地判断局势和同各路人马和善相处是分不开的。这次《世界新闻报》翻船，首相和警局都"翻脸不认人"，实属局势变化过于突然，《世界新闻报》做得太绝，叫人爱莫能助。

第六，默多克长期以来对自己的定位是：既是报人，又是商人。半个世纪以来，这种角色扮演，一直稳妥、安全、有效，八面玲珑，应对自如，事业蒸蒸日上，财源滚滚而来。中国哲人有言："鱼与熊掌不可得兼"，未必。在商品经济社会，作为传媒集团的领导人，默多克既是报人，又是商人，"两手都要硬"。《世界新闻报》和新闻集团的教训是，报人成了幌子，商人成了实质。

可惜的是，直至《世界新闻报》倒闭和到议会接受质询，默多克对以上六点理念没有认真的反省。在质询过程中，默多克一边用手敲击着桌子，一边说"这是我人生中最谦卑的一天"。这期间或许夹杂着他的一些悔悟和自责，但却没有根本的反省与醒悟。

三　西方新闻自由的再审视

（一）西方新闻自由的历史由来

"新闻自由"这一概念，从字面上看是指收集、发布、传播和收受新闻信息的自由，包括报刊的出版自由，电台和电视台的播放自由，新闻采访与报道的自由，以及发表意见和开展新闻批评的自由。严格说，新闻自由不是新闻传播者所独有的职业权利。新闻自由是公民权利的一个重要部分，它包括自然人和法人创办新闻媒介机构的自由、获知和报道新闻的自由、表达观点和批评政府的自由。

国际社会通行的新闻自由概念，其理论来源有两个：一个是17世纪英国革命前后启蒙思想家；另一个是18世纪美国独立前后的开明政治家。在《出版自由请愿书》中，英国政论家约翰·弥尔顿提出，人是有理性的动物，杀人只杀死了一个有理性的动物，而禁止一本好书出版，则是扼杀了理性本身。目前使用的查禁制，实际上查禁了真理。这是"出版自由"思想的最早提出和首次论证。法国革命家罗伯斯庇尔在《革命法制和审判》一书中，将出版自由内涵归纳为两点：一是发表对立意见的自由；二是批评政府官员的自由。资产阶级政治斗争的实践，证实了他的观点的正确。这样，政府无权禁止公民发表不同的意见，批评政府无罪，成为出版自由的重要原则。以后，出版自由思想进一步发展，英国哲学家洛克提出"宽容异教论"，即社会应容纳持不同政治观点的人。美国政治家杰弗逊以"政治宽容论"发展了洛克的思想。19世纪，这一思想又深化为"思想的公开市场"。

美国律师汉密尔顿提出的保护新闻自由的原则，把出版自由口号同新闻工作者的职业权利联系起来。这一权利的核心是，报纸批评政府在任何时候都不应构成诽谤罪。英国社会学家边沁提出公开所有官员的行为以便对权力进行监督的主张，进一步把新闻自由权利引入舆论监督的领域。20世纪初，提出了"绝对权利"的概念，意指公民享有批评政府的"绝对权利"，深化了舆论监督的法律保障。

视报刊舆论为除行政、立法、司法外的"第四权力"的观点，高扬了新闻自由思想。分权学说是由英国激进派领袖李尔本提出的，洛克发展了这一学说，提出行政、立法、外交三权分立，立法权为最高权的主张。法国启蒙思想家又将其发展为行政、立法、司法三权分立，互相制约的政体主张。杰弗逊则认为三权分立还不够，应将报刊的舆论监督功能作为第四权力。他认为，自由报刊应成为对行政、立法、司法三权起制衡作用的"第四种权力"。

由于报刊依靠政府津贴的弊病日益明显，英国报人柯贝特提出了"报刊独立"的思想。另一报人德兰进一步发展了柯贝特的思想，提出政治家的任务是缄默，报纸的任务是说话。报刊独立的理论，拓展了新闻自由的概念。

第二次世界大战以后，新闻自由概念又有新的发展。美国学者和报人提出的社会责任论，主张新闻自由是权利和义务的统一。这一思想立足于承认新闻自由是人类一项不可剥夺的权利，又主张新闻自由必须承担应有的社会责任和历史义务。

第二次世界大战以来，国际社会关于新闻自由的思想，集中体现在一系列关于新闻自由的联合国文件和规约里。其中最具代表性的是1966年联合国大会通过的《国际人权公约》及其三个子公约：《经济、社会、文化权利国际公约》《公民权利及政治权利国际公约》《公民权利及政治权利国际公约任择议定书》。这些公约中，《公民权利及政治权利国际公约》第19条直接提出了各缔约国政府维护新闻自由的义务。中国政府已于1997年和1998年分别签署参加《经济、社会、文化权利国际公约》和《公民权利及政治权利国际公约》。这两个国际公约一旦在中国生效启动，在新闻自由问题上，中国将正式同国际社会接轨。

（二）在窃听事件中西方传媒人对新闻自由的再认知

在《世界新闻报》窃听事件中，西方新闻界引发了一场对新闻自由重新认知的广泛而深刻的讨论。

几乎所有传媒和传媒人都指责《世界新闻报》，批评该报滥用新闻自由而招致的恶果。《巴黎竞赛画报》副总编雷吉斯·勒·索密耶指出，"极度的自由让一些记者忘记了底线，不知道在黄线前需要停下。今天新闻集团的例子，就是他们超越了底线，同时也让媒体竞争的平等原则遭到践踏"①。曾经在英国BBC工作的资深记者马丁·贝尔把过去30多年称为"新闻界的默多克时代"，说，正是这30年，记者们为了报纸的盈利而牺

---

① 参见刘敏《他们践踏了媒体竞争的平等原则》，《南方周末》2011年7月21日。

牲了新闻报道的质量。贝尔又说,"最近几个星期发生的一切是个非常健康的发展过程,因为人们现在真的必须回到最基本的问题上:我们为什么从事新闻这个行业?新闻记者就是要报道事实"①。

在批评《世界新闻报》的同时,不少学者和业者又指出,不能把这张小报过去所做的一切全盘否定。因为这张报纸在新闻自由的庇护下,曾经有效地监督政府和官员。还有人指出,在披露名人隐秘的同时,《世界新闻报》顺便也"清理了英国政坛"。它最让人喝彩的事,就是在20世纪60年代揭露英国最大丑闻——普罗富莫事件。当时的保守党议员、国防大臣约翰·普罗富莫与演员克莉丝汀·基勒有染,而基勒同时又同苏联驻英大使馆高级海军武官相好,此人后来被证实是苏联间谍。1963年3月,普罗富莫在下议院撒谎,声称自己同基勒没有任何不正当关系,但3个月后又承认自己误导了下议院,并辞去所有官职。过了几个月,保守党首相麦克米伦因为受这一丑闻打击而一病不起,辞去首相职务。不久的大选中工党胜出,因此有人说,正是《世界新闻报》"拉下了一届政府"②。

《世界新闻报》这样的小报,不仅敢于监督政府和官员,而且有时还敢于蔑视高级官员,充分展现新闻自由的威风和正面作用。20世纪90年代英国从欧洲汇率机制中退出,首相梅杰亲自打电话给《世界新闻报》的伙伴《太阳报》主编麦肯锡,了解报纸将如何报道此事。主编这样答复首相:"我已经准备好了一桶大便,我要一下子全倒在你的头上。"世界上还有哪一个国家的小报主编,敢这样对首相说话?因此,不能因为《世界新闻报》事件影响我们对小报舆论监督功能的全面评价。③

有人认为,这次《世界新闻报》窃听事件的败露,实际上是大报与小报较量的结果。这是新闻传媒的一种自我净化功能,是媒介一次成功的自律。这同时又是传媒和传媒人享有新闻自由权利具有积极意义的一个典型案例。有人披露,《世界新闻报》的窃听行为,始终有其他报纸关注,从

---

① 参见董伦《英国窃听风暴:大报打小报》,《南方周末》2011年7月21日。
② 恺蒂:《英国不可能没有小报》,《东方早报》2011年8月7日。
③ 同上。

2009年开始更被大报《卫报》跟踪。有人指出,"这张最左翼的报纸对默（多克）家王朝最流行的小报咬着不放,《卫报》记者为的是证明,不用下三流的贿赂窃听的手段,他们也同样能得到独家新闻,能暴露腐败的内幕,能伸张正义"①。在西方,同业竞争,是一种有效的行业自律。

正是这种切切实实的新闻自由,支撑着小报的生存与发展,维护着市民阅读小报的权利,也使小报拥有广阔的市场。据调查,有80%的英国人阅读着英国的报纸,而其中,阅读大报的民众只占16%。也就是说,大部分民众喜欢看小报。对此,有人对英国民众的心态作了这样的分析："英国人保守、内向,在社会交际上总是比较拘泥尴尬,不自在,而且,又特别重视隐私。不善交往,隐私至上,这必然会导致一种窥私欲,而窥视他人私密的最有效最合法的途径,就是通过花边小报。""为什么英国的花边小报如此发达,是因为它们拥有巨大的读者群。"②

有人分析,当代西方商业社会中运行的媒体,面临着两大压力。第一大压力是要不断地满足受众对名流、政要的风流韵事之类的花边新闻的兴趣。新闻越来越娱乐化、"狗仔化"的倾向同受众的这种心理是分不开的。互联网的广泛应用,进一步强化了这种心理。第二大压力来自市场。现代传媒日益多元,纸媒面对网络、电视等媒体的激烈竞争,不少都是惨淡经营,有的干脆转为网络版。一些勉强活下来的纸媒不免搞些"奇招""怪招"。当大报小报化、新闻"快餐化",一家报纸的头版头条写什么,有没有独家爆料,有没有"人咬狗"之类的东西,就会直接关系到它的命运。对于《世界新闻报》这样的小报,更是如此。③

还有人从媒体同政界关系来观察新闻自由问题。英国有媒体指出,默多克的新闻集团同英国政界关系密切,无论是保守党还是工党,关系都不错。这主要是由于,英国政要对默多克是又怕又爱,既怕他的媒体舆论,又需要他的投资与赞助。甚至有媒体统计过默多克同首相有过多少次私人

---

① 恺蒂:《英国不可能没有小报》,《东方早报》2011年8月7日。
② 同上。
③ 参见丁刚《媒体道德界线岂能含糊》,《人民日报》2011年7月18日。

会晤。① 据此，有学者指出，"所有的政治角色，从总统到议员，从利益集团到激进主义者，都统统将新闻看作他们走向政治的关键"。跨国传媒集团不仅直接控制和操纵新闻传媒，而且还通过传媒精英同政界、商界联结起来，形成特殊的、强大的利益集团，以维护各自的利益。政府同传媒之间既相互制衡，又相互利用。窃听事件充分暴露了媒体同政府、警方之间千丝万缕的联系。

一些业内人士和学者担心政府可能借此事为由打压新闻自由，对媒体加压。《巴黎竞赛画报》副总编索密耶表示，"这一事件对我们媒体人来说是一个重要的事件。对我来说最危险的一点，就是媒体潜入政治、政治干预媒体的境况，那些政治人物很有可能借着默多克事件和某些记者犯下的错误，要求加强对媒体的控制和约束。"② 前BBC雇员马丁·贝尔说，"如果现在这个丑闻导致的一个结果是新闻自由受到压制，那将令我非常伤心。我们（英国）长久以来就有揭发社会丑陋面这个令人自豪的传统。我们决不能走到另一个极端。我不认为我们（新闻业）需要外边的人用高压手段来管制"③。

四 《世界新闻报》是中国传媒的一面镜子

在考察和分析《世界新闻报》窃听事件深刻教训，审视西方新闻自由历史渊源和本质特点之后，有必要结合中国新闻传媒当下表现，作一些必要的反省和讨论了。

首先，我们应该老老实实地看到，中国有一些新闻传媒，走得够远了。一些电视传媒，包括很有影响力的电视传媒，有些栏目的运作，就是靠偷拍、偷录，甚至引诱对方犯罪（或犯错）运作的。这样操作不仅已经一二十年，而且在"理论"上始终认为是"合法的"，并称为"隐性采访"。还

---

① 参见《人民日报》记者李文云、温宪《英美新闻业面临严峻考验》，《人民日报》2011年7月18日。
② 恺蒂：《英国不可能没有小报》，《东方早报》2011年8月7日。
③ 参见董伦《英国窃听风暴：大报打小报》，《南方周末》2011年7月21日。

有人提出,"目的是首要的,手段是无所谓的",只要能起到引导舆论、监督教育的作用,搞些偷听偷拍偷录也是应该的,可以理解的。已被"公开披露"的"纸馅肉包子""金华火腿腌制加敌敌畏",都是这样出笼的。这种做法同窃听电话、截留短信有什么本质的不同?

其次,我们有些新闻媒体,有些节目,常常靠假唱、代唱、替身"出彩"。"狗仔队""狗仔"在我们一些新闻媒体不仅不臭,而且还是"正当职业",成了"新闻工作的一部分"。

对照《世界新闻报》这面镜子,我们难道不该反省和自责?

当前,必须亡羊补牢,防微杜渐。要规范人力资源管理,统一人事制度,既要用好人,又要管好人。不能出了问题,简单说一句"他是临时工"就推得一干二净。要彻底废止"狗仔"制度,彻底铲除偷拍偷录产生的土壤,提倡文明采访,合法采访。要呼唤和推动新闻立法,强化新闻法治,运用法律武器反对和打击新闻造假,保护被采访人的合法权益,保护同新闻传播相关的各方人士的合法权益。

再次,有些新闻主管部门,漠视民众广泛而多样的新闻需求,不依法保障人民群众的知情权和表达权,致使一些传媒利用这种"信息饥渴"的市场心态抛售那些原本不该传播的内容,造成对新闻自由的滥用。还有一些传媒同官府、商家勾结,使那些"黄色新闻""黑色新闻"大行其道,干了不少类似《世界新闻报》的行径。对此,我们要以马克思主义新闻观为准则,坚持具有中国特色的新闻自由制度,充分保障广大民众和新闻工作者的新闻自由权利,同时又有力地揭露与反对滥用新闻自由的行为,使中国的新闻传媒成为反映社情民意的有力舆论工具,成为体现党的意志和人民心声紧密结合的社会纽带。

总之,面对《世界新闻报》窃听事件的深刻教训,我们要旗帜鲜明地坚持有中国特色的社会主义新闻自由原则,不断地推动新闻事业发展壮大。

(作者单位:复旦大学新闻学院)

(原载《南京社会科学》2012年第3期)

从"《查理周刊》事件"透视西方新闻观的现实困境和逻辑悖论

新华社新闻研究所课题组

2015年年初法国讽刺杂志《查理周刊》（Charlie Hebdo）①遭遇恐怖袭击，由于事件造成重大伤亡，袭击主要针对的是象征西方言论自由标杆的媒体，又关涉政治、经济、文化、民族、宗教等多重因素，世界舆论对此保持高度关注。在对事件引发的反暴恐主议题持续关注的同时，全球媒体和社会舆论对《查理周刊》刊登讽刺宗教先知漫画引发的言论自由、新闻自由这一重要次生议题的探讨争锋仍在继续：欧洲总体上强调要捍卫绝对的、无条件的自由价值观；美国从本国利益出发，官方表态和媒体报道相对谨慎；伊斯兰世界及俄罗斯、新加坡等不少国家和地区及一些宗教团体认为，言论自由有边界，不能以言论自由为借口行言论暴力之实；国内主流舆论认为，支持反恐与赞同《查理周刊》"讽刺一切"的做法是两回事，在全球化日益深化的今天，西方固执地用自己的价值观、自由观报道世界，会导致更多的冲突。不过，随着事件的演化，西方社会对言论自由问题的反思也在增加：4—5月，140多位西方

---

① 国内又译《沙尔利周刊》《沙利尔周刊》，本文统一用《查理周刊》。

文化名人陆续发声，不认同美国笔会中心①3月17日对《查理周刊》"自由言论勇气奖"的授奖决定；9月13日，《查理周刊》发布讽刺漫画，恶搞在土耳其海岸遇难的叙利亚小难民艾兰·科迪，导致舆论对该刊做法的争议再度升温，西方社交媒体上有不少声音质疑该刊的"言论自由"是挡箭牌。

全球舆论围绕《查理周刊》事件引发的对"言论自由""新闻自由"话题的探讨争论，对我们透视西方所宣扬的绝对、抽象、无条件的新闻自由理念所遭遇的现实困境和逻辑悖论，深刻认识理解并把握马克思主义新闻观的科学性和指导性，增强在实际工作中践行马克思主义新闻观的自觉性具有重要样本价值。

一 《查理周刊》及西方媒体强调的媒体有超阶级的"讽刺一切"的自由是对新闻媒体意识形态属性和阶级性的掩盖和矫饰

承认不承认新闻媒体的意识形态属性和阶级性是无产阶级新闻观与资产阶级新闻观的根本区别之一。建立在辩证唯物主义和历史唯物主义基础之上的马克思主义新闻观认为，新闻机构在社会结构中属于上层建筑，有鲜明的意识形态属性。无产阶级及其政党以及人民大众的新闻媒体，公开承认新闻事业的意识形态属性和阶级性，承认自己是党和人民的喉舌，并自觉按照党和人民的意愿和要求进行新闻报道。从西方资本主义发展的各个阶段看，资产阶级利用新闻报刊作为喉舌都十分明确。但为了使维护资产阶级利益的新闻报道为广大受众接受，现代西方新闻传播学突出新闻媒介是"中性介质"，强调新闻媒体是"社会公器"，模糊以致否定新闻和新

---

① 美国笔会中心（PEN American Center）：成立于1922年，是国际笔会（International PEN）最大的区域分支机构，也是美国最大的文化组织之一，总部设在纽约。

闻事业具有意识形态属性和阶级性。

表面上,《查理周刊》号称讽刺一切宗教,但实际上,该刊与西方媒体与文艺界一样,"对于伊斯兰教的调侃与讽刺存在着惯性"[①]。学者分析认为:《查理周刊》等法国讽刺刊物归根结底还是为了维护自法国大革命以来的反教权共和传统,是捍卫西方价值观、推广统一"国家认同"的法国资产阶级的喉舌。旅法华裔学者宋鲁郑将该事件与2007年法国两个穆斯林团体起诉该刊却遭败诉的情况联系起来,分析认为:"温和派穆斯林团体寄希望在这个法治国家通过法律寻找一个说法时,却一再败诉。……假如法国法律能对这种自由有所限制——毕竟反犹太主义和为纳粹辩护是违法的,怎么可能还会发生这样的悲剧呢?"[②]可见,无论是西方的法律还是西方主流媒体的新闻报道,维护的始终是垄断资本的利益,具有强烈的阶级性。

二 西方媒体在相关报道中表现出的全力维护资本主义基本制度、高度一致的"政治正确",正暴露出西方一直否认的新闻媒体的党派性

马克思主义认为,政党是阶级的产物,党性是阶级性最集中的体现。马克思主义新闻观强调新闻的党性,坚持无产阶级新闻事业是党的事业的重要组成部分,同时坚持党性和人民性的统一。习近平总书记在"8·19讲话"中对党性和人民性作了科学概括,重申"党性和人民性从来都是一致的、统一的"。没有脱离人民性的党性,也没有脱离党性的人

---

① 张敬伟:《法恐袭事件与两大文明的宿怨》,新华社多媒体数据库资料,原文刊载于新加坡《联合早报》2015年1月13日。
② 宋鲁郑:《西方为什么打不赢反恐战争?》,2015年1月,观察者网,http://www.guancha.cn/SongLuZheng/2015_01_12_305961-sshtml,2015年1月12日。

民性。相比于马克思主义新闻观在党性问题上的坦率，西方新闻观在这个问题上则是虚伪的。19世纪末西方党派报纸逐渐消失后，西方新闻观更多地宣扬，只有私人拥有的所谓"独立媒体"，才能免受政府和政党控制，保持政治上的中立，进行"客观报道"。实际上，现代西方媒体多为资本控制，但资本背后均有党派身影，因此尽管党派性有所淡化，但为资产阶级利益集团服务的党派性仍十分明显，并非其所宣扬的"公共利益"代言人。

在西方政府和媒体看来，极端分子袭击《查理周刊》正是对所谓"自由""民主"等西方核心价值观的攻击，是关涉到维护垄断集团根本利益和资本主义基本制度的重大问题。因此，他们对这个问题的基调高度一致，作出"政治正确"姿态，强调坚决捍卫《查理周刊》所代表的言论自由，而对已占法国人口十分之一、长期处于社会边缘的穆斯林群体的重大关切、利益和感受则列入"异类"并片面报道。

三　西方媒体围绕该事件的报道突出局部真实、掩盖整体图景，偏离了新闻必须客观、真实的原则

在如何理解新闻真实性问题上，马克思主义新闻观与西方新闻观有重大差异。我们党的新闻事业十分重视新闻的真实性，并把这一点提高到新闻工作的无产阶级党性原则高度来认识。马克思主义新闻观对新闻真实性的要求是：不仅要真实、准确地报道单个事实，还要从宏观上把握和反映事物全貌，并揭示出新闻事实发生发展的原因、内在联系和发展趋势，引导人们认识事物的本质和规律。西方资产阶级的阶级局限性决定了其新闻媒体在新闻真实性问题上，难以实现事实真实、总体真实和本质真实的统一。这一点在西方媒体报道与伊斯兰有关的议题时表现得非常明显。

CNN 记者莎莉·科恩评论认为，西方媒体的偏见和选择性报道建构起来一个失真变形的伊斯兰世界，不少美国人"或许只知道媒体报道的那个充满恐怖分子的世界"①。事件发生前，不少欧洲媒体罔顾该刊与伊斯兰教、基督教和犹太教之间都曾产生过诉讼的事实，只抓住该刊与穆斯林之间的纷争进行大量报道，对该刊遭遇恐怖袭击负有一定责任。美国密苏里新闻学院教授李·威尔金就事件开出的方子是，当仇恨性的语言出现，媒体应该深入调查仇恨产生的原因和土壤。② 事实上，考虑到穆斯林群体的边缘社会地位、底层经济状况，作为垄断资本主义喉舌的西方媒体永远不可能全面、深入、真实地考察这个问题，实现威尔金所说的用"更多的言论"回应仇恨污辱的设想。

四 西方媒体围绕事件报道所宣扬的绝对、抽象、超阶级的新闻自由与西方新闻自由的实际状况存在背离，凸显西方新闻观的逻辑悖论

马克思主义新闻观认为，不存在，也不可能存在绝对的、超阶级的新闻自由；新闻自由是相对的、具体的。从欧洲历史看，"新闻自由"口号从提出开始，就是为资产阶级政治斗争服务的，带有鲜明的阶级性。客观讲，历经修正的西方自由主义新闻理论，推动了西方新闻事业的发展，在历史上发挥过积极作用。但西方新闻媒体建立在资本主义私有制经济基础之上，是少数垄断资本控制舆论、赚取利润的得力工具，其所宣扬的不受制于任何组织机构、绝对的、抽象的、普遍的、超阶级的新闻自由，不仅不符合人类社会新闻自由思想发展的历史轨迹，也与资产阶级的新闻实践

---

① 《CNN 评〈查理周刊〉遇袭事件》，2015 年 1 月，四月网，http://fm.m4_Cn/2015-01/1259513.shtml，2015 年 2 月 6 日。
② 符遥等：《〈查理周刊〉冒犯了谁？》，2015 年 1 月，《中国新闻周刊》网，http://news.inewsweek.cndetail-1348.html，2015 年 2 月 1 日。

有较大背离，具有较强的迷惑性和欺骗性。实际上，西方媒体及其从业人员也很注意对资本主义主流社会承担社会责任，绝不利用新闻自由损害资本主义的政治制度和经济制度；西方社会内部也存在新闻自律、新闻他律、新闻监管，以对新闻自由加以限制和管制。① 特别是当国家面临安全、稳定上的风险时，对新闻的控制更会收紧。

事件发生后，一方面，西方社会、政要和媒体纷纷表示要无条件支持绝对的言论自由；另一方面，西方政府加强了对新闻和言论的管控。法国有几十个人"因言获罪"遭到逮捕；法国电视三台也因未播周刊遭袭的新闻而受到批评；英国《金融时报》迫于压力不得不在纸质出版物中删除了网络版批评周刊行为"愚蠢"等敏感字眼。美国布朗大学政治科学系助理教授古勒维治表示，法国当局的大规模拘捕行动，无疑与《查理周刊》惨案发生以来各方纷纷发声支持言论自由的舆论大环境相冲突，"法国政治阶层中充斥着伪善和机会主义者"②。这些案例和情况是对西方借此事件宣扬绝对新闻自由的反讽。

需要指出的是，西方国家根据意识形态、价值观分野及国家关系亲疏远近，而对不同国家施以不同的新闻自由标准。对那些依附西方阵营的国家，即使其国家体制与西方有根本区别，西方国家也网开一面。西班牙《起义报》报道说："美国和欧洲有人谴责《查理周刊》事件是对言论自由的恐怖袭击。但是他们对沙特阿拉伯全无言论自由的事实却从不进行抨击。"③ 而对那些政治、社会制度不同、坚持独立发展的国家，西方国家动辄指责其正常的新闻管理活动是独裁、威权。此案例中，就有一些西方媒体指责俄罗斯、中国及一些东南亚国家对言论自由的反思是"压抑自由"。

---

① 参见文有仁《马克思主义新闻观的基本方面（五）》，《新闻三昧》2001 年第 12 期，第 54—55 页。
② 李公明：《"他们也有权表达他们的观点"——从〈查理周刊〉案思考言论自由与双重标准问题》，2015 年 1 月，腾讯大家栏目，http://dajia.qq.com/blog/4419560516751049，2015 年 2 月 3 日。
③ 阿蒂略·A. 博龙：《巴黎恐怖袭击根源在于美欧罪恶中东政策》，新华社世界问题研究中心：《国际反恐动向》（内部资料）2015 年第 1 期，第 29 页。

五 西方媒体在事件报道中全力突出捍卫"自由民主"基调，显示其维护、传播西方意识形态和价值观、实现国家利益外衣下的资产阶级核心利益的"高度自觉"

马克思主义认为，国家利益是以统治阶级利益为核心的全民利益的表现形式。在我国，国家利益和全民、公众利益高度统一，新闻报道旗帜鲜明地全面维护国家和公众利益。习近平总书记在"8·19讲话"中指出："宣传思想工作一定要把围绕中心、服务大局作为基本职责，胸怀大局、把握大势、着眼大事、找准工作切入点和着力点，做到因事而谋、应势而动、顺势而为。"这是马克思主义新闻观对在新形势下把握大局大势、维护国家利益提出的更高要求。

西方国家在全球推行"民主外交""人权外交"，不仅将意识形态作为实现政治、经济、安全等基本国家利益的手段，而且为资产阶级的特殊利益披上了全民利益的外衣。[①] 事件发生后，美欧政界和媒体将捍卫所谓"自由民主"调门抬得很高，其意图无非是统一国内各种力量的思想，争取国际舆论支持，维系与盟国关系，争取中间力量同情，打压对手国家，从而全面维护国家利益包装下的资产阶级的核心利益。当然，此次美国与法国及欧洲在事件的具体报道和反应上态度和观点有明显距离：美国未派高官参加巴黎反恐大游行，主流媒体也没有刊登争议漫画。这正从一个侧面反映出，为维护国土安全和国家利益，美国媒体和社会在这一敏感议题上的"大局观"。

---

① 李宝善：《充分认识意识形态工作的极端重要性》，中共中央宣传部理论局编：《指导新时期宣传思想文化工作的纲领性文献——学习习近平总书记在全国宣传思想工作会议上的重要讲话文章选》，学习出版社2013年版，第200页。

六 《查理周刊》的言论及西方媒体对事件的报道反映出西方社会和媒体在认识、处理民族宗教关系方面有很大局限性,伤害民族宗教感情的教训深刻

马克思主义民族宗教关系理论坚持民族平等、承认民族差别、保障少数民族权利,同时主张政教分离、宗教信仰自由、一切宗教一律平等。新中国几代领导人进一步丰富、发展、深化了马克思主义民族宗教关系理论,将对民族宗教关系重要性的认识提升到新高度,并制定了一系列符合我国国情的促进少数民族地区经济社会发展的政策措施。这为我国新闻媒体做好民族宗教报道提供了根本遵循和重要依据。

历史上的单一民族国家法国在全球化带来的大范围跨国人口流动影响下,已成为一个事实上的多民族国家。但是,法国政府从各个方面力保法兰西民族的整体性和"纯洁性",不承认少数民族地位和民族差别,没有民族政策以及专门协调处理民族问题的政府机构,也没有将民族成分及宗教信仰列为人口登记和普查内容,还强制推行"同化政策",从各个方面淡化少数族裔观念。[①] 在这种大环境下,秉持极端自由主义、代表垄断资本利益、维护法国核心价值观、脱胎于基督教文化土壤的法国媒体,很难在报道中恰当处理本国的民族宗教关系。在其报道影响下,欧美舆论往往将多发的治安和犯罪问题同穆斯林移民联系起来。西方某传媒大鳄在事件发生后曾在推特上表示,即便多数穆斯林是和平的,在他们认清并摧毁不断壮大的圣战分子毒瘤之前,必须为此事负责。[②] 这些情况不仅反映出西

[①] 于海峰:《当代西方主要国家人口民族构成及民族问题概述》,《理论界》2013 年第 2 期,第 90—94 页。
[②] 《德国右翼组织煽动反伊斯兰化游行》,2015 年 1 月,观察者网,http://www.guancha.cn/。

方社会对不同文明、宗教、民族的傲慢和偏见，也反映出作为西方资产阶级喉舌的媒体难以摆脱认识上的局限。

（作者单位：新华社新闻研究所）

（原载《新闻与传播研究》2015年第10期）

从宪法《第一修正案》到"窃听门"事件：关于美国新闻自由的反思

於 春

一 美国宪法《第一修正案》出台：为新闻自由立法

美国宪法《第一修正案》的出台并非一帆风顺，其间经历了反抗英国殖民主义的独立战争，经历了联邦党人与反联邦党人的党争，实质为集权主义与自由主义的角力，妥协的结果是新闻自由获得宪法保障。

（一）美国独立战争期间相关州宪法

美国宪法《第一修正案》并不是北美殖民地有关新闻出版自由最早的法律文献。1776年6月12日，弗吉尼亚州通过的《权利法案》称："新闻出版自由是自由的重要保障之一，任何政府，除非是专制政府，绝不应加以限制"，这通常被认为是美国历史上保障出版自由的最早州宪法。1776年9月28日，宾夕法尼亚州通过的《权利法案》称："人们有自由言论、自由写作和自由发表意见的权利，因此出版自由不应受限制"，是同时宣称保护言论自由和出版自由的唯一的美国早期州宪法；《宾州政府的规划或架构》中明确规定"印刷业应独立于任何负责审查立法程序的人，或任何政府部门"①。到 1787 年，13 个州中有 9 个已经规定了这样的宪法保护，相关州宪成为宪法《第一修正案》的立法基础。

（二）联邦党人和反联邦党人的党争

尽管有了各州州宪法作为立法基础，1787 年 9 月 17 日制宪会议上通过的《联邦宪法》草案却没有包含任何权利法案，随后提交各州批准。

相关研究表明，这是由于联邦党人和反联邦党人的党争。联邦党人主要由从事商业、银行业、制造业及财产管理业的公民所组成，他们主张建立一个强大而中央集权的政府。联邦党人领袖汉密尔顿坚决反对在联邦宪法中加入《权利法案》："何谓出版自由？谁能作出任何定义使之不留任何规避的余地？"② 他认为，出版自由是政府用来控制和维护统治的工具，人民不可能真正掌握传播工具，也不可能真正拥有出版自由，即使勉强写入宪法，也只能是一纸空文。

反联邦党人则主要由主张平均地权的小农阶层及城市工人所组成，他们相信，为了获得成功，一个共和国政府不得不与人民保持密切联系，因此强调州和地方的控制权。反联邦党人领袖杰斐逊将出版自由视为人类的天赋权利，不可让渡，必须在宪法框架下明确自由和秩序，将个人权利和纪律完美结合，以形成美国文明的坚实基础。反联邦党人甚至批评联邦党人试图控制新闻业，认为那些取消《权利法案》的说辞都是对人民理解力的侮辱。

（三）集权主义与自由主义的角力

汉密尔顿反对出版自由的态度，根源于集权主义对集体的维护和对个人的否定。这种思想应用于新闻出版的结果是，"第一，实行出版特许制，书籍、报刊未经主管机构的批准，不得出版、发行。第二，实施预防制，

---

① 刘兢：《美国宪法第一修正案中新闻出版条款的起源》，载《湖北大学学报》（哲学社会科学版）2008 年第 3 期。
② ［美］汉密尔顿等：《联邦党人文集》，商务印书馆 1982 年版，第 429 页。

对演讲、表演、书籍、报刊的内容进行事先审查,以阻止攻击、反对或不利于当权者的言论的表达。第三,表示意见者或传播思想者如果发表当权者厌恶或禁止的内容,要受到严厉惩罚。第四,政府自办报刊,作为控制舆论的工具"①。汉密尔顿曾担任美国第一任财政部长,他的出版自由观虽然与自由主义背道而驰,但在非常时期却能够应急,比如战时对于新闻的封锁和控制。

美国第三任总统杰弗逊则是一个十足的自由主义者,他坚决主张出版自由。美国传播学者施拉姆等认为,对于18世纪各国废除集权主义报刊原则、确立自由主义传统,有三个英国人和一个美国人作出了卓越的贡献,这个美国人就是杰斐逊。杰斐逊继承了约翰·弥尔顿的出版自由观念,认为人是理性动物,能够独立自主、明辨是非。由于政府是权力的执行者,如果缺乏有效的监督,它就可能腐化。通过报纸让人民充分地了解公共事务、自由辩论,能够有效地监督政府,从而减少错误的产生。他的名言是:"如果由我来决定是要一个没有报纸的政府,还是要没有政府的报纸,我会毫不犹豫地选择后者。"虽然杰斐逊主张人人都有新闻自由,但他不同于绝对的自由主义,比如,他并不反对由州政府制定的诽谤中伤他人的法律及其执行。

(四)妥协的结果:美国新闻自由获宪法保障

1787年制定的《联邦宪法》草案确有缺陷,草案七大条都是讲美国政府的基本架构,没有一个字提到人民的自由和权利。

在反联邦党人的推动下,公众舆论很快表明,如果联邦党人不作出让步,《联邦宪法》草案就不可能在大多数州获得通过。1789年,制宪委员会向首届国会提交了包括新闻出版条款在内的《权利法案》草案。经众、参两院修订后,该条款作为《第一修正案》1791年12月15日获得批准。于是,《权利法案》成为双方角力和妥协的产物,联邦党人保住了《联邦

---

① 甄树青:《论表达自由》,社会科学文献出版社2000年版,第142页。

宪法》，用以巩固联邦政府权力，反联邦党人也获得了《权利法案》，以人权的名义限制联邦权。

无论如何，美国宪法《第一修正案》的颁布是一个重要里程碑，其中关于言论、新闻出版自由的内容，成为美国新闻自由的基石和法律保障。美国宪法《第一修正案》对自由主义新闻观念的发展起了史无前例的推进作用，由此开启了美国自由主义新闻传统。

资中筠在分析20世纪的美国历史时认为，美国百余年来持续不断的改良主义之所以成功，有赖于美国的批判现实主义传统，其关键就在于美国人享有"充分的独立的言论自由，这种言论自由是公开的，受到宪法保障的，适用于每一个公民，任何人不得压制"。

二　美国新闻集团"窃听门"事件发酵：对新闻自由的挑战

进入20世纪，资本垄断与兼并侵蚀着自由主义最初的思想精髓。2011年7月至今，默多克主导的美国新闻集团深陷窃听丑闻，"窃听门"事件使得以美国为代表的西方新闻自由受到了严峻的挑战。

（一）垄断资本侵蚀自由竞争的传媒生态

20世纪六七十年代，美国出现大规模的传媒兼并风潮，传媒垄断的新阶段由此开始。

以美国新闻集团为例，历经半个世纪的发展，通过资本运作和股权交换，默多克主导的美国新闻集团已经成长为一个不折不扣的世界性传媒帝国。在美国，默多克的新闻集团拥有福克斯电视网、《华尔街日报》等重量级的媒体；在英国，新闻集团控制着40%的报纸发行量，其中既包括《世界新闻报》《太阳报》等著名小报，也包括《泰晤士报》等顶尖大报，还拥有英国天空广播公司39%的股份；在亚洲，默多克旗下的卫视体育台与迪斯尼公司共同成立了亚洲最大的卫星和有线体育电视网——ESPN STAR SPORTS（ESS），为亚洲25个国家、地区的用户提供服务，包括中国33家有线电视台。新闻集团下属的 STAR TV 在亚洲的广播网联合贝塔斯曼成立了 CHANNEL [V]，与维亚康姆所属的 MTV 音乐频道展开竞争。

自由地兴办新闻传媒，本是美国新闻自由的重要内涵。自由竞争的传媒生态，有利于各方信息的自由流动和各方意见的充分表达。但是，不断集中的西方传媒资本日渐显现出垄断社会信息传播的趋势。一些学者对传媒资本侵犯言论自由提出尖锐的批评。有调查显示，记者史蒂夫·威尔森、简·阿克勒因报道美国牛奶供应的危险因素而触犯广告商的利益遭到新闻集团下属的福克斯电视台解雇，记者阿普丽尔·奥利弗、杰克·史密斯因报道美国越战期间在老挝使用沙林毒气而被 CNN 解雇，新闻自由实际上被传媒资本、广告商、美国政府间接控制。

（二）垄断传媒左右民主政治

在欧美世界，自新闻业脱离了政党的藩篱，人们就将其看成民主制度的重要组成部分。美国宪法《第一修正案》的推动者杰斐逊甚而认为，当时国家的三权分立还不够，应该充分认识到报刊对国家、政府和社会的监督作用，"自由报刊应该成为对行政、立法、司法三权起制衡作用的第四种权力"[①]。

然而，当大众传媒被垄断资本控制而失去独立性后，民主可能只是一个响亮的口号。有学者认为，在现今主流"民主"体制下，民主被化约为选举，选举被化约为竞选，竞选被化约为推销。西方民主政治实践对传媒的依赖日趋严重，民主异化为"媒主"[②]。

拥有强大传媒力量的默多克被称为"英国最有影响力的外国人"，英国前任保守党首相撒切尔夫人、卡梅伦以及工党首相布莱尔、布朗的当选均得益于新闻集团的造势。而布莱尔曾为默多克收购意大利电视网一事亲自致电当时的意大利总理普罗迪。2007 年，《世界新闻报》窃听王室电话

[①] 张昆编:《大众媒介的政治社会化功能》，武汉大学出版社 2003 年版，第 321 页。
[②] 张涛甫:《"窃听门"背后的媒介政治》，载《新闻记者》2011 年第 9 期。

的丑闻曝光，时任主编安迪·库尔森辞职，随即被在野党领袖卡梅伦任命为新闻主管兼发言人。2010年卡梅伦担任首相后，库尔森成为联合政府新闻主管。默多克与新闻集团正是通过传媒与政府的非正常关系，左右着英国的选举和政局。

（三）垄断传媒滥用新闻自由

默多克建立的传媒帝国以小报起家，通过报道名流及社会的丑闻、隐私、暴力、八卦赢得巨大市场和利润，能够容许非常手段获取新闻线索：记者可以带支票簿采访，可以高价买断新闻来源，可以买通警察获取内部新闻，可以雇用特工人员窃听当事人；除了"用支票换新闻"，其他获得秘闻的手法是：全天候跟踪追拍，在垃圾桶找寻丢弃物品，假扮某人骗取电话采访，派记者应聘某职位以打入内部获取新闻等。

2011年7月4日的英国《卫报》报道：2002年失踪少女米莉·道勒被绑架杀害，美国新闻集团旗下子报《世界新闻报》雇用侦探窃听她及家人电话，由于侦探擅自删除道勒手机语音信箱中的部分留言，导致家人以为道勒还活着，干扰了警方对案件的侦破。截至2011年7月17日，《世界新闻报》《太阳报》等新闻集团旗下的英国报刊涉嫌窃听名单增至4000多人，包括政府高级官员和王室成员。

自窃听失踪少女事件遭曝光以来，一系列连锁反应相继发生：7月6日英国首相卡梅伦承诺对《世界新闻报》窃听案进行独立调查；7月7日默多克新闻集团宣布关停《世界新闻报》；7月10日《世界新闻报》因丑闻正式停刊；7月12日默多克新闻集团旗下的另外两家报纸《星期日泰晤士报》和《太阳报》也深陷泥潭；7月14日英国逮捕9名涉案人员，美国FBI就新闻集团旗下员工对"9·11"受害者及家属电话监听一事展开调查；7月16日默多克在英国各大报纸刊登道歉信；7月18日《世界新闻报》窃听丑闻揭发人身亡；7月19日默多克父子就窃听丑闻出席英国议会听证会接受质询；7月20日英国首相卡梅伦接受议会质询……

《世界新闻报》在强调新闻自由的同时，滥用了新闻自由，践踏了公民个体的自由——自由不是媒体独享的权利，公众也有保护隐私的自由和权利。事实上，新闻自由不是无限制、无底线的自由，而是有底线的自由，底线是法律，是新闻传媒的社会责任、职业规范、道德准则。新闻传媒除了商业属性外，还有公共属性，需要承担自己的公共责任。新闻传媒在他律、监督政府官员、监督社会的同时，也需要自律、被监督。

（四）垄断传媒背离社会责任

1947年美国"新闻自由委员会"（哈钦斯委员会）发布第一期报告《一个自由而负责的新闻界》。报告认为，新闻自由陷入危机的主要原因是缺乏责任的约束，"新闻自由的危险，部分源自新闻业经济结构的变化，部分源自现代社会的工业制度，在某种程度上，更是由于操纵新闻的人不能洞见一个现代化国家对新闻业的需求以及他们不能判断责任和不能承担需要新闻业肩负的责任所造成的"[①]。这一报告最先明确了大众传媒的责任原则，推动了大众传媒社会责任论的问世。随后，该委员会委员维廉·厄内斯特·霍京出版了《新闻自由：一个原则框架》一书，集中阐述了当代新闻自由思想的内容：（1）报业应当享有新闻自由，反对集权势力和金融寡头对报界的控制；（2）人类的思想和行为并非完全合乎理性，报业的自由放任主义是有害的，主张积极的自由，使人民能利用报刊表达自己的意见；（3）报刊必须承担社会责任，新闻自由以社会责任为规范，报道新闻要正确而有意义；（4）政府不仅仅允许自由，还必须积极地推动自由，对报业滥用自由加以干涉，维护社会秩序和个人安全，对正当的自由加以保护和支持。[②]

20世纪50年代，美国传播学者施拉姆等合著的《报刊的四种理论》一书中，"社会责任传播理论"被列为传播理论的一种，强调"社会责任"是传播事业发展的必然趋势。自由与责任同时存在，大众传媒在宪法保障

[①] 胡兴荣：《新闻哲学》，新华出版社2004年版，第166页。
[②] [德]哈贝马斯：《公共领域的结构转型》，学林出版社1999年版，第183—185页。

下享有特殊地位，相应也须承担社会责任，对社会恪尽职责。大众传媒若能恪守自身的责任，并以之为经营基础，则自由制度当能满足大众的需要；大众传媒若无法恪尽己责，其他团体便应出来干预，使其社会责任得以履行。

然而，从2011年"窃听门"事件引发出的一系列问题看，垄断资本影响下的西方新闻自由，无论作为一种理念还是一项权利，并没有受到社会责任和职业规范的约束，因滥用新闻自由造成的几乎所有弊端仍然存在。

三 关于美国新闻自由的反思

美国新闻自由，在先期的实践中，虽然也存在一些消极因素，但对于维护人权、开启民智、监督政府、推动社会进步方面起到了历史性的作用，成为美国民主政治的重要组成部分，也是西方新闻自由的典范。在新的历史时期，垄断资本改变了自由竞争的传媒生态，跨国家、跨洲际、跨传媒的世界性超级传媒帝国使得以美国新闻自由为代表的西方新闻自由面临新的课题。美国新闻集团"窃听门"事件只是一个缩影，但引发的相关问题值得人们深思。

（一）对资本垄断传媒的制衡

垄断是自由的天敌。传媒的高度垄断，必然会严重挤压新闻自由的空间。传媒的垄断还意味着对信息的垄断，这在当今的信息社会意味着巨大的权力。默多克在为窃听丑闻所作的道歉信中说：自由和公开的媒体应该成为社会的积极力量。但事实上，默多克及其传媒帝国如今却形成了不折不扣的垄断局面，并与政界产生复杂隐秘的关联，窃听丑闻对社会也未见积极。

"窃听门"事件发酵后，英国工党党魁、反对派领袖米利班德曾提出，应当修订英国传媒所有权法，拆分新闻集团，减少新闻集团的市场份额，以防止默多克过度影响英国公众的生活。在美国，反新闻垄断即在数量上控制资本购买媒体的法律早已出台,在实践中确实也发挥了一定的抑制新闻垄断的作用,但其力度似乎还远远不够。事实上,资本对传媒的垄断有助于对新闻报道不同程度的控制,有助于美国国家意识形态控制和国际战略推广,有助于形成由美国主导的世界传媒秩序。

一个明显的事实是,默多克新闻集团窃听行为早在 2002 年就曾曝光,但为何于 2011 年才全球发酵?根据已经披露的情况,一个最主要的原因是新闻集团近期有控股英国天空广播公司的计划。如果默多克资本完全控制英国天空广播公司,那么他左右英国政局的能力将愈发强大。在关键时刻,英国政界利用《世界新闻报》"窃听门"事件来"逼退"默多克,实际上是"捍卫国家安全的一种自觉的集体行动"。在各方压力下,2011 年 7 月 13 日新闻集团宣布放弃收购英国天空广播公司。

(二)新闻自由与自律

一些组织建立了职业规范进行传媒自律。在美国,新闻专业记者协会(Society of Professional Journalist)是全美最大规模、最为广泛的新闻业组织之一。1996 年,该协会重新修订专业规范:第一,发掘并报道真相;第二,减少伤害;第三,独立超然;第四,负责。协会强调,专业操守是建立新闻记者信用之本。在英国,报刊投诉委员会(Press Complaints Commission)是具有仲裁效力的行业自律机构,用于处理关于新闻报道准确性和公正性的投诉,为保护编辑和公民双方的权利而制定规则。另外,还有全国记者联盟的道德委员会等多家专业组织。广电方面有《BBC 约章》《独立广播委员会节目标准》。

英国首相卡梅伦日前透露,政府考虑设置一个新闻道德监管机构,希望改变当前传媒自律不足的被动局面。但一些人担心,此举反而会破坏英国的言论自由传统。美国《纽约时报》认为,对新闻和出版领域进行政府监管,将是非常可怕的事情,实际上是以保护的名义蒙蔽受众的眼睛。隐私权和探求新闻真相这对矛盾长期存在,《世界新闻报》采用窃听手段获取新闻素材虽有违新闻道德,但如果因此走向另一个极端——沉闷、被

"劫持"的传媒业，同样是一场悲剧。① 如何发挥新闻自由的积极作用同时克服其消极因素，仍然任重道远。

（三）公众利益至上仍是新闻自由的第一要义

与传媒相关的公共利益所包含的要点是：保障法律所保护的公众私人利益不受侵犯，尤其是公众的隐私权以及对青少年的保护。不伤害社会公德，不扰乱社会公共秩序。满足公民的知情权、表达权。不分民族、种族、地域、性别、贫富、地位，都应该享受传媒业同等普遍的服务。

从宪法《第一修正案》出台以来，新闻自由的第一要义就是维护公共利益。美国新闻专业记者协会（SCJ）强调，为公众启蒙是社会正义的先驱、民主政治的基石。为强化此目标，新闻记者要挖掘真相，并针对议题与事件提供公平、完整的报道；自觉的新闻人要彻底真诚地为公众提供服务。英国的广播电视业实行公共广播体制，从 BBC 开播第一天起就声称"以利他主义思想为从业者行为准则，为公共利益而工作视为自己的天职"。

公众利益是政治与传媒合法性的基础。然而，在世俗政治以及传媒实践中，权变的政客、唯利的传媒资本家极易将公众利益联手出让。公众需要加强媒介素养，理性识别政客和传媒的表现。的确，有的暗访比如"水门事件"中的深喉，揭露了攸关公共安全的重大问题，捍卫了公共利益，但是非常采访手段坚决不能针对弱势群体、普通公众，必须限定在一定范围内。作为公众，既要警惕政治权力对私人权利领地的侵入，也需要反省自身的传媒消费行为和政治行为，不能盲目贪图窥视隐私，丧失良知。

（四）对我国传媒业的启示

中国实行新闻自由需要走自己的路，而不是全盘西化。任何国家都有

---

① 沈正赋：《西方新闻自由的理想王国与现实图景——从英国〈世界新闻报〉"窃听门"事件谈起》，载《当代传播》2011 年第 5 期。

与自己国情相符合的传媒政策，美国、英国、澳大利亚的传媒政策也有不同甚至存在较大差异。我们必须从中国的实际出发，探索建设适合中国国情的新闻自由。

《中华人民共和国宪法》第三十五条规定：中华人民共和国公民拥有言论、出版自由。中共十七大政治报告明确指出："人民当家作主是社会主义民主政治的本质和核心。……要保障人民的知情权、参与权、表达权、监督权。"这四权是公民言论、出版自由的题中之义。

改革开放以来，从宣传本位转向新闻本位，从新闻本位走向信息产业，中国传媒业经历了两次巨大的飞跃。党的十七大以来，从2008年的汶川大地震、2009年的"7·5"新疆事件、2011年"7·23"甬温线特别重大铁路交通事故、2012年初广东乌坎村委会选举，中国传媒业对重大新闻事件的报道愈加迅速、透明，在探索中国式新闻自由的道路上取得重大进展。

另外，在我国传媒产业化的进程中，也存在传媒人偷拍偷录、编造新闻、以权谋私等违法、违反公共利益或职业道德的行为。2005年中宣部关于《加强和改进舆论监督工作的实施办法》规定："通过合法和正当的途径获取新闻素材，不得采取非法和不道德的手段进行采访报道。不搞隐蔽拍摄、录音。"2009年，新修订的《中国新闻工作者职业道德准则》规定："要通过合法途径和方式获取新闻素材"，"尊重采访报道对象的正当要求，不揭个人隐私"。为了获得更多的新闻自由，传媒首先要自律。不自律，就会牺牲传媒自由活动的空间。

（作者单位：华东师范大学传播学院）

（原载《当代世界与社会主义》（双月刊）2012年第3期）

从《世界新闻报》事件看西方的新闻自由、社会责任与资本至上

黄 瑚

近一个多月来,《世界新闻报》事件成了国内外新闻媒体连篇累牍进行报道的一大热点。究其原因,乃是这一事件暴露了当今西方新闻媒体面临的极为严重的职业危机。透过这一事件,西方新闻界内外有识之士也看到了历来为新闻行业奉为圭臬的新闻自由权利,即使在社会责任论已被普遍接受的当今西方社会,仍然为资本所肆意扭曲与滥用,并已发展到足以从行业内部摧毁自身的危急境地。

一 新闻自由权利被肆意滥用

首先,表现在采用非法手段以获取信息。这一事件的导火线,就是《世界新闻报》窃听丑闻的曝光。从目前已经揭露出的事实看,惯用窃听等暗访手段以非法获取新闻线索,已经成了《世界新闻报》等西方小报进行采访活动的一条潜规则,窃听等暗访的对象包括社会各个阶层,上至王公贵族、达官显贵下至平头百姓。从纯业务角度看,这种采访手段确实很实用,容易获得原汁原味、当事人不愿提供的新闻信息,费力少而收获大。但是,这种手段在使用中往往要采用一些非法手段,如非法冒用身份、非法制造证件、侵犯他人隐私、窃听窃照窃录等,因而也很容易使自己陷入

违法泥潭中不能自拔。而且，由于记者在暗访时隐去自己的真实身份出现在新闻事件发生现场，是一种主观故意行为，因而一旦违法后还很容易被认定为具有主观恶意并将受到严惩。因此，传统采访手段强调公开、诚信，在几乎各国新闻职业道德行为准则中，都有"只用公开的方法获得新闻素材"这一条。在新闻实践中，只有在揭露社会不良现象、进行舆论监督等万不得已情况下才采用暗示手段。

其次，表现在发布违法信息以吸引受众。西方不良小报采用窃听手段的目的就是想获取一些新闻事件当事人本不愿意公之于众的信息以及其他含有淫秽、色情、迷信、凶杀、暴力的不良信息。如果这些私人事务与社会公共生活和公共利益完全无关，我们把这些信息叫作"隐私"，在现代社会里是受法律保护的，即享有隐私权。所谓隐私权，就是个人有依法保护自己隐私不受侵害的权利。因此，不透露、宣扬他人隐私，不仅为基本的道德要求，而且还是必须遵守的法律。这次《世界新闻报》事件之所以成为一个众目关注的大事件，就是因为该报为了吸引眼球而将个人隐私大量倾泻在报纸、电视等新闻媒体上。他们之所以这样做，往往是以新闻自由权利为护身符，以满足公众的知情权为自己的卑劣行为辩护，甚至还根据发行量、收视率等统计指标来证明刊播个人隐私是为社会所欢迎的行为。

最后，同时也是最令人无法容忍的是绑架无辜受众以操纵政坛。受众，都是政客必须千方百计加以笼络的选民。因此，默多克还利用这一点，绑架这一大批受众作为其拉拢政客、影响政坛、收买政府等公权力的筹码，从而使公权力为其集团私利服务，使政治有利于其集团的发展。从这次事件透露出的事实看，英国政府，无论是工党还是保守党，同默多克掌控的新闻媒体的关系始终不变，既怕他的媒体舆论又爱他的投资与赞助，因而两者越走越近，互相利用、投桃报李，甚至还建立起了十分紧密的私人友情。例如，卡梅伦组阁后在首相官邸接待的第一位媒体大佬就是默多克，他甚至让《世界新闻报》前主编库尔森担任自己的媒体主管。

二 "社会责任论"并未解决新闻自由被滥用问题

20世纪40年代末诞生的"社会责任论"正是为了解决新闻自由被滥用的问题。从《世界新闻报》事件看,西方新闻界虽然在表面上已经普遍接受"社会责任论",但在实践中还无力解决新闻自由被滥用的问题,无力克服西方新闻自由所蕴含的消极因素。

新闻自由,作为一项思想原则,起源于西方新闻出版界向封建统治阶级争取出版自由的伟大斗争之中。然而,任何事物都是一个对立统一的矛盾体。作为新闻活动思想原则与基本权利的新闻自由同样也是一个矛盾体,既蕴含着有利于新闻事业发展的积极因素,同时也蕴含有不利于新闻事业发展的消极因素。在西方自由新闻体制确立后不久,新闻自由所蕴含着的消极因素开始发展起来,大多数新闻从业人员以新闻自由为护身符,没有任何自我拘束的意识,对新闻报道中有失公正甚至危害社会之处视若无睹,新闻自由的理念开始被扭曲,新闻自由的权利开始被滥用。

面对新闻自由被滥用的现象,西方新闻界内外有识之士自19世纪上半叶起就开始重新思考、检讨新闻自由问题,并提出了以新闻自律为核心的职业道德理念。所谓新闻自律,就是要求新闻从业人员树立社会责任感,在行使新闻自由权利的同时要有自我拘束、自我控制的意识。

社会责任论的诞生,在表面上似乎克服了西方新闻自由的消极因素,为西方新闻行业的发展清除了路障。客观主义、编辑自主权利等传统观念、"只管报道事实""不必考虑后果"等极端口号,也似乎销声匿迹了。然而,从这次《世界新闻报》事件以及由此而揭露出的一系列问题看,西方的新闻自由,无论作为一种理念还是一项权利,并没有因为社会责任论的提出并被普遍接受而克服了自身的消极因素,因新闻自由滥用而造成的几乎所有的弊端仍然存在,只是从明规则转为暗规则或潜规则在暗中继续运作。

三 资本至上是新闻自由权利被滥用的根本原因

为什么"社会责任论"无法解决新闻自由权利被滥用问题,因为西方社会是一个资本至上的社会。

《世界新闻报》停刊社论把自己的错误说成是"迷失了方向",其实该报并没有迷失方向,而是因为认准了方向,即认准了为资本牟取最大利润的方向。

默多克为什么敢冒天下之大不韪,而且还能做到心想事成,就是因为他手中有的是资本,而资本至上又是资本主义社会的"天经地义"。他看准了当今媒体市场是朝阳产业,投资媒体能够给他的资本带来巨大利润,因而大举进军媒体业,不仅买下了《世界新闻报》等一大批新闻媒体,改变了澳大利亚、英国、美国的传媒生态环境,在世界范围内营造起一个传媒帝国,将公民享有的自由创办新闻媒体的权利异化为了资本自由吞并新闻媒体的权利。

在传媒帝国建立后,默多克无视新闻媒体的文化公益事业性质,毫不理会媒体应为公民服务的理念,为了追求"眼球"(实质上是追求利润)全然不顾媒体的社会责任与社会功能,甚至不顾媒体的运作机制与生存发展规律,在新闻活动中大量运用既违背新闻职业道德要求、同时又违背法律规定的各种新闻手段,把传统上强调公开、诚信的新闻采访活动异化为用窃听等秘密手段进行暗访的间谍活动。在内容上,默多克掌控的《世界新闻报》等小报,以"星、腥、性"为卖点,同时大量散布个人隐私以满足人们的窥私欲。默多克曾狂妄地说,《华尔街日报》刊登三版女郎照片,也会有经营管理人士阅读。

在《世界新闻报》发生危机之际,默多克怕连累到其新闻集团的整体利益,特别是他正在进行中的收购天空卫视的扩张计划,断然自行停办了这份已有168年的悠久历史、曾发表过不少有益于社会发展舆论监督报道的老报纸。这种做法,目的是丢卒保车、维护其掌控的新闻集团属下的其他新闻媒体的利益。如果从大视角考虑传媒生态环境的保护、从中视角考虑《世界新闻报》的历史品牌、从小视角考虑《世界新闻报》员工的生计等各类现实问题，《世界新闻报》事件的结果，应该是默多克离开《世界新闻报》，而不是《世界新闻报》退出新闻舞台。

令人遗憾的是，"成也萧何，败也萧何"，前些年让《世界新闻报》在传媒市场上呼风唤雨的是默多克的资本，最后让《世界新闻报》黯然退场的还是默多克的资本。这一点，西方新闻界内外的有识之士也已有所察觉。据报载，英国反对党领导人米利班德在7月16日呼吁制定新的法律，以阻止某一个人拥有如此众多的全国媒体。事实上，在美国等几个西方国家，反新闻垄断，即在数量上控制资本收买媒体的法律早已出台，在实践中确实也发挥了一定的抑制新闻垄断的作用。但是，想根本解决新闻自由被滥用这一问题，其力度似乎还远远不够。

（作者单位：复旦大学新闻学院）

（原载《中国记者》2011年第9期）

试论美国新闻业言论自由角色与
结构自由角色之冲突及理论根源

姜 华

一 前言：新闻自由主体的转移

在欧美新闻业的发展过程中，新闻自由，经历了一个从公民权利到职业权利的转变过程。美国的宪法第一修正案出台之前，各州已经有各自宪法，而且对言论出版自由多有涉及。例如，1776年颁布的《宾夕法尼亚州宪法》就在第一条第十二款中提出，"人民有言论、写作及出版其意见的自由权利，因此出版自由不应禁止"，第二条第三十五款又有如下补充："印刷媒体应该向对立法过程及政府部门进行监督的所有人开放。"[①] 此处所提诸项自由（尤其是明确提出"言论自由"）都是以人民为阐述对象的，从历史延续性上看，我们有理由认为保障公民权利是宪法第一修正案中出版自由设立的主要目的之一。从另一方面看，这些权利又可看作是宪法对作为职业权利的报刊自由的保护。马修森（Joe Mathewson）就认为，美国宪法第一修正案并非保护新闻业之始，独立战争胜利之前，美洲多个殖民

---

① Thomas Raeburn White, "Constitutional Provisions Guaranteeing Freedom of the Press in Pennsylvania," *The American Law Register* (1898 – 1907), Vol. 52, No. 1, 1904, pp. 1 – 21.

地已出台法规保护新闻自由，而且保护力度之大远在第一修正案之上。①在1776年的《弗吉尼亚权利宣言》中有"出版自由乃自由的重要保障之一，绝不能加以限制；只有专制政体才会限制这种自由"②的条款，与此前宾夕法尼亚州宪法强调"言论自由"不同，此处特意强调"出版自由"，显然是为保护传媒的自由而设立。1804年6月28日，杰斐逊（Thomas Jefferson）在《致约翰·泰勒法官》的信函中也专门谈及"新闻自由"：

> 人可以靠理性和真理来治理。所以我们的第一个目标是向他们开放一切通往真理的道路。迄今为止所发现出来的最有效的道路便是新闻自由。因此，那些害怕他们的行为受到调查的人首先关闭的就是新闻媒介。③

值得注意的是，杰斐逊在此将"新闻自由"与"新闻媒介"联系在一起，以为如果关闭了新闻媒介，通往真理的有效道路——新闻自由也就无望了。另外，在"新闻自由委员会"看来，宪法第一修正案将新闻自由与言论自由相提并论理由充分，因为伴随着传播技术的发展，二者的社会功能业已融为一体，而且"在我们的历史上，'新闻自由'是当作发布者的自由来保护的"④。美国联邦法院大法官波特·斯图尔特（Potter Stewart）亦认为，新闻自由是宪法对新闻媒体提供的一种制度性的保障，新闻媒体的新闻自由与一般人的言论自由是不同的，制宪者之所以将言论自由与新闻自由作出区分，目的就是将二者看成不同性质的基本权利。⑤ 由此观之，

---

① Joe Mathewson, "The Long and Strong Tradition of State Protection of Freedom of the Press," *American Journalism*, Vol. 25, No. 4, 2009, pp. 81 – 112.
② ［美］安东尼·刘易斯：《言论的边界：美国宪法第一修正案简史》，徐爽译，法律出版社2010年版，第13页。
③ ［美］彼德森注释编辑《杰斐逊集》，刘祚昌、邓红风译，生活·读书·新知三联书店1993年版，第1325页。
④ ［美］新闻自由委员会：《一个自由而负责的新闻界》，展江、王征、王涛译，中国人民大学出版社2004年版，第67页。
⑤ 林子仪：《言论自由与新闻自由》，台北：月旦出版有限公司1993年版，第75页。

在美国法律或者政治领袖的视野中,随着新闻业及传播技术的发展,新闻自由逐渐从个人权利转变为新闻媒体权利,而隐于其间的言论自由与结构自由的不协调与矛盾性也日益彰显。

新闻自由演变过程中的这种主体转移带来了一系列问题。其中,最为突出的就是新闻业在言论自由角色和结构自由角色上的激烈冲突。借用以赛亚·柏林两种自由的分析,从自身本位出发、强调言论角色的新闻业,要求拥有绝对性的、不受干涉的消极自由;而欧美国家及社会则将新闻业看作民主制度中的一种结构性力量,当其要求的新闻自由对民主制度造成威胁时,国家与社会则会对其作出一定的限制,换句话说,结构自由角色中的新闻自由是一种相对的、受到规制的积极自由。这两种角色源自自由主义观念内部的分歧与紧张,也使人们对新闻自由产生了不同理解。

二 言论自由角色是公民权利在新闻业的延伸

对言论自由最有力的论述来自于约翰·密尔(John Stuart Mill)发表于1859年的《论自由》。此书虽然不断遭遇批判和诘难,但它在密尔生活的19世纪即成为人们争相传颂的自由主义经典之作。恰如伟大的俄国思想家赫尔岑(Alexander Herzen)在评价密尔及其《论自由》时所指出的:"这个人享有巨大的、当之无愧的声望,在英国,托利党人不屑读他的书,辉格党人仇视他的书,但在欧洲大陆,凡是除了报纸和小册子还读点什么的人(除了社会主义者)大多读过他的书。"① 与约翰·弥尔顿(John Milton)强调出版自由是免于事先审查,防止政府对思想言论造成侵害不同,密尔所论证的是"公民自由或社会自由,即社会可以合法地施加于个人的权力之性质和界限"②。在19世纪的英国,民主化的趋势已经势不可当地体现在政治运作和社会生活的方方面面,弥尔顿时代政治专制的严峻态势

---

① [俄]赫尔岑:《往事与随想》下,项星耀译,人民文学出版社1998年版,第58页。
② [英]约翰·密尔:《论自由》,顾肃译,译林出版社2010年版,第3页。

早已一去不返。对于密尔而言，更为严峻的是社会专制带来的压迫与不适，这是因为，"当社会本身是暴君（社会作为集体凌驾于构成它的个人之上）时，它实施暴政的手段并不限于通过其政治机构而采取的行动"①。为了防止社会侵害，一条"极简原则"就是必要的："人类可以个别地或集体地对任何成员的行动自由进行干涉，其唯一正当理由是旨在自我保护。"② 在密尔看来，个人自由的恰当领域包含三个方面：第一是思想言论自由；第二是制定个人生活计划的自由；第三是与人联合的自由。在密尔看来，思想言论自由是个人自由最重要的标志之一，对于个人和社会而言，其重要性不言而喻：

> 第一，如果某一项意见被迫不得声张，那么那项意见我们敢说也许便就是真理。如果不承认这点，便等于假设人类不会出错。
>
> 第二，虽然被迫不得不发表的意见是错误的，但它时常也许含有一部分真理；因为对于一事的普通流行的意见很少或永不是整个的真理，只有与相反的意见相冲突时，所余的一部分真理才有机会得到补充。
>
> 第三，即使被公认的意见不只是对的，并且还是整个的真理，除非许可及实际遇到有力的及诚恳的竞争，这种意见便会被信持它的当成一种偏见，对于它的理论基础很少有了解与热情。
>
> 第四，那理论的自身意义也将有失迷，弱化，或剥去对人行为上的有力的影响之危险：即那理论将只成为形式的武断，对人无益，且足以阻滞出自理性与个人经验的真实信心之发展。③

对于密尔以上有关言论自由重要性的分析，我们需要注意以下几点：

---

① ［英］约翰·密尔：《论自由》，顾肃译，译林出版社2010年版，第6页。
② 同上书，第11页。
③ ［英］约翰·密尔：《论自由》，转引自张佛泉《自由与权利：宪政的中国言说》，清华大学出版社2010年版，第113页。

第一，言论思想必须绝对自由的原因在于它的价值——发现真理、了解真理、完善真理、弘扬真理。从这个角度看，我们说密尔的言论自由思想是功利主义的。① 他不止一次在书中提到他对自由所作的分析，都是在功利主义的基础上展开的。在导论中，他特意提到，"在所有道德问题上，我最终都诉诸功利；但是，这必须是最广义的功利，以人作为进步的存在的永久利益为依据的功利"②。在思想言论自由中，他再次申明，"一个观点的真理性是其功利性的一部分"，不能阻止异议者对其观点真理性的维护。密尔将思想言论自由作为公民自由必不可少的组成部分，即是看到了它是更高层次的自由，它的实现对于真理的发现以及更多人的福祉是必不可少的，放在功利主义的框架下，就能够充分地理解密尔对其重要性的强调。第二，密尔并非无神论者，在他的心中亦有一个上帝，所以他强调真理的重要性；然而密尔又不像前辈弥尔顿那样持有狭隘的宗教宽容观念，他主张宽容，不仅对与自己宗教信仰相同的人宽容，对其他任何宗教流派包括无神论者，他都主张宽容。在他看来，没有宽容，个体的自由就会受到侵害。第三，密尔论证自由的基础是公民自由，是个体免遭社会侵害的自由，因此他特别看重个性与自由的关系。密尔认为，社会平等化的趋势与传统

---

① 英国学者以赛亚·伯林认为，约翰·密尔的思想底色仍然是自由，功利主义在他那里仅仅是一个表象而已。在他看来，密尔"与其说成了原始功利主义运动的公开的异端，不如说成了一个默默离开阵营的信徒，保留着他认为真实与有价值的东西，却不受该运动的任何规则与原则约束。他仍然宣称幸福是人类生存的唯一目的，但是他对什么构成幸福，却有着根本不同于他的那些良师益友的理解"。密尔"以其公开的观点与行动所致力关注的是另外一些问题：个人自由的扩展，特别是言论自由——几乎不外乎此"。居于密尔"思想与情感核心的，既不是他的功利主义，也不是对启蒙、划分私人领域与公共领域的关心（他自己有时也同意国家能够入侵私人领域，以促进教育、卫生保健、社会保障或公正），而是他的强烈信念：人之为人在于他的选择能力——同等地选择善恶的能力"。参见〔英〕以赛亚·伯林《穆勒与生活的目的》，载《自由论》，译林出版社 2011 年版，第 222—258 页。另一位著名的自由主义理论家哈耶克认为，密尔其实是从自由至上主义到新自由主义的过渡人物，在他看来，《论自由》将批判指向舆论自由而非政府行为，而密尔的另外一部著作"对社会主义理想抱有同情，因此为大量自由主义知识分子逐渐转向一种温和的社会主义做好了准备"。参见〔英〕弗里德里希·哈耶克：《自由主义》，载王焱等编《自由主义与当代世界》，生活·读书·新知三联书店 2000 年版，第 119 页。台湾学者江宜桦认为存在"两个密尔"："自由主义的密尔"和"功利主义的密尔"，这一直是学界争论不休的话题。江宜桦认为，自由主义和功利主义是密尔思想中两个不能相互统摄的原则，与强调密尔思想本色是自由主义的观点不同，他认为，密尔致力于在自由主义和功利主义之间寻找某种平衡。参见江宜桦《自由民主的理路》，新星出版社 2006 年版，第 127—147 页。

② 〔英〕约翰·密尔：《论自由》，顾肃译，译林出版社 2010 年版，第 12—13 页。

习俗，使得社会大众趋于平庸化，而"一切明智或高贵事物的发端总是也并一定是出自一些个人；一般首先出自某个人"。因此，要鼓励标新立异，因为"个性是社会福祉的要素之一"。

从以上的分析可以看出，约翰·密尔讨论的是免于社会侵害的公民自由，即使是思想言论自由，也是放在这个框架中给予思考的，而并非是政府对于个体思想言论的钳制力量。在他的经验中，社会舆论是侵害公民自由的主要手段之一。对于遏制思想言论的权力，密尔说："按照公众意见来行使它，与违反公众意愿而行使它相比，同样有害，甚至是更加有害的。"① 他认为，政府的权力已经不足惧，"唯一名副其实的力量是群众的力量，还有政府作为表达群众倾向和本能的机关的力量"②，除政府外，报纸是另一个代表公众舆论的机关。由此可以看出，密尔对代表公众舆论的报纸、政府以及社会大众本身，是持保留态度的。在他看来，这些因素的存在，是当时侵犯公民自由的最大隐患。然而在《传媒的四种理论》中，西伯特（Fred S. Siebert）却将约翰·密尔《论自由》与弥尔顿、卡姆登励爵（Lord Camden）、约翰·威尔克斯（John Wilkes）、朱尼厄斯（Junius）、托马斯·潘恩（Thomas Paine）等人的著作一同看作阐述政府与传媒关系的作品，并说"约翰·斯图亚特·密尔以一个19世纪实用主义者的观点来看待威权和自由之间的问题"③。其实西伯特很清楚，密尔所论自由乃是公民个人自由，所涉思想言论自由问题也主要着眼于个体的表达自由，况且密尔对包括报纸在内的诸多代表公众舆论的机构对公民个人自由的威胁始终念念不忘。究竟是何原因使西伯特及后世研究者不约而同将密尔对公民思想言论自由所作的分析当作传媒与政府关系中传媒言论自由角色的最有力辩护呢？主要原因在于，19世纪中期以前，传媒的言论角色和公民的言论自由在很大程度上是重合的："迥异于我们所知道的高度资本化的都市

---

① ［英］约翰·密尔：《论自由》，顾肃译，译林出版社2010年版，第18页。
② 同上书，第70页。
③ ［美］弗雷德里克·S. 西伯特、［美］西奥多·彼得森、［美］威伯·施拉姆：《传媒的四种理论》，戴鑫译，中国人民大学出版社2008年版，第36—37页。

媒体，18世纪的美国报界充斥着五花八门的小道消息。随便什么人，只要把稿件送到像彼得·曾格（John Peter Zenger）这样的专业印刷商手里，就能发行报纸。"① 新闻自由委员会的分析也验证了这一观点，在他们看来，18世纪乃至19世纪初期的新闻业，是"充分自由"的，如果有的人的观点不能够在现有报刊上呈现，他们就会自己创办媒体表达个人观念：

> 在他们那个年代，任何有话要说的人，相对而言都不那么困难就能发表它。……那时的新闻界由各种小印刷所发行的手工印制传单构成，定期发行的便是报纸，不定期发行的便是单面印刷品、小册子和图书。印刷机是廉价的；一个熟练印刷工人只需要借上几美元就能自办印刷所，再雇佣一两个助手，就可以摇身一变成为发行人和主编。②

因此，由于在印刷术发明后相当长的时期内，个体言论自由与传媒的言论角色不分彼此，几乎是重叠的，而当19世纪中后期，大众化报纸逐步崛起的时候，公民的言论自由顺其自然就演变为传媒的言论角色了。研究者将密尔基于个体自由的思想言论自由看作传媒的言论角色也就丝毫不足为奇了。但是在这个转变的过程中，思想言论自由至少发生了两个显著的转变：一是理论上所有公民享有的思想言论自由转化为有能力创办传媒企业的少数人的权利。据英国著名传播学者詹姆斯·卡瑞（James Curran）的研究，在19世纪后半叶，创办一份报纸所需要的资金已经从几十年前的数百英镑上涨到几万英镑，几十万英镑甚至是数百万英镑，已远远不是普通公民所能承受。③ 二是密尔所强调的"个体—社会"之间的对立关系转化为"传媒—政府"之间的对立关系。倒是"新闻自由委员会"的学者对这

---

① ［美］安东尼·刘易斯：《言论的边界：美国宪法第一修正案简史》，徐爽译，法律出版社2010年版，第11页。
② ［美］新闻自由委员会：《一个自由而负责的新闻界》，展江、王征、王涛译，中国人民大学出版社2004年版，第8页。
③ ［英］詹姆斯·卡瑞、［英］珍·辛顿：《英国新闻史》，栾轶玫译，清华大学出版社2005年版，第23—26页。

一点看得非常清楚,"新闻自由是政治自由的基础。哪里的人们不能自由地彼此传递他们的思想,哪里就没有自由可言;哪里存在着表达自由,自由社会就在哪里发端,因而每一种自由权的扩展就具备了现实性。"① 从这段话虽然可以看到密尔论自由的影子,但是他们强调的新闻自由已然是"传媒—政府"之间的关系,至于个体能否拥有借助传媒传播个人观念,则是另外一个问题了(即传媒是否负责任的问题)。

三 言论自由角色与结构自由角色的观念冲突

在美国,围绕宪法第一修正案对新闻自由的保护,不同时期的学者给予了迥然不同的解释:一派认为,第一修正案并未给予新闻业超出一般公民权利的新闻自由,美国学者伦纳德·利维(Leonard Levy)、安东尼·路易斯(Anthony Lewis)等是此种观念的典型代表;另一派则认为,"出版自由把联邦宪法的保护扩大到一个组织机构。……新闻出版业是被明确赋予宪法保护的唯一的私人行业",大卫·安德森(David Andersen)、波特·斯图尔特(Potter Stewart)等持此观点。在上述争论的基础上,联邦大法官布伦南(William J. Brerman Jr.)提出新闻业兼具言论/结构双重角色的观点。② 显而易见,前者认为言论自由是公民权利而非新闻业的权利,要将言论角色与结构角色区分开来;而后者则认为新闻业拥有和公民权利同等的言论自由。笔者以为,借用布伦南大法官对新闻业享有权利的区分,我们可以将新闻自由区分为新闻业的言论自由角色与结构自由角色。当新闻业代表社会公众行使新闻自由权利的时候,则可以认为是在践行言论自由角色,应该受到宪法保护;当新闻业出于组织自身或其他社会利益群体的诉求而进行新闻生产,进而危及民主价值,最终危害社会公众利益的情况

---

① [美]新闻自由委员会:《一个自由而负责的新闻界》,展江、王征、王涛译,中国人民大学出版社2004年版,第3页。
② 学者邱小平在其著作中,借鉴美国大法官布伦南的划分,对美国新闻业同时具有的言论角色和结构角色进行了分析。参见邱小平《表达自由——美国第一宪法修正案研究》,北京大学出版社2005年版,第423—427页。

下，则可以被看作是在执行结构自由角色。若将以上争论放在自由主义理论的背景中加以考察，二者对新闻自由的分歧可以归结为新闻业应该拥有消极自由还是积极自由的问题。

对新闻业应该享有消极自由持认同观点的学者看重的是新闻业的言论角色。如前所述，传媒的这种言论自由角色由密尔的公民享有思想言论自由的权利演化而来，争取自由与限制自由的双方也从"个体—社会"转变为"传媒—政府"。从历史发展看，新闻业的不受限制的言论自由角色又经历两个发展阶段：第一阶段是遵循英国普通法对新闻自由的规定，其主要依据是英国大法官曼斯菲尔德（Lord Mansfield）和布莱克斯通（William Blackstone）新闻自由仅仅是"事先免于审查"的观点。恰如后者所言："新闻自由的确是自由国家的一个重要性质，但是它是指出版物在出版之前不受限制，而不是指已发表的含有犯罪信息的内容可以逃避新闻审查。"① 更为重要的，两人均强调"法院和议会制定的法律优于新闻自由"，也就是说，国家为了某种利益而制定的法律，可以限制新闻自由，这就为政府对新闻业进行事后惩戒留下了余地。布莱克斯通的这一新闻自由观念在西方新闻界尤其是英美两国影响深远，直到20世纪初期，仍然在多个新闻自由的法律判决中被广泛援引。第二阶段是新闻自由不仅免于事前限制，亦不应受到事后惩治尤其是免于政治打压。关于事后惩治的理由，一为煽动，二为诽谤。前者关乎国家利益，后者与公众人物相关。霍尔姆斯（Oliver Wendell Holmes）、汉德（Learned Hand）、查菲（Zechariah Chafee）、斯图亚特（James Stuart）等人对这种事后惩治的不合理性提出了质疑，为这种自由的发展作出了重要贡献。作为美国最高法院大法官，生于1841年的霍尔姆斯深受布莱克斯通观点的影响。他早期的判例都以言论免于事前审查为依据。但是在其晚年，尤其是1919年的申克诉合众国案中，提出了著名的"明显而即刻的危险"，作为对言论是否应受惩戒的标准，对言论自

---

① ［美］弗雷德里克·S. 西伯特、［美］西奥多·彼得森、［美］威尔伯·施拉姆：《传媒的四种理论》，戴鑫译，中国人民大学出版社2008年版，第41页。

由的事后惩戒作了严格限定。在稍后的艾布拉姆斯（Jeffrey Jacob Abrams）诉合众国案中，在"明显而即刻的危险"之后又附加了"迫在眉睫"和"刻不容缓"两个关键限定词，对言论事后惩戒的标准更加严格，无疑大大拓展了言论自由的范围。① 对传媒言论自由角色更加有力的维护体现在1917年勒尼德·汉德法官对《群众》杂志的辩护中。此前，该杂志因刊发攻击美国政府参战决定和募兵制度而遭遇起诉。汉德法官认为："在美国这个以言论自由为权力最终根源的国家里，人人皆享有批评政府的自由……言论只有在直接煽动叛乱、反抗等行动时，才构成犯罪。"② 此后，在纽约时报诉沙利文（L. B. Sullivan）案中，法官布莱克（J. Black）、道格拉斯（William Orville Douglas）对于言论"造成"诽谤给予了更有力的限制，"保障言论和出版免受上述威胁（指诽谤指控——引者注）的唯一可靠方式，就是……承认诽谤法是在剥夺言论自由和新闻自由"，斯图亚特则认为："纽约时报案规则最终保护的是诽谤性不实言论。不管失实的程度多大，如果没有证据证明谎言是故意的，或是粗心罔顾事实，纽约时报案规则都不会给予名誉受损的政府官员获得法律救济的任何希望。"③ 新闻业的言论自由角色，恰如持消极自由观的论者所坚持的，只有拥有这种免于外部力量尤其是拥有强大权力的国家和政府侵犯和压制的自由，它才可以承担起为公众服务的职责。大法官雨果·布莱克（Hugo Black）在"五角大楼文件案"中的意见充分表达了这一点："媒体必须受（宪法第一修正案）保障，如此才能揭发政府隐秘，公示人民知晓。唯有一个自由、不受约束的媒体，才能有效曝光政府蒙蔽人民的内幕。"④ 但是新闻业的结构性的自由角色显然与言论自由角色不同。在欧美国家，新闻业的结构角色

---

① ［美］安东尼·刘易斯：《言论的边界：美国宪法第一修正案简史》，徐爽译，法律出版社2010年版，第30—33页。
② ［美］安东尼·刘易斯：《批评官员的尺度：〈纽约时报〉诉警察局长沙利文案》，何帆译，北京大学出版社2011年版，第84页。
③ ［美］小哈里·卡尔文著、杰米·卡尔文编：《美国的言论自由》，李忠、韩君译，生活·读书·新知三联书店2009年版，第76—77页。
④ ［美］安东尼·刘易斯：《批评官员的尺度：〈纽约时报〉诉警察局长沙利文案》，何帆译，北京大学出版社2011年版，第120页。

不仅表现在它是维护民主制度的重要建制，而且由于自由主义理念的深刻影响，它更是一个行业，一个以私人财产为首要特征的行业。① 因此，当新闻媒体的所有者强调"报纸是私有企业，它对公众不负有任何义务，公众也未授予它任何特权。……报纸是其所有者的财产，这些所有者自负盈亏地出售着他们的产品"②的时候，新闻业的言论自由角色与结构自由角色之间就有了不可避免的冲突。作为当代社会中新闻自由实践主体的新闻业，当其表现与言论角色相一致的时候，它理所当然地受到宪法的保护；但是当其结构自由角色背离了言论角色时，甚至侵害了言论自由的时候，新闻业是否还应该受到保护？换句话说，作为结构性角色的新闻业，在何种情况下，才能享有与言论自由角色等同的新闻自由呢？这恰恰是积极自由观念对新闻业作出的限定。坚持积极自由观念的托马斯·格林认为，个人持有私有财产的唯一正当理由就是利用它为公众利益服务，将其作为增强所有人社会能力的有效途径。③ 如果一般行业尚且如此，那么公共性色彩凝重的新闻业又有何理由不如此呢？新闻自由委员会的"社会责任论"就是以积极自由作为理论根基的④，虽然他们当时并未正式提到这个概念。其实早在新闻自由委员会之前，就有学者从积极自由的角度提出了新闻业应该承担责任的问题。1936年美国新闻记者切斯特·洛威尔（Chester Rowell）在一篇论新闻自由的文章中提到，"虽然表面上新闻自由与人民的自由权（此处应指个人的言论自由——引者注）之间的关系是圆满的，他们同生共死"。但是，新闻自由却受到国家或利益集团的间接控制以及广告和客户的控制，党派偏见和商业利益也产生持续影响。新闻业为了自身

---

① 关于此论题，马修·邦克曾在一篇论文中，从美国宪法第一修正案的条款出发，对言论出版自由与私人财产权的关系及其冲突作了分析。参见 Matthew D. Bunker, "Trespassing Speakers and Commodified Speech: First Amendment Freedoms Meet Private Property Claims," *Journalism & Mass Communication Quarterly*, Vol. 77, No. 4, 2000, pp. 713–726。

② ［美］弗雷德里克·S. 西伯特、［美］西奥多·彼得森、［美］威尔伯·施拉姆：《传媒的四种理论》，戴鑫译，中国人民大学出版社2008年版，第61页。

③ Thomas Hill Green, *Works of Thomas Hill Green Vol. III: Miscellanies and Memior*, edited by R. L Nettleship, London: Longmans, Green And Co., 1911, p.372.

④ 卞冬磊：《自由的抗争：从新闻专业主义到公共新闻业》，《国际新闻界》2012年第5期。

利益，往往会屈从于以上诸因素。他认为："如果新闻业未能切实履行其在民主生活中的作用，那并不是因为它受到限制不能这样做。实际原因在于它拥有了消极自由，而没有认识到积极自由的品质。"他进一步论述道："自由不仅仅是免除限制。美国报纸可资利用的自由已经足够了。……除非美国报纸能够实现积极自由，不然其消极自由必将被剥夺。"① 洛威尔在这个时间提出新闻业应该履行积极自由的观念，一是受到霍布豪斯特别是凯恩斯新经济理论的影响，新自由主义观念在美国受到重视，罗斯福新政正开展得如火如荼；二是到20世纪30年代，新闻业的垄断进一步加剧，其自身的企业利益对民众的言论自由已经产生威胁。

四 矛盾的根源：经验传统和欧陆传统两种自由主义的内在紧张

从自由主义的立论基础看，它至少可以分为两大流派：一为功利主义派；二为社会契约派。功利主义派别的思想家秉持的是经验主义传统，大多持消极自由观念；社会契约派的思想家则以欧陆国家思想家居多，大多持积极自由观念。

消极自由与积极自由的分野，是近代以来思想家们关注的一个重要课题。德国哲学家康德认为，人的选择行为有两种：一是纯粹理性决定的选择行为；二是仅仅由感官冲动或刺激之类的爱好决定的选择行为。人类的选择行为虽然深受冲动与刺激的影响，但最终起决定作用的却是纯粹理性行为。纯粹理性行为又有消极与积极之分。从其消极方面讲，这种选择行为是指人类"有意选择行为的自由，在于它不受感官冲动或刺激的决定"；从积极方面讲，"这种意志是纯粹理性实现自己的能力"②。自由，依其形式划分，又有外在自由与内在自由之别，外在自由是指"政治方面的保

---

① Chester H. Rowell, "The Freedom of the Press," *The ANNALS of the American Academy of Political and Social Science*, 1936, pp. 182–189.

② [德]康德：《法的形而上学原理——权利的科学》，沈叔平译，商务印书馆1991年版，第13页。

障","又称权利";内在自由指的是"人之内心生活的某种状态","凡是自发的、主动的、内心的自由生活或理论",都包含在内,自由意志是其典型形态之一。前者描述的主要是"人之外表行动的自由,系指一人不受他人任意侵害或横加控制而言,系指人与人之间的外在关系的一种状态";后者则是外在自由在内心生活中的应用。① 康德此处从消极和积极两个方面对于自由的区分侧重于人类的自由意志,针对的是人类的内在自由。

康德有关消极自由与积极自由的区分,在法国学者邦雅曼·贡斯当(Benjamin Constant)那里,演变成为"古代人的自由"与"现代人的自由"。虽然内在理路有相通之处,但在贡斯当的思想中,康德的内在自由已经被外在自由、政治自由所替代。贡斯当所讨论的"古代人的自由"是通过对古希腊政治状况的分析得出的,这种自由在参与政治决策的过程中得以体现,"以集体的方式直接行使完整主权的若干部分",这种自由"表现为积极而持续地参与集体权力"。它强调个人对社会权威(包括国家)和集体的绝对服从,用贡斯当的话说,就是"个人在公共事务中几乎永远是主权者,但在所有私人关系中却都是奴隶"②。与此相对,现代人的自由则强调个人独立,个体免受他人、集体和国家的强制,对于现代人而言,"自由是只受法律制约,而不因某个人或若干人的专断意志受到某种方式的逮捕、拘禁、处死或虐待的权利,它是每个人表达意见、选择并从事某一职业、支配甚至滥用财产的权利,是不必经过许可、不必说明动机或理由而迁徙的权利"③,此外,与这种个体权利紧密相关的自由,还包括结社自由、宗教自由、选举自由,等等。从以上论述可以看出,古代人的自由乃是一种积极意义上的自由,现代人的自由则是消极意义上的自由。他曾亲眼目睹法国大革命的暴虐及其以自由的名义(显然是积极自由)对个人造成的侵害,因此他对卢梭置于"公意"之下的自由持保留态度,认为卢

---

① 张佛泉:《自由与权利:宪政的中国言说》,清华大学出版社 2010 年版,第 433—443 页。
② [法]邦雅曼·贡斯当:《古代人的自由与现代人的自由》,阎克文、刘满贵译,上海人民出版社 2005 年版,第 34—39 页。
③ 同上书,第 34 页。

梭是将古代人的自由移植到了现代，尽管这是一种"纯真的自由"，但它却为"多种类型的暴政提供了致命的借口"。① 贡斯当显然更倾向于消极自由。

若将消极自由和积极自由放入自由主义的发展脉络中，消极自由传统无疑属于自由至上主义一脉，积极自由传统则归属新自由主义（亦称进步自由主义）体系。研究者早已注意到，在自由主义的阵营中，存在着两个传统：英美传统和欧陆传统。大体而言，前者持古典自由主义的消极自由观，强调经验主义的价值，认为传统和制度等秩序乃自发形成，后者强调理性和思辨，看重自由的抽象价值及积极作用。在此需要注意的是，两种传统的划分并非壁垒分明，很多欧陆思想家持有消极自由观，孟德斯鸠、贡斯当、托克维尔即是如此；而自由至上主义的发源地和大本营，也有对自由至上主义持不同见解者，鲍桑葵、格林、霍布豪斯就吸收了欧陆思想，特别是黑格尔的思想，坚持积极自由的观念。其中，新黑格尔主义者托马斯·希尔·格林有关共同之善和积极自由的论述代表了英国古典自由主义向新自由主义的转型，对自由主义的发展影响深远。在格林看来，个人生活在集体之中，如果没有社会的话，也就没有个人，这是黑格尔式的集体主义观念。依此思路，他认为，自由乃是社会努力的目标，这是一种契约自由，即我们所有愿意做某事的所有形式的自由，都应当有利于最终目标——共同之善的实现，这就是积极自由。换句话说，"任何人都没有权利在违反此目标（指共同之善——引者注）的情况下去做他愿意做的事情"②。格林的以下一段话，颇为典型地体现了这种积极自由观：

> 对我们而言，自由不仅仅意味着免于限制或强制，也不仅仅是不计后果地去做一切我们喜欢的事情。它不能以一个人或者一部分人享

---

① ［法］邦雅曼·贡斯当：《古代人的自由与现代人的自由》，阎克文、刘满贵译，上海人民出版社2005年版，第40页。
② Thomas Hill Green, *Works of Thomas Hill Green Vol. III: Miscellanies and Memior*, edited by R. L Nettleship, London: Longmans, Green And Co., 1911, p. 372.

有而其他人丧失自由为代价。我们所说的自由之所以值得称赞，是因为它是一种所有人都拥有的做值得做的事情的权力或能力。①

与英国前辈自由主义者排斥外在力量尤其是国家对个人的强制不同，格林将国家"引进来"，以为只有国家的干预，人人享有自由的"共同之善"才能实现。与格林自由观比较接近的还有意大利学者拉吉罗，他是较早明确提出积极自由和消极自由二元划分的思想家之一。在他看来，消极自由是"一个人做喜欢做的事情的能力，选择的自由暗示着个人权利在其自身活动的发展中不受其他人的阻碍"，积极自由强调人"有能力选择最适合其精神命运的道路。他能以自己的行动，去实现普遍的人类本性"②。拉吉罗认为，消极自由因其缺少内容而根本不存在，它必将导致积极自由的产生。可以看出，与格林一样，相对消极自由，拉吉罗显然更加肯定积极自由的价值。

20世纪关于两种自由最明确、最有影响的阐述无疑来自以赛亚·伯林。伯林对两种自由的划分，亦来自其对人性的判断。与倡导积极自由的格林等人认可人类自由存在于共同之善与集体之中不同，伯林认为人类自由的基础是个人独立和个体免遭强制。因此，消极自由回答的问题是："主体（一个人或人的群体）被允许或必须被允许不受别人干涉地做他能力做的事、成为他愿意成为的人的那个领域是什么？"这个领域是"最低限度的、神圣不可侵犯的个人自由的领域"，从此意义上讲，自由就是"免于……"的自由，"就是在虽变动不居但永远清晰可辨的那个疆域内不受干涉"③。积极自由要回答的问题是："什么东西或什么人，是决定某人做这个、成为这样而不是做那个、成为那样的哪种控制或干涉的根源？"

---

① Thomas Hill Green, *Works of Thomas Hill Green Vol. IH: Miscellanies and Memior*, edited by R. L Nettleship, London: Longmans, Green And Co., 1911, pp. 370–371.
② [意] 圭多·德·拉吉罗：《欧洲自由主义史》，杨军译，吉林人民出版社2001年版，第328—329页。
③ [英] 以赛亚·伯林：《自由论》，胡传胜译，译林出版社2011年版，第170、172、175页。

积极自由是"从事……的自由",它"起源于个体成为他自己的主人的愿望"①。在伯林看来,虽然也会遭遇种种限制,但是消极自由极少走样,而积极自由却常常变形,滑向自由的对立面。积极自由走向"堕落"的途径有二:第一是通过对于自我观念形而上学的区分,即"高级""真实""理想"的自我为一方,"低级""经验""心理"的自我为一方,由于源自经验的低级自我很多时候不能正确认识自由的本质,因此它要服从"高级"自我,最为关键的,这种高级自我是超越个体的"整体"。第二是理性主义的论证。伯林认为,依据此假说,(1)任何人都有且只有一个真正目的,即理性的自我导向的目的。(2)这些目的可以形成单一、和谐的模式。(3)所有冲突源自理性与非理性的冲突,这是可以避免的。(4)当所有人都成为理性个体,服从理性规律的时候,他将是自由的。②伯林对两种自由的论证既有思想史的意味,也有历史经验的深深印迹。在他看来,历史的发展一再证明,积极自由始终存在滑向专制与独裁的危险。也许是出于这样的原因,他在这篇著名的论文中,对于密尔、贡斯当等人的思想极为欣赏,对于格林倡导的积极自由则语焉不详,更有甚者,对有积极自由倾向、早他29年对两种自由作出明确区分的拉吉罗则只字未提。

概而言之,恰恰是对新闻业应该秉持积极自由还是应该拥有消极自由的观念差异,导致了新闻业界、学界和思想界的持久争论。

(作者单位:华东师范大学)

(原载《新闻与传播研究》2014年第12期)

---

① [英]以赛亚·伯林:《自由论》,胡传胜译,译林出版社2011年版,第179页。
② 同上书,第203页。

西方新闻自由思潮批判与
我国意识形态安全

刘玲玲　王　岩

2016年2月新闻舆论工作座谈会上，习近平总书记指出，要"做好党的新闻舆论工作，营造良好舆论环境，是治国理政、安邦定国的大事"[①]。然而，时下所流行的新闻思潮将西方自由主义新闻观奉为圭臬，凭借其先在的话语体系和传媒优势对我国进行意识形态渗透，试图否定我国社会主义新闻事业，威胁党对新闻事业的领导，冲击主流价值观。

一　西方新闻自由思潮的意识形态凸显

新闻自由思潮是思想观念躁动和社会矛盾在意识形态领域的显现，是一定时期人们新闻自由思想的集中表达和蓬勃发展，对西方新闻自由思潮的理解要有基本的时代背景认识、政治大国博弈常识和意识形态危机意识。

其一，新闻媒体与意识形态有着复杂的同谋关系。意识形态斗争是存在于人们头脑中的价值观之战，是由信息和心理行为所主导的没有硝烟的战争。我们所接触的新闻报道，或多或少经过了复杂的意识形态编码过程，

[①] 中共中央文献研究室：《习近平总书记重要讲话文章选编》，中央文献出版社2016年版，第418、419、422页。

大众传播媒介正是凭借它对社会现象的语言文字重现而树立起话语霸权的。新闻看似是对社会的简单重现，实际是对现实世界的意识形态重构。在新闻理念、新闻信息、传播手段中植入某一阶级的意识观念，再通过潜移默化、耳濡目染的作用，新闻媒体就可以实现对特定阶层的社会成员进行意识重构，使人们在集体无意识中就范。"在大众传播媒介日益渗透我们平常生活，媒介的实践已经成为我们生活实践的一个重要部分的今天，任何一种霸权的形式都不可能不借助媒介的力量，媒介提供可借助的力量不是身不由己，而是乐此不疲。"①

其二，西方新闻自由是意识形态战略的重要突破口。大国博弈的战略重心正趋向意识形态化，新闻自由舆论攻势的背后，是网络政治斗争和意识形态斗争的前奏。一方面，西方新闻自由思潮的广泛传播，为其意识形态战略提供了合法性依据；另一方面，西方新闻自由思潮的强制阐释功能是意识形态战略作用的关键。在席勒看来，美国实施意识形态战略的重要突破口就是提倡和捍卫思想自由、言论自由和新闻自由。"如果说自由贸易是强大经济国家借以渗透、统治经济弱国的机制，那么信息自由流通是借以将美国的生活方式和价值观念强加给贫穷、羸弱的社会的渠道。"② 打着"普世价值"的旗号，对不同的价值观进行谈判，在人们的无意识中深深植入资本逻辑，最终达到铲除异己而不为其所察觉的目的，其实质是一种兵不血刃的思想文化征服。

其三，西方媒体在意识形态领域拥有强大的支配力。文化扩张的背后一定有政治、经济和科技力量作为支撑，文明优越感和意识形态偏见为西方新闻自由思潮在中国的兴起提供了权威性资源和合法性认同。凭借着先进的科学技术和雄厚的经济实力，以美国为首的西方资本主义国家通过在全球范围内创建并维系新闻信息单向传播体系，形成以发达国家为中心的支配性传播结构。"美国人口虽然只占世界人口的5%，但是目前传播于世

---

① 雷跃捷：《媒介批评》，北京大学出版社2007年版，第51页。
② 贺建平：《"媒介帝国主义"与传播霸权》，《贵州民族大学学报》（哲学社会科学版）2003年第4期，第42—48页。

界大部分地区 80%—90% 的新闻，都由美国等通讯社垄断。"[①] 世界范围内的新闻媒介在收集信息、重塑信息、传播信息等过程中都会对西方媒体产生极强的依赖性，发展中国家只能作为被动的新闻信息收受者和附庸者，在潜移默化的过程中不断被驯服和教化。

二 西方新闻自由思潮对当代中国的意识形态挑战

西方新闻自由思潮在当代中国的强势渗透，对新闻界、学术界乃至网络舆论界的思想价值观念产生了压制性的影响和干扰，主要表现在四个方面。

（一）以"价值共识"论影响中国新闻话语权

约翰·格雷在《自由主义的两张面孔》中认为，自由主义思想历来有两种互不相容的哲学形态：一种是以洛克、康德、罗尔斯、哈耶克为代表的"理性共识"[②] 形态；另一种是以霍布斯、休谟和伯林为代表的"和平共存"形态。时下所流行的西方新闻自由思潮被作为一种"普世价值"投射到全世界，要求其他国家的新闻事业顺从并同化于西方新闻自由这一"理性共识"之下。这种新闻自由理念的实质是互相竞争、取缔和倾轧，与之相伴而生的是一套以资产阶级民主为基础的政治制度和以私有制为基础的经济制度。一旦确立西方的新闻自由理念，资产阶级的一系列新闻规则、文化符号、价值标准都会系统性地输入我国，从内部消解我国主流意识形态，影响中国话语权。西方国家通过新闻媒体对社会认知的重构功能，可以"消解研究对象存在的历史语境，以先在的立场、概念、模式，特别是西方的观念立场模式，对研究对象进行肢解、变形、嵌套等强制改造，

[①] 刘昀献：《当前我国主流意识形态面临的风险和对策研究》，《中国浦东干部学院学报》2015 年第 1 期，第 5—23 页。

[②] [英] 约翰·格雷：《自由主义的两张面孔》，顾爱彬、李瑞华译，江苏人民出版社 2008 年版。

使对象适应并符合先在的观念"①。尤其是随着"人人都有麦克风"时代的到来，网络从高端的技术领域逐渐趋于平民化和世俗化。"西方的价值观和意识形态渗透已不再局限于知识分子的学术议题或政治精英的政治议题，而是逐渐成为广大普通网民的生活议题。"②受西方价值观念的影响，中国学者和普通网民在阐释中国社会现象、分析社会问题、提出应对策略时就会难以避免地陷入西方的思维模式，强制套用西方的价值理念和逻辑体系来阐释中国问题。这一套理论阐释虽然在理论上展现出圆融自洽的假象，却往往严重背离实际，不仅无益于解决中国实际问题，甚至将中国推向了政权颠覆和社会动荡的危险境地。反观当前中国社会，盲目崇奉西方的新闻自由理论，把西方的理论体系奉为圭臬，对中国进行"西化""丑化""分化"和"弱化"的舆论现象都是新闻话语权旁落的表现。

（二）以"媒体独立"论影响民众社会主义认同

当下中国的新闻媒体不能和主流价值观同向发力，其关键在于民众的社会主义信念有所动摇。西方反华反共势力将独立媒体作为舆论输出的前沿阵地，通过雇用网络写手、资助敌对势力网站、控股主要门户网站等一系列手段控制舆论、策反民众、扰乱社会秩序、削弱社会主义认同。"媒体独立"论从基本人权出发，把新闻自由的实现途径定义为"公民个体创办新闻媒体的自由"，其实质是建立在私有制经济基础上的新闻媒体私有化、媒介产品商品化和新闻领域市场化，终将导致传媒帝国的霸权垄断。西方资本试图通过新闻媒体私有化打开中国文化市场的准入机制，为其价值观的输入鸣金开道。随之而来的媒介产品"商品化"容易产生媒介市场道德缺失、责任意识淡化、新闻产品走向低俗化、庸俗化和媚俗化等问题。新闻领域市场化往往产生新闻领域私人利益诉求背离公共利益诉求的矛盾，

---

① 李啸闻：《强制阐释：对西方社会思潮的整体性批判立场》，《思想教育研究》2016年第2期，第53—57页。
② 张卫良、何秋娟：《应对西方"网络自由"必须维护我国意识形态安全》，《红旗文稿》2016年第9期，第9—11页。

一边是大量色情、暴力、颓废等有害的新闻报道充斥版面，荼毒青少年的人生观、世界观和价值观；另一边对名人隐私的追逐成为吸引受众眼球和攫取利益的焦点，严重威胁个人隐私权。自由竞争的市场法则下，私人所有的新闻媒体无可避免地走向私人垄断，真正掌握新闻媒体的不是最初意义上的普通民众，而是极少数拥有雄厚势力的家族企业和财团。全球视域下，传媒帝国的霸权垄断已经不仅局限于民族国家范围内，随着以资本主义为后盾的跨国公司的全球扩张，已然形成了一个全球范围内的支配性态势。事实上，面对互联网时代媒体领域的深层危机以及新闻产业普遍的垄断控制现象，许多美国媒体改革家提出以政府作为后手，甚至在2014年初，"美国著名媒体改革家麦克切斯尼在一篇文章中建议新闻应该成为公共产品"①。这些观点表明，随着新闻业自由竞争导致的垄断资本主义的产生，资本主义国家对经济、社会、思想的干预全面增强，西方国家的媒体改革已经开始具有明显的社会主义色彩。同经济市场一样，"观念的自由市场"也不是万能的，坚持宣扬"媒体独立"论的实质是直接以媒体私有制剑指我国媒体公有制，影响民众对社会主义公有制经济的认同。

（三）以"社会公器"论影响我国主流意识形态

"社会公器"论认为新闻媒体是价值中立的"社会信息载体"以及"公共信息平台"，其首要功能是把观测到的事实直接反馈给社会公众；以"观念的自由市场"和"自我修正过程"理论为内核，主张不对所有新闻报道进行价值预设和是非判断，包括所有不好的、片面的、私人的观点都可以投放到观念的自由市场中去，反对党作为"把关人"对社会主义新闻事业的领导和干预。这些观点大谈新闻自由的客观性、独立性和公正性，听起来非常超然公正，具有相当的诱惑力和感染力，也有一定的道理；但是对新闻自由的阶级性、党性和人民性避而不谈，认为包括新闻的阶级性、意识形态性、资本积累和剩余价值等基本现实都不存在，新闻自由被当作

---

① 赵月枝：《被劫持的"新闻自由"与文化领导权》，《经济导刊》2014年第7期，第45—50页。

是一个抽象的、价值完满的概念，带有明显的浪漫主义情怀和理想色彩。在抽象人性的基础上宣扬人权高于主权，以"个人主义"为基础的新闻自由淡化国家主权和网络主权意识，削弱民众的爱国主义精神和民族精神，其本质是以抽象的新闻自由质疑党对社会主义新闻事业的领导，冲击我国主流意识形态。事实证明，但凡是涉及国家利益、资产阶级利益、意识形态以及对外战争等重大问题，美国主流媒体几乎总是与政府保持一致。在两次伊拉克战争、科索沃战争、阿富汗战争、利比亚战争、叙利亚危机期间，美国主流媒体都是站在政府的立场，以他国人权问题为由，为战争寻找正当性的理由。西方的新闻自由就像"皇帝的新装"，人们沉浸在主观臆想的华丽美好中，却罔顾现实的丑陋与赤裸。一边浸淫在自己拥有绝对、客观、公正和中立的新闻自由的主观臆想中不能自拔，对其他国家的新闻自由实践横加干涉，指责他国毫无新闻自由；另一边，在新闻报道的过程中却存在大量歪曲事实、片面失实、充满偏见的新闻报道。新闻报道的选择完全基于自身利益考量，对自己有利的就大肆宣传、浓墨重彩；对自己不利的就避重就轻、避实就虚，进行选择性报道；对于与自己价值观不符的他国事务，往往进行"妖魔化"处理。其所标榜的人人都享有的新闻自由，其实是一个不痛不痒、表面热闹而又颇具体面的烟幕弹，充满了虚伪性和欺骗性。

（四）以"第四权力"论影响社会主义国家政权

"第四权力"是对新闻媒体社会地位的一种形象比喻，其内涵是："新闻传播媒体总体上构成了与立法、行政、司法并立的一种社会力量，对这三种政治权力起制衡作用。"[①] 该论调把新闻媒体能否自由批评政府称为是新闻自由的试金石，其真实目的是利用新闻媒体制造舆论、炮制热点，威胁社会主义国家政权。反观当前中国社会，就出现了一系列网络舆论乱象。一是一批网络红人以批评政府为噱头博取公众认同、哗众取宠；放大社会

---

① 陈力丹：《第四权力》，《新闻传播》2003年第3期，第13页。

管理过程中的矛盾冲突,与政府唱反调,加大施政难度;对政府政策进行逆向解读,狭隘地以一己之见、断章取义地曲解政府意图,以满足社会普遍的猎奇和审丑心理。二是一批外资军团对国际事件进行简单类比,影射我国政治文化;炒作社会热点新闻和话题,丑化国人形象,打击民众对国家和民族的自信心;利用中国的社会矛盾刺激网民情绪,将矛头指向中国政治制度,消解民众对社会主义的政治认同。三是一批社会公知热衷于肆意抨击政府,在我国"战略机遇期"和"矛盾凸显期"重叠的历史条件下,利用一些特殊场合的突发事件以及历史事件的时间节点,利用舆论炮制热点,散布消极反动言论。四是一些专家学者试图重新解读历史和评价历史人物,挖掘所谓的历史事件背后的真相,对所有的历史定论进行价值重构,丑化中国领导人,诋毁中国共产党,抹黑中国形象,贬低新中国成立以来所取得的成就,为反动言论提供所谓的史实支撑。这种过度热衷于以诟病政府或批判现有制度为主要表现形式的所谓新闻自由,很容易陷入一种解构历史和社会的历史虚无主义误区;对政府意图进行碎片化的解读也容易陷入狭隘的极端主义误区。监督批评政府既是一项新闻媒体不断争取的权利,更是新闻媒体应当有意识肩负起来的历史使命。监督批评必须以实事求是为基础,以法律法规为准则,以职业公德和社会美德为底线。那些固执地宣扬一己之见而对任何大政方针都嗤之以鼻的人,其本身就是缺乏包容精神的,这种行为已然背离了他们口中宣称的所谓的"自由"之精神。

三 抵御西方新闻自由思潮与意识形态安全维护路径

面对当下严酷的意识形态安全问题,在事关全党全国的大是大非面前绝不能退让,必须坚守新闻舆论阵地,抵御西方新闻自由思潮,维护国家意识形态安全。

（一）创新发展马克思主义新闻自由观，重塑意识形态领域的中国话语权

对西方新闻自由思潮的理性辨析和批判，与马克思主义新闻观的建构和弘扬是一体两面的过程。面对西方媒体以"新闻自由"之名所施加的意识形态压力，以及对网络舆论空间的话语权的挑战，我们必须旗帜鲜明地宣扬马克思主义新闻自由理念，敢于理直气壮地谈社会主义新闻自由，把遵循社会主义核心价值观作为不可逾越的政治底线。首先，以马克思主义新闻观为西方新闻自由思潮的辨析提供支点性的立场，对强势涌入中国的新闻自由思潮作理性思辨和批判，认清西方新闻自由的实质，破除西方新闻自由的假象。其次，在坚持马克思主义新闻自由理念的同时，立足我国新闻传播实践和理论所面临的重大现实问题，把社会主义新闻自由的基本原理与中国国情和时代特征相结合；在注重本土新闻自由实践经验积累和理论总结的同时，借鉴吸纳国际新闻实践的经验和教训，增强理论创新的自觉和自信。最后，在新形势下，不仅要促进社会主义新闻自由理念传播手段、方式、方法的创新，还要注意新兴媒体发展规律以及互联网传播理念、运行机制和模式的变更，推动以互联网为核心的新型新闻传播话语体系建设。可以说，在短短的十几年时间里，以互联网为基础的新兴媒体的蓬勃发展，客观上颠覆了传统媒体的认知形态和生产模式，在以互联网为阵地的意识形态渗透战略中，重塑新闻理论框架和话语体系是新一轮媒体革命的大势所趋，也是促进新闻事业发展的应有之义。

（二）加强党对社会主义新闻事业的领导，坚定意识形态安全的领导核心

面对当下意识形态领域丑化、分化、西化和弱化的严峻态势，如果不能占领社会舆论制高点，不仅在新闻话语权上处于被动挨打境地，也将无法避免社会政治经济动荡的命运。纵观当前新闻领域出现的舆论乱象，打好意识形态领域的攻坚战，掌握国际国内新闻话语权，必须发挥党的意识形态统领、观念整合和力量凝聚的作用，牢牢坚持"党管媒体"和党媒

"姓党"的原则。习近平总书记指出:"在新的时代条件下,党的新闻舆论工作的职责和使命是高举旗帜、引领导向,围绕中心、服务大局,团结人民、鼓舞士气,成风化人、凝心聚力,澄清谬误、明辨是非,联接中外、沟通世界。"① 一方面,要加强党的先进性和执政能力建设,提高应对国内国际复杂形势的能力;加强对党员的管理教育,保证党员队伍的先进性和纯洁性,确保"党媒姓党"的自觉性;及时了解民众的思想动态和社会心理,把握各社会阶层和集团的主观愿望和利益诉求,切准时代脉搏和社会舆论的性质、走向和强度,对各种社会问题及其背后深层内容作出灵敏的反应。另一方面,加强主流媒体的传播力、公信力和舆论引导能力。主流媒体不仅要理直气壮地坚持社会主义新闻自由,主动站在第一线捍卫意识形态安全;更要在传播能力和舆论引导能力上有实质性突破,成为中坚力量和思想屏障。在促进主流媒体传播手段和方式方法创新,增强主流媒体的传播能力的同时,注意发挥主流媒体对商业网络媒体形成的示范效应,引导商业网络媒体端正经济效益和社会效益之间的关系,摒弃唯点击率、收视率为尊的做法,避免新闻媒体沦为资本的奴隶。

(三) 建设社会主义新闻自由的法治路径,构建意识形态安全的法律体系

维护国家意识形态安全必须以社会主义新闻自由来抵制资本主义新闻自由,加强新闻自由法治建设是巩固我国新闻传播领域防线、抵御各种错误思潮入侵的强制性保障措施。宪法和法律在保证新闻自由权利的同时,也将对任何逾越法律边界的行为进行法律制裁。自媒体时代,公民对更多言论自由和新闻自由空间的诉求与新闻自由立法相对滞后的矛盾已然成为社会的主要矛盾之一。如何发挥法律至高无上的权威,以法律的形式铸就新闻自由的底线是加强意识形态安全的必然选择。首先,通过明确的法律

---

① 中共中央文献研究室:《习近平总书记重要讲话文章选编》,中央文献出版社 2016 年版,第 418、419、422 页。

条文进一步规范新闻自由主体的权利和义务，将新闻自由产生的问题纳入法律框架予以解决，不仅可以避免激烈的社会矛盾，还可以提高党执政的合法性。其次，提高立法的针对性和可操作性，既要加强原则性的法律法规建设，又要加强各级、各层次规章制度的协同性建设等。当前社会舆论领域涌现的许多新兴矛盾缺乏解决机制，在新闻自由与国家安全、新闻自由与个人隐私、新闻自由与其他自由之间的冲突问题上，尤其需要增强原则性和实践性的协同建设。最后，在建立和完善社会主义新闻自由相关法律的同时，要提高新闻自由法律的灵活性和适应性。"只有形成健全完善、操作性强、适应性好、不断与时俱进的网络法律体系，不断推进网络建设的法制化进程，才能用法律维护我国网络安全，打击各种颠覆社会主义制度的意识形态的恶性入侵。"[1]

（四）增强自媒体时代的心防和技术防御，共筑意识形态安全网络防线

互联网是意识形态渗透的前沿阵地，谁掌握了互联网领域的话语权，谁就将在意识形态斗争中处于优势地位。抵制西方意识形态战略攻势，既要牢筑思想防线强化"心防"力量，又要加强技术防卫力量。自媒体时代，普通网民淡薄的社会责任意识和差强人意的道德素质大大稀释了新闻报道的质量；网民的国家安全意识淡薄为西方意识形态渗透提供了可乘之机，客观上造成了中国新闻自由领域的混乱和危机。因此，提高公民的思想道德素质和社会责任感，既有利于提高公民自觉抵制错误思想和不良言论侵害的能力，还有利于深化公民对社会主义制度和党的领导的内在认同，将广大民众培育成捍卫我国主流意识形态安全的一支常备力量。习近平总书记在2016年2月召开的党的新闻舆论工作座谈会上指出："要深入开展马克思主义新闻观教育，把马克思主义新闻观作为党舆论工作的'定星盘'，引导广大新闻舆论工作者做党的政策主张的传播者、时代风云的记

---

[1] 张卫良、何秋娟：《应对西方"网络自由"必须维护我国意识形态安全》，《红旗文稿》2016年第9期，第9—11页。

录者、社会进步的推动者、公平正义的守望者。"[①] 面对当下网络舆论乱象和意识形态渗透，新闻工作者当之无愧冲在前线。恪守职业道德，牢记社会责任，本着为人民服务的态度和实事求是的精神，为广大网民营造一个风清气正、主旋律高昂的舆论生态环境是新闻工作人员不可回避的责任。面对我国网民数量众多、网络空间广大、网络发展复杂、网络技术相对落后的现实状况，加快提升网络技术发展水平以抗衡美国等西方网络强国的入侵迫在眉睫。因此，必须巩固我国现有的网络基础设施建设，加强网络核心技术的研发，增强网络安全防御能力和威慑能力。用技术手段筑牢我国的网络防火墙，将各种有害言论、错误思潮拦截在我国网络疆域之外，维护我国主流意识形态安全。

（作者单位：南京航空航天大学）

（原载《太原理工大学学报》（社会科学版）2017年第1期）

[①] 中共中央文献研究室：《习近平总书记重要讲话文章选编》，中央文献出版社2016年版，第418、419、422页。

美国新闻自由并非没有边界

毛 莉

美国政府与媒体之间保持着某种程度的默契。虽然媒体对政府多有质疑和批评,但这种批评需要掌握一个限度,很少有媒体完全站在政府的对立面。

美国法学家欧文·费斯在《言论自由的反讽》一书中提出:新闻自由造成的后果往往是强势的人有说话的权利,弱势的人说话的权利形式上是有的,但是别人听不到。

近日,美国著名记者海伦·托马斯因病去世。托马斯一生获奖无数,其职业生涯堪称辉煌,但这辉煌职业生涯的终结方式令人唏嘘:因发表批判以色列言论,89岁高龄的托马斯只能选择黯然辞职。

其实,托马斯的遭遇并不是个案。类似的不少事件再次引发人们对以美国为代表的西方新闻自由观的反思:如何理性看待美国宣称的新闻自由?美国如何划定新闻自由的边界?

美国新闻"软调控"手法多样

学者表示,绝对的、彻底的新闻自由在现实世界并不存在,美国的新闻自由自然也不是没有边界。诚然,1791年批准的美国宪法《第一修正案》给予了新闻报道的自由,但在实际操作中,美国的新闻自由是为美国既存的社会秩序服务的，受到诸多因素限制。

美国对新闻自由的硬性限制很少，但软性限制方式多种多样。山东师范大学文学院副院长常庆告诉记者，美国没有一部成文的新闻法，但有《国家安全法》《诽谤法》《隐私保密法》等，这些法律可从不同方面对新闻媒体的行为进行控制。例如，2005年的"特工门"事件中，《纽约时报》记者朱迪斯·米勒因拒绝透露消息来源被判"藐视法庭"而入狱。此外，美国政府还可以通过媒体资源的分配、内幕新闻的供给与否等多种隐性手段控制媒体。

美国政府与媒体之间保持着某种程度的默契。虽然媒体对政府多有质疑和批评，但这种批评需要掌握一个限度，很少有媒体完全站在政府的对立面。中国社会科学院美国研究所美国政治研究室主任周琪对记者表示，美国媒体对政府政策报道的主要渠道是白宫新闻发布会上提供的信息或总统等国家领导人在新闻发布会上的讲话，如果某一记者对政府的政策批评过多，有关部门就有可能向该记者供职的媒体施压要求换人，否则有可能取消该媒体参加新闻发布会的资格。

特殊时期的美国政府更加注重对新闻的管控，管控手法不断调整。据常庆介绍，1983年，美国入侵格林纳达，实行了空前严厉的新闻封锁，战争结束后才允许记者和摄影师进入战场。在1991年的海湾战争中，美国取消了禁止记者在战时进入战场的做法，但记者的每份稿件都要经过军方批准，接受公共事务陪同军官的当场检查。如公共事务陪同军官和记者对有争议的材料不能取得一致意见，稿件将被立刻送到新闻处处长和有关的新闻代表处进行审查。若仍无法达成一致意见，就会被上送到负责公共事务的助理国防部部长手里，由他和国防部国家新闻处处长一同审查。从这些措施可以看出，美国政府在与记者打交道方面有了更多经验，对战争新闻的控制由"堵"变"疏"。

在美国发动的伊拉克战争中，媒体记者在报道时必须懂得自律，否则不仅其报道会遭到封杀，还可能会因被指责为不爱国而失去工作。周琪提出，美国政府在伊拉克战争前后反复宣扬"爱国主义"和"恐怖主义威胁"，使媒体在报道伊拉克战争时不得不主动同政府和军队配合。美国媒体大都从正面报道战争，如赞扬美国的士兵如何英勇善战、战争取得了怎样的胜利，而对无辜平民在战争中遭到杀戮的报道则很少。

新闻垄断损害新闻自由

中国传媒大学政治与法律学院副院长王四新表示，新闻自由有两个层次的含义：一是媒体本身表达的自由；二是媒体作为大众交流沟通平台，为普通民众的言论自由提供便利。作为大众表达声音的平台来讲，美国的穷人和富人表达的自由是不一样的，富人可以花钱买广告，而穷人却没有这样的能力。

"美国的新闻自由是资本的自由，谁拥有资本谁就拥有自由。"中国人民大学新闻学院教授郑保卫表示，自由兴办新闻传媒，本是美国新闻自由的重要内涵，但事实上，由于兴办新闻媒体需要投入的资金过于庞大，普通人根本无力承担。有影响的媒体日益集中在极少数大财团手中，大多数美国城市形成"一城一报"的现象。这种垄断现象损害了新闻自由，垄断越集中，新闻自由受到的损害越大。可以说，美国新闻自由的主体是传媒公司老板。当记者发出的观点或报道与供职的传媒公司老板发生分歧时，记者的言论自由不得不服从老板的观点，否则会被解雇。此外，财团以追求商业利益为目标，当社会责任与商业利益相冲突时，会倾向于背离社会责任。对美国新闻自由的种种固有矛盾，不少美国学者也提出了批评。

学者强调，以美国为代表的西方新闻自由观的形成有其独特的历史背景和社会文化土壤，新闻自由在不同历史时期的内涵有所不同，要客观、理性看待。

（作者单位：中国社会科学杂志社）

（原载《中国社会科学报》2013年8月5日第A03版）

真理还是神话：西方新闻观的真相

王 强

"这种做法就像是插进美联社新闻搜集活动心脏的一把匕首。"美联社代理律师舒尔茨2013年5月13日所指的，是美国司法部在外界毫不知情的情况下秘密调查该社的通话记录，以寻找向其提供敏感消息的爆料人。在此背景下，如何界定新闻自由的边界，如何正确认识西方新闻观，备受世界热议。其实，这样的事件近年来彼此起伏，2011年有着168年历史的英国最畅销小报《世界新闻报》因窃听丑闻被迫关停，2012年英国广播公司（BBC）因其前著名主持人曝出的特大性丑闻而深陷公信力危机，2013年棱镜事件爆出的美国政府监控丑闻持续发酵升温。西方政府和主流媒体一次次拙劣的表演，是受西方意识形态和新闻观支配的，这对所有正直善良的中国人是极为深刻的反面教材，对那些崇拜西方新闻观，不加分析地相信西方新闻报道真实性的人是一个警醒。为此，有必要弄清西方新闻观是什么，并由此打破对其迷信，不断丰富和完善中国特色社会主义新闻观。

一 西方新闻观并不是放之四海而皆准的真理

新闻自由是相对的，并不是绝对的。任何事物的存在和发展都是相对的、有前提的，新闻自由亦是如此。新闻自由是西方社会长期形成的核心价值，伴随着资本主义的兴起而产生。17世纪英国资产阶级革命提出了

"出版自由"的思想,美国继而在《独立宣言》中首次使用了"新闻自由"的概念。新闻自由作为资产阶级反对封建专制的有力思想武器,在历史上发挥过积极的作用,并成为资产阶级政治体制的重要组成部分。但是,新闻不可能孤立于社会意识形态,而是受到更严格的法律、文化和社会的限制,"新闻自由完全是一个乌托邦幻想"①。尽管美国宪法《第一修正案》明确规定国会不得通过立法限制新闻自由,在和平时期美国政府也没有实施新闻检查的权力,但实际上政府能运用多种手段对新闻传播的若干环节实施影响,以调节和控制新闻的数量、质量、流向和导向,在非常时期,新闻媒体必须绝对服从政府,美国新闻界流传着一句话:"战争是新闻自由的天敌"②;日本政府没有管理新闻的机构,但在新闻自律机构内部却有严格的审查制度。本来,新闻自由的原则,是为了保障公民有知情权,以防止任何权力以任何借口剥夺人民的知情权。然而,2011年默多克新闻集团旗下的《世界新闻报》,以媒体的知情权为借口,打着新闻自由的幌子,不遵守法律、违背社会道德、大肆侵犯公民的隐私权,让人们见识了丧失最起码的新闻道德和职业操守的西方新闻自由,再次暴露出西方新闻自由的虚伪本质。因此,西方标榜的"新闻自由"根本不是普遍的自由,具有很大的相对性。

西方"独立媒体"并不能超越资本和权力。"独立媒体"理念是西方新闻观的核心理念之一,新闻媒体被认为是独立于行政、立法和司法之外的第四种权力,如果离开强有力的新闻监督,政府和社会就会腐败。③ 然而,西方媒体不能逃脱资本的梦魇,资本让新闻业主不断追逐经济利益,自然会丧失其独立性。资本和权力才是西方媒体的真正主体,所谓的"独立"是建立在经济和政治两股力量掌控基础上的。西方媒体大都属于私有,被大财团、大企业所操纵,美国严肃报纸的代表《纽约时报》和《国际先驱论坛报》,归苏兹伯格家族控制的纽约时报公司所有;有"国家宝

---

① [英] 约翰·基恩:《媒体与民主》,刘士军译,社会科学文献出版社2003年版,第30页。
② 刘国瑛:《新闻传媒——制衡美国的第四权力》,湖南教育出版社2002年版,第109页。
③ 余家宏:《新闻学简明词典》,浙江人民出版社1998年版,第210页。

藏"之誉的美国《新闻周刊》，2010年被音响大亨西德尼·哈曼收购；全球四大通讯社之一的路透社，被汤姆逊家族企业——汤姆逊集团兼并；英国老牌财经媒体《金融时报》和政经周刊《经济学人》，以及拥有欧洲最大电视网络的培生电视集团，同属于皮尔逊家族旗下的皮尔逊集团。这些财团或直接领导、或控股参与，掌握多家传播媒介机构集团，使它们成为为自己表达意见、赢得利润的最佳通道。这样，垄断资本家拥有了新闻媒体，也就有了"新闻自由"，为达到自己的利益诉求，不惜打击不符合他们意识形态和价值观的国家和人民的"自由"。在2011年席卷全美的"占领华尔街"抗议运动面前，美国主流媒体一改往日对别国同类事件高度关注、密集报道甚至嗜血般亢奋的姿态，对这场"99%反抗1%"的运动表现出一种无动于衷的冷漠、视若无睹的消极，既没有及时报道，更没有大肆炒作，甚至与一些政客一道指斥抗议民众为"刁民""暴徒""乌合之众"。① 透过美国媒体的表现，我们可以看到所谓"独立媒体"的真面目。

客观公正并不是新闻本质属性的全部。新闻作为上层建筑的组成部分，它的意识形态属性也是它的本质属性。新闻的意识形态属性，是新闻机构在新闻活动中表现出来的政治倾向、价值立场，即反映一定政治集团的意志，维护某种政治理论、社会集团所代表的利益。② 长期以来，西方新闻学和舆论界不愿公开承认新闻的意识形态属性，而用所谓"客观公正"标榜自己。这不过是为自己取得最大新闻效应和利益而进行的包装。当今世界，国际新闻报道基本上为西方跨国通讯社所垄断，自然绝大多数国际新闻的内容就会按照西方发达国家的政治观点、经济利益、文化传统和新闻价值观来筛选，对发展中国家的报道，往往采用"双重标准"，多是片面的、有偏见的，甚至是有意歪曲和严重失实的。伊拉克战争前，西方媒体大量报道所谓伊拉克有大规模杀伤性武器，庇护基地组织，结果根本是子虚乌有。但伊拉克战争却使几十万伊拉克人民死于战火。由此也可以看出

---

① 郭纪：《从"占领华尔街"运动透视西方"独立媒体"》，《求是》2011年第24期。
② 李良荣：《西方新闻事业概论》，复旦大学出版社1997年版。

西方所标榜的"客观公正"是多么的虚伪。西方媒体在对我国2008年3月14日拉萨的打砸抢烧暴力事件的报道中，就出现了严重的歪曲和失实。美国有线电视新闻网（CNN）和英国BBC等大量的报道来自所谓的"西藏流亡政府"而根本不是现场的采访，为了渲染所谓的"镇压"，甚至将拍摄于尼泊尔的图片硬安到中国头上。这种违背事实的恶意采用张冠李戴、移花接木的造假报道，引起了人们对西方媒体造假的愤怒，"做人不能太CNN！"这句网上流行语，便是对其标榜的所谓"客观公正"原则的嘲讽。①

二 西方新闻观的困境与本质

西方新闻观主导下的新闻秩序危机。西方新闻媒体是为资本家所控制，实行的是以营利为主要目的的商业化、垄断化的新闻体制，这自然就使新闻、言论丧失了公正、独立、客观的原则。在市场竞争中，西方新闻媒体为追求盈利，大量刊发黄色、庸俗、低级、暴力等内容，严重危害公共道德和社会风俗；绝大多数媒体为了自身的经济利益，滥用"新闻自由"，不能真正履行对公众承担的社会责任。美国学者哈瑞克·史密斯曾惊呼，"看门狗"已经退化为"宠物狗"。新闻集团旗下的一系列报纸如《太阳报》《世界新闻报》等不讲社会道德和社会责任，把低俗作为卖点、把利润作为唯一追求，导致新闻界的职业道德水准一降再降，给英国社会带来许多负面影响，默多克也因此成了英国社会中伤风败俗的代名词。不仅如此，整个英美主流媒体在2008年金融海啸前对华尔街投机者们没有起到任何监督作用；"窃听门"因为被新闻界侵犯的对象是失踪小女孩而触及了人们的道德底线，但是，有谁会想到西方新闻自由与金融危机中那些失去房子、工作的下层劳工人民的关系？当世界舆论在谈论默多克和他的传媒帝国的命运的时候，更相关的问题也许是，新闻自由所维系的英美自由主

---

① 李永红：《从拉萨事件报道看西方媒体的"客观公正"》，《东南传播》2008年第5期。

义民主，又该何去何从？特别是2013年发生的斯诺登事件暴露了这个警察国家的虚伪，骄傲的美国人"拍着胸膛向全世界宣称如何自由，世界只会窃笑"。

　　西方国家把"新闻自由"作为自己全球扩张的战略武器。西方到处鼓吹"新闻自由"，标榜他们的新闻自由是彻底的、绝对的、超阶级的，以此来颠覆、分化、西化社会主义国家和民族独立国家。几十年来，他们用大投入、大机构、高科技武装他们的舆论机关、出版系统、情报机关，下大力气从事此项工作。美国在全球100多个国家设立了200多个新闻中心，出版了100多种杂志，拥有2000多家电视台、广播电台、转播台，以60多种语言向全球宣传美国思想。美国政府控制的最大新闻机构"美国之音"有2100个雇员，每年预算8500万美元，用38种语言对外广播，假惺惺地宣传民主、自由。受其影响，戈尔巴乔夫上台后按照西方资产阶级新闻观进行新闻改革，对苏联新闻体制作了多方面否定，实现了西方和本国反对派所要求的那种绝对的"新闻自由"。1991年"8·19事件"时，紧急委员会试图挽救社会主义，但由于群众思想已被搞乱，国内反对派的新闻工具和西方新闻工具密切配合鼓动苏联群众支持叶利钦、反对紧急委员会，苏共和苏联迅速瓦解。21世纪以来，以美国为代表的西方国家又注重把网络上的信息传播同文化传播、价值渗透和政治干涉结合起来，把互联网变成在全球推动西方民主的重要工具。为更好地利用这一工具，美国成立了网络战司令部，美国国务院成立了网络民主行动办公室，协调脸谱、推特、谷歌等美国网络大企业研制躲避主权国家网络监控的软件，通过互联网直接策划、煽动、支持、推进目的国家的"颜色革命"。近年西亚、北非的政治动荡、社会动乱，都与以美国为首的西方国家滥用新闻自由，有效利用互联网有很大的关系。

　　西方新闻观给我国改革发展事业带来了负面影响。敌对势力要搞乱一个社会、颠覆一个政权，往往总是先从意识形态领域打开突破口。西方媒体利用话语霸权，竭力向世界、向我国灌输西方的价值观念。目前，西方国家有50多套节目专门是对华广播的，像"美国之音""自由亚洲之声"，等等。21世纪以来，更是通过互联网加紧对我国进行渗透。在西方国家主流媒体中，对我国的正面报道或客观报道，只占10%之多，约90%是进行攻击的歪曲报道。受西方传媒影响，在我国意识形态领域出现了否定马克思主义指导地位的错误思潮，新闻界也出现了一些否定马克思主义新闻观的错误倾向。他们将西方的新闻价值观念奉若至宝，鼓吹媒体是"社会的公器""第四权力"，以所谓"客观公正"为新闻理念，淡化新闻的意识形态功能，不能正确地坚持和理解弘扬主旋律的时代要求；国内一些媒体把西方的所谓"新闻自由"奉若神明，在市场化的利益驱动下，媚俗、炒作、造假屡禁不止，使媒体的社会公信力大打折扣；追求新闻娱乐化，迷失了应负的社会责任。

三 不断丰富和完善中国特色社会主义新闻观

新闻媒体需要自由，但更需要发挥好新闻导向的作用。"自由"概念的历史源远流长，意见不一，但无论是英国的霍布斯、洛克，还是法国的卢梭、孟德斯鸠，直到19世纪的马克思，没有一个人把自由解释为"为所欲为"。我国经过改革开放30多年的发展，已成为了一个思想多元、高度包容的现代国家，公民享有广泛的言论自由和充分的表达空间，全国已有2000多家电台、电视台，2000多种报纸，8000多种杂志。但有人却无视这种进步和变化，抱着狭隘的意识形态偏见，对我国的新闻自由恶意诋毁。一些报刊网站刊文歪曲我国的新闻制度，认为"中国没有新闻自由"；有的鼓吹"网路资讯自由流动"，污蔑我国加强互联网管理是打压网上言论；有的称我国媒体是"法治盲区、人治特区"，呼吁按西方观念搞新闻法；有的批评我国限制新闻出版自由，鼓噪撤销宣传管理部门。以上种种，其实质是宣传西方新闻观，鼓吹抽象的、绝对的新闻自由，否定马克思主义新闻观，反对党对媒体的领导，企图打开对我国意识形态渗透的突破口，混淆视听，颠覆政权。那些把"新闻自由"与"新闻导向"对立起来，认为讲"新闻自由"就不能讲"新闻导向"，或者认为讲"新闻导向"就没有"新闻自由"的看法,显然是错误的。要坚持正面宣传为主,牢牢把握正确导向,积极有效地做好热点难点问题的引导,不断发展壮大积极健康向上的主流思想舆论。

新闻媒体要传递"正能量",充当好党和人民的喉舌。马克思最早用"喉舌"一词指出了报刊的定位:"报刊按其使命来说,是社会的捍卫者,是针对当权者的孜孜不倦的揭露者,是无处不在的耳目,是热情维护自己自由的人民精神的千呼万应的喉舌。"① 新闻宣传作为建设中国特色社会主义的重要推动力量,作为党的喉舌,必须保证其在党的事业中发挥"正能量"。中国社会需要的,不是那些打着"客观报道"的旗号制造混乱的媒体,而是有责任、有担当,真正维护国家、民族和人民根本利益的媒体。世界上任何新闻传媒都是有鲜明的政治性,纯客观的不带任何观点的信息传播几乎是不存在的。只不过西方媒体往往打着"客观""公正"和"新闻自由"的幌子掩人耳目,在口头上不承认罢了。香港《大公报》曾刊载一篇以《防美日网奸舆论扰华》为题的报道,据称,总部设在北美的一家中文网站论坛曾做过一个调查,发现那些经常在网上发表"敏感文章"的人背景并不简单,他们受雇于美国、日本等国家的间谍机构,专门在网上张贴攻击中国政府的文章和假消息,攻击范围涉及中国的政体、价值观念,甚至社会道德伦理。所有这些,实质上是要否定新闻的党性原则,否定新闻媒体党和人民喉舌的性质,否定党对新闻工作的领导和管理。我们的媒体,理应成为中国特色社会主义发展的建设者和参与者,以积极的态度去促进社会的正向发展,营造出积极、鼓劲、向上的舆论氛围。

新闻媒体要发挥舆论监督的积极作用,更好地服务改革发展稳定大局。新闻媒体要唱响主旋律,这是由我们的社会主义性质所决定的,符合我国这个13亿人口大国的实际。这个实际就是,我国要发展必须保持社会稳定,必须造就一个有利于稳定局面的舆论环境。这是新闻媒体的社会责任所在,更是全国人民的根本利益所在。正面宣传重在"提倡"社会共识,

---

① 《马克思恩格斯全集》第6卷,人民出版社1961年版,第275页。

塑造一种理想，增强社会凝聚力。目前，我国的改革已进入深水区、攻坚期，任何社会舆情震动之后都会增加改革发展进程的不确定性，媒体应该发挥舆论监督的减震作用，为改革发展保驾护航。舆论监督是我党宣传工作的重要职能，是实现民主监督的重要形式，重在揭露和驳斥敌对势力的攻击、批评党内的错误现象、批判非马克思主义思想，抑制社会发展的不文明现象。大改革、大发展必然使得舆论监督成为调研政策、凝聚共识、公开信息、吸纳民心的关键所在。舆论监督必须对党和人民负责，选题策划要符合时代主旋律、人民群众关心和改革实践需要，以团结稳定鼓劲为主，传递正能量，壮大主流舆论、增进思想共识，为改革发展稳定提供有力的思想舆论支持。

（作者单位：西安政治学院马克思主义理论系）

（原载《西安政治学院学报》2013年第6期）

二

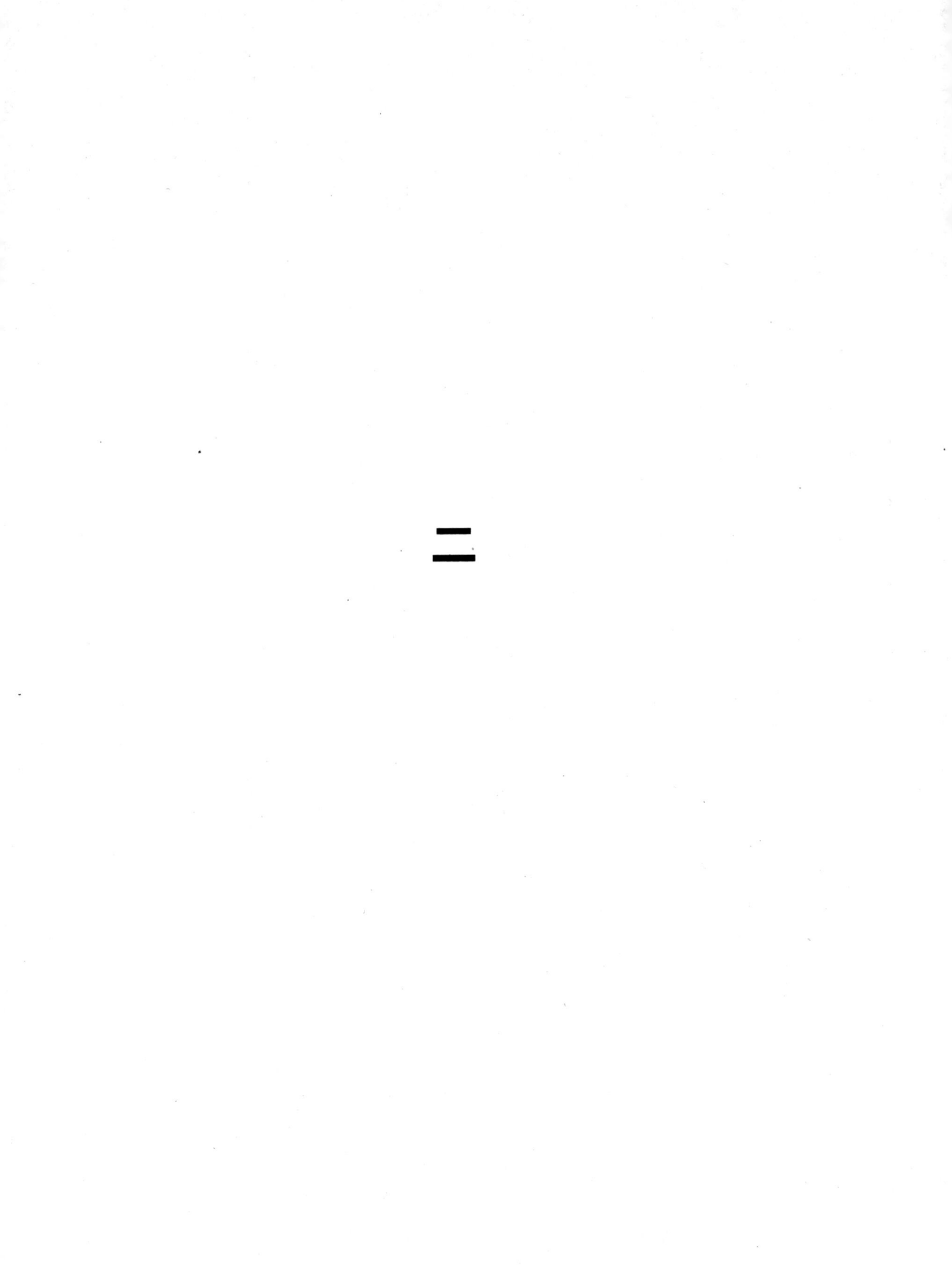

美国新闻专业主义观念发展史的评述与反思

郑保卫　李玉洁

"职业""专业""专业化""专业主义"是四个意义不同的词语，实现从"职业"到"专业""专业化"的转变，进而达到"专业主义"是一个动态的发展过程，而这一过程也是职业工作者不懈追求的目标。美国新闻工作者同样经历了由职业到专业、专业化，再到专业主义的长期实践与追求的过程。

在美国独立报业之前的漫长岁月，即殖民报刊与政党报刊时期，美国的新闻"职业"观念开始进入启蒙阶段并获得初步发展，如"新闻真实""新闻客观""新闻及时"等职业观念要素逐渐显现；编辑、记者、发行人等早期职业分工初现端倪；新闻行业组织和新闻教育开始萌芽；新闻从业者的社会地位和知名报人的社会影响力也逐步形成。但限于殖民报刊时期的"作坊模式""学徒制模式""个人新闻业模式"与政党时期"党派性"对"职业性"的压制，新闻工作在美国社会还未成为一门真正的"职业"。

直至 1870 年左右，随着"独立报业"的兴起和"记者时代"的来临，美国的新闻工作才开始受到重视，并逐渐发展成为一门专门提供新闻与信息的职业。此后随着新闻业的发展以及新闻行业组织和新闻教育的兴起，促使新闻从业者的职业精神、职业角色认知、职业惯例等逐步形成，进而推动了新闻工作的专业化进程。到 20 世纪初期，美国的新闻工作才真正从一种职业变成为一门专业,基本确立起了自己的专业地位,从此开启了长达一个多世纪的美国新闻界对新闻专业主义的追寻历程。

那么,美国的新闻专业主义观念是如何从无到有不断发展完善的?新闻工作是否是一门专业?美国新闻专业主义的本质是什么?本文基于美国新闻史来考察其发展的历程,回答上述问题。

一 独立报业时期:新闻工作成为一门"职业"

随着大众化报刊时期一批知名报人如格里利(Greeley)和雷蒙德(Raymond)等人的去世,至19世纪80—90年代,一些大报的经营更加趋于职业化,从原来的一人身兼数职,开始雇用专职记者,这标志着"个人新闻业"时代正在过去,报纸也不再像格里利和雷蒙德那个时代那样过于强调自身的个性。进入"独立报业"时期的报纸分工开始细化,新闻的职业化程度增强,新闻工作由此成为一门正式的全日制或兼职的职业。

(一)新闻职业的形成与"记者时代"的来临

新闻工作成为一门职业表现在很多方面,比如新闻观念和职业惯例形成、"记者时代"的来临,记者薪水、社会地位和工作环境的提高等多个方面。

一些新闻观念在这一时期开始成型,如报道新闻要以事实为先,新闻报道要"简短""精确""清楚""及时"等,作为一种新闻职业观念,在新闻界以不同的方式被强调和灌输,这些观念对当时乃至后来的报业发展影响深远。正如学者莫特所说的那样,独立报刊实际上就是职业化报刊的基本样式。而另一位美国学者认为,独立报刊,尤其是1896年阿道夫·奥克斯(Adolf Ochs)掌管《纽约时报》后所形成的基本新闻信息模式,则是新闻专业主义的根源。[①]

---

① 黄旦:《新闻专业主义的建构与消解——对西方大众传播者研究历史的解读》,《新闻与传播研究》2002年第2期,第3页。

而更为重要的是学者迈克尔·舒德森（Michael Schudson）所说的"记者时代"的来临。他认为，19世纪90年代美国新闻业的一大特征是记者有史以来首次在报业领域扮演了主角，当时的记者甚至敢反抗报社的老板或总编。因此，他认为，如果说新闻是19世纪30年代的"发明"，那么记者则是19世纪八九十年代的"社会发明"。①

当时一批"新生代记者"开始出现，他们年轻、朝气蓬勃、胸怀大志、接受过大学教育，并且满怀热忱地投入新闻工作，与此前一些没受过多少教育的"老一辈记者"所呈现出的"酒鬼""骗子""无知"的形象形成鲜明对比。这些年轻记者将自己的工作看作是一门正式的职业，并且认为自己接受了更好的教育，可以更好地从事新闻工作。

创刊于1883年的新闻专业刊物《新闻从业者》（*The Journalist*），在其1900年发表的一篇文章中指出："现在雇佣大学生是通用标准，随着越来越多的雅士取代浪子加入记者行业，报纸的报道质量有所提高，新闻从业人员的道德水平和地位也得以上升。"②

这一时期，记者的社会地位得到提升，他们越来越受到社会重视，成为新式新闻事业的关键性人物，越来越多的记者署名报道也开始出现。正如1893年一位英语杂志的撰稿人所述，现在美国比全世界其他任何地方都拥有更多好记者。而记者社会地位的提高，一方面源于记者们职业惯例的形成；另一方面则来自新闻界的力量日益强大。

在职业惯例方面，随着独立报业时期的到来，记者们开始脱离政党，享受自己的文化，坚持自认为正确的职业理念，并且在新闻工作中不断形成一套职业惯例。比如采访在当时就成了一项惯常的新闻工作方法。

采访作为一门报道技巧，自便士报时代便已开始兴起。但当时一些采访由于存在运用挑衅性语言、轻率提问、侵犯个人隐私等问题，常常招致批评。曾有撰稿人称："采访是迄今设计出来的破坏新闻业的最完美工具，

---

① ［美］迈克尔·舒德森：《发掘新闻：美国报业的社会史》，陈昌凤、常江译，北京大学出版社2009年版，第56页。
② 同上书，第59页。

是一种吹进高尚鼻孔里的有害气味。"①

直到 1880 年左右，采访才成为一个被广为接受的、制度化的"新闻工作技巧"，从这以后也开启了记者创造新闻故事的机会。这预示着记者开始致力追求一种技巧意识（craft），同时追求在新闻工作中拥有特有的规则、精神和职业文化。②

记者社会地位的提高也跟新闻报道所具有的重大社会功效有关。在独立报业形成后至 19 世纪末的这段时间内，最引人注目的就是以《纽约时报》等报纸为代表所进行的一系列"讨伐式报道"（Crusades）。其中，最为著名的是 1870—1871 年以《纽约时报》和《哈泼斯周刊》为代表的报纸，反对纽约政府腐败集团坦慕尼（Tammany）的报道，从而塑造了新闻界监督政府、服务公众的社会角色。

与此同时，记者们的薪水在这一时期增加了两倍，到 19 世纪末，纽约市的一些杂志总编辑可以拿到一年 6000 美元的工资，城市编辑可以拿到 3000—5000 美元，而那些干得好的优秀记者可以拿到跟城市编辑差不多的工资。记者薪水的增加也说明新闻工作作为一门正式职业的兴起，丰厚的薪酬吸引了许多人投身新闻工作。③

谈到新闻工作成为一门职业，不能不提到这一时期对新闻职业化作出重大贡献的两位知名报人：约瑟夫·普利策（Joseph Pulitzer）与阿道夫·奥克斯（Adolph Ochs）。

前者开创了新式新闻业，后者开创了严肃高端大报的风格，尽管他们两人开创的是两种不同的办报模式。正如学者舒德森所说，普利策的《世界报》和奥克斯的《纽约时报》代表了 19 世纪 90 年代两种不同类型的报纸："作为娱乐的新闻业"和"作为信息的新闻"，但两者并无所谓好坏之

---

① Frank Luther Mott, *American Journalism：A History*, 1690 – 1960, 3rd edition, New York：The Macmillan Company, 1962, p. 386.
② Michael Schudson, *Why Democracies Need an Unlovable Press*, Polity Press, 1 edition, 2008, pp. 31 – 32.
③ Frank Luther Mott, *American Journalism：A History*, 1690 – 1960, 3rd edition, New York：The Macmillan Company, 1962, p. 488.

分,如大众文化与高雅文化一样,都各有其特定的读者。① 不过普利策和奥克斯在办报过程中,都将办报作为一种职业,并且形成了各自的职业理念和职业精神,而这将对 20 世纪初新闻业从一门职业转向一门专业产生重要的影响。

(二) 新闻行业组织与新闻教育的萌芽

随着新闻工作成为一门职业,以及记者时代的来临,催生了新闻行业组织和新闻教育的萌芽;而反过来,行业组织和新闻教育的发展又进一步推动了新闻业的专业化。

19 世纪 80 年代,报纸俱乐部开始在一些城市出现,最著名的是 1885 年由华盛顿新闻工作者组建的格利迪隆俱乐部(Gridiron Club),这个俱乐部直到今天还存在,是华盛顿地区历史最悠久的新闻工作者组织。在当时,几乎每个州都成立了自己的"编辑人协会",成员主要由地方的编辑组成。1885 年"全国编辑人协会"(National Editorial Association)创办。1887 年报纸经营人员创办了"美国报纸发行人协会"(American Newspaper Publisher's Association)。而女性新闻工作者俱乐部也在 1885 年成立,取名为"国际女性报业协会"(Women's International Press Association)。②

与此同时,新闻专业类期刊也迅速发展,其中较有影响的是 1884 年创办的、由阿伦·福曼(Allan Forman)编辑的《纽约记者》(*New York Journalist*)。

随着独立报刊的兴起,新闻教育也相伴而生。自 1870 年起,美国一些高等学校相继开设新闻课程。如 1875—1879 年康奈尔大学就提出要为那些完成人文科学课程并在学校印刷部门有过实践的学生颁发新闻专业证书,

---

① [美]迈克尔·舒德森:《发掘新闻:美国报业的社会史》,陈昌凤、常江译,北京大学出版社 2009 年版,第 119 页。
② Frank Luther Mott, *American Journalism: A History, 1690–1960*, 3rd edition, New York: The Macmillan Company, 1962, p. 490.

但是它没有开设特定的新闻课程。最早开设新闻专业课程的是密苏里大学，1878年该校开设了"新闻史"和"新闻素材"两门课程。相继开设新闻学课程的还有爱德华州立大学（1892年）、印第安纳大学（1893年）、宾夕法尼亚大学（1893年）、堪萨斯大学（1894年），等等。①

新闻教育的发展有力地推动了新闻工作的职业化。如这一时期出版的新闻专业教科书中，有不少已经明确提出了"公正""准确""真实"和"将事实与评论分开"等，这样一些后来构成"新闻客观"和"新闻真实"原则基本要素的理念与观点。②

二　20世纪初：新闻工作成为一门"专业"

经过19世纪后30年新闻业的发展，编辑、记者、发行人、广告代理人等职业分工更加明确，"及时""真实""客观"等已成为新闻工作的职业观念和工作惯例，承担社会责任、监督政府、为公众服务等职业精神也日益凸显，这一切都表明新闻工作开始在从一种职业朝一门专业转向。

（一）美国新闻专业化的实现

什么是"专业"，一个职业具备哪些条件，才可能被称为专业，这是职业社会学研究的核心命题。许多社会学家都曾尝试界定那些能够描述和区分作为"专业"的职业特征，而且提出了不同的评价标准，使得各个职业都可以用于作自我评价。

其中被采用最多的关于职业转化为专业的标准，是哈罗德·威伦斯基（Harold L. Wilensky）提出的。他认为，一个职业转变为专业，需要经过五个阶段（也即是五个标准）：一是要成为专职或全日制的职业，拥有一定数量、全日制的人员；二是要建立起旨在培训从业人员的专门训练学校；

---

① http://media.people.com.cn/BIG5/22100/51194/51195/15211966.html.
② 黄旦、孙藜：《新闻客观性三题》，《新闻大学》2005年第2期，第10页。

三是要形成专业协会和职业组织；四是要赢得法律支持以能自主掌管自己的工作；五是要制定正式的职业道德准则。①

下面我们结合威伦斯基的专业化观点，来逐条考察美国的新闻工作在当时是否已成为一门专业。

一是当时美国的新闻工作是否已成为一种专职或全日制的职业。这应当是新闻专业化的最基本的条件，可以说美国新闻业早已实现了这一目标。在19世纪30年代的便士报时期，美国就开始出现了全职的新闻工作者，到了19世纪八九十年代随着"记者时代"的来临，更多的专业记者涌现，全美国的记者数量大增。

二是当时美国是否出现了培训新闻从业者的专门训练学校。除了前面所提及的在19世纪后30年美国一些高校已开始开设新闻专业相关课程，培训新闻业者之外，在美国新闻教育史上具有重要里程碑意义的事件是1908年密苏里新闻学院的成立。作为美国历史上的第一个新闻学院，密苏里大学新闻学院的成立标志着世界现代大学新闻教育的正式开端。正如其创建者沃尔特·威廉姆斯（Walter Williams）所说的那样，密苏里新闻学院成立的初衷就是为促进新闻专业化。②而随后捐款200万美元资助哥伦比亚大学建立新闻学院的普利策提出，要像培养法官和医生那样培养专业新闻工作者。

三是当时美国新闻是否建立起了新闻行业的专门组织。自19世纪80年代以来，大量的报业协会、编辑人协会、发行人协会等新闻行业组织纷纷创建，到20世纪初期，新闻行业组织仍在继续发展。新闻工作者利用这些平台进行业务交流，凝聚专业共识。如1908年在华盛顿成立的全国新闻工作者俱乐部（National Press Club），在其章程中就提出："本俱乐部将为那些采集与传播新闻的人士打造一个提升他们专业准则和技术

---

① 任明川、刘丹丹：《恩怨两大职业：美国的会计师与律师》，《中国注册会计师》2005年6月号，第63页。
② 武志勇、李由：《密苏里大学新闻学院的教育理念与教学模式》，《新闻大学》2009年第4期，第12页。

的中心。"①

四是当时美国的新闻工作是否赢得了法律支持,能够自主掌管自己的工作。可以说,自1791年美国宪法《第一修正案》通过之时,美国新闻业就找到了令其一直引以为自豪的宪法基石,来保障新闻自由和言论自由,从而使其能够享有自主性,可以凭借自身力量来掌管自己的工作。到19世纪末20世纪初,经过一个多世纪的发展,美国新闻界对于如何赢得法律支持来保障新闻工作已经十分娴熟。

五是当时美国新闻界是否制定了正式的职业道德准则。可以说这条标准在20世纪初就实现了。1908年(也有人说是1911年),密苏里大学新闻学院首任院长沃尔特·威廉姆斯制定了《报人守则》（The Journalist's Creed）。这个守则被认为是美国最早的全面系统的新闻职业道德准则,后来它被译成几十个国家的文字,在世界各国广为流传。

由此可以看出,依据威伦斯基提出的"专业"衡量标准,在20世纪的第一个十年,美国新闻专业化的进程就已开始顺利推进。

(二) 美国新闻专业化的原因及背景

20世纪初,美国新闻工作已开始从一个职业转向一门专业,那么是什么促使了美国新闻工作专业化的形成呢？结合当时美国的社会环境来分析,可以发现,一是新闻界对自身的反思,二是"进步主义时代"环境的影响,这两大原因共同促使美国新闻工作开始由职业发展成了一门专业。

19世纪末出现的黄色新闻潮所引发的煽情主义泛滥,报纸发行大战下"偷窥新闻学"的蔓延,对美西战争的疯狂性鼓吹报道,以及紧随其后的"揭黑"新闻潮中一味地关注社会弊端等问题,这些都促使20世纪初美国的新闻工作者、教育学家、社会学家开始对新闻业的表现进行反思。很多

---

① 维基百科,全国新闻工作者俱乐部,http://en.wikipedia.org/wiki/National-Press-Club_ (USA)。

人意识到新闻业已走向了极端，他们开始反省新闻是什么，新闻工作应该成为什么样的行业，发挥什么样的社会功能，在民主社会里是否应该以服务公众和社会作为自己的主要责任，而新闻业的专业化被认为是解决这些问题的良方和解毒剂。

另一方面，这一时期广告业与公关业的兴起，以及报业兼并与早期报团的出现，促使新闻工作的企业化趋势日益明显。当时的报纸不断受到利益集团、商业资本、广告代理商、公关公司等的影响，商业色彩越来越浓。这也促使新闻界开始反思，新闻业是否跟其他商业机构一样也仅仅以营利为目的，还是说应该有更高的追求，在商业精神之外是否应该体现人本精神，而"人本精神"正是新闻专业主义的本质精神所在。因而在当时的形势下，随着新闻业的发展及其所出现的问题，新闻界关于新闻职业内涵、社会职责定位、新闻教育、专业化等问题的自我反思日显突出。

从社会大环境来看，当时处于美国历史上的"进步主义时代"，这一时代是指从19世纪90年代到20世纪20年代这段世纪之交的时间，进步主义是多种思潮与运动的统称，其矛头直指美国工业化、城市化过程中出现的种种社会问题，如商业垄断、贫富差距、官商勾结、腐败丛生等社会问题，因而进步主义的骨干们主要是一些作家和记者，对黑暗社会现实的大胆披露，同时呼吁改革是进步主义时代的最大特征。这一时期美国社会的各个行业都在酝酿实现专业化的问题，因为专业化也是改革的一部分。对一个职业进行专业培训对民主社会的建立至关重要，民主社会正是依靠正规教育和特定专业标准为其根基的。因此，在这种情况下，新闻专业化随潮而动，应时而生，不仅得到了新闻界的响应，而且也得到了社会各界的赞同和支持。

正是在新闻界内部与社会外部的双重因素作用下，20世纪初美国新闻专业化的进程在加速。尽管当时的记者大都还是按照新闻自由及对社会负责等特定的职业理念从事日常工作，但是他们已不再仅仅满足于做一个采写和制作新闻的职业工匠，而是开始通过与其他已有的专业人士如医生、律师、工程师、教师等进行比较,来作专业性的自我评估。当时上述职业已经有了特定的标准、正规教育以及自我社会角色的认知,而新闻业也应该如此。

三　现代新闻业时期:新闻专业主义的发展

综上所述,美国从 20 世纪初起,关于新闻工作是否是一门专业的讨论就已经开始,由此新闻专业主义逐渐成了美国新闻界乃至全球新闻界最热门的话题。一方面不少美国新闻人将其视为追求的目标,从而促使新闻专业主义不断发展;而另一方面,又有很多人批判新闻专业主义,认为新闻还不能算作一门专业,从而引发了对新闻专业主义的反思。直到 21 世纪的今天,随着新闻专业主义在美国及其他一些国家出现的衰落趋势,当代新闻学界和业界关于新闻工作是否是一门专业或者应不应该成为一门专业的争论依然在激烈进行。

(一) 20 世纪 20 年代前后:关于新闻专业主义的辩论与发展

20 世纪 20 年代前后,沃尔特·李普曼(Walter Lippmann)与美国著名的哲学家约翰·杜威(John Dewey)发起了一场关于记者角色与其专家身份的持续辩论。他们都同意记者在一个民主社会中应当扮演至关重要的角色,但是分歧在于记者应如何扮演这种角色,新闻界是否应该是全体公民的领袖或老师。

当时李普曼对 20 世纪的民主已经不热衷,他认为,普通公众很少有时间和能力了解到重大信息,社会太复杂,刻板成见也太严重,以至于公众很难作出有见识的民主决策,因此训练有素的专家非常有必要传输这些信息,提供事实,同时作出决策并解释给公众听。这些专家可以是研究者也可以是记者本身,特别是拥有某一领域专业知识的记者,而记者们获得这些知识的途径就是要通过新闻的专业化学习或训练。因此,有学者将李普曼的这一观点称为"李普曼式精英分子新闻学"(Elitist Lippmannian journalism）。①

而杜威则认为，民主需要公民的积极参与，在他看来，记者和政府的工作是如何想办法促使全体公众参与到那些最终会影响他们自己的决策中去，记者并不需要扮演专家的角色。②

这场辩论的核心其实就是记者是否应该自我认知或被社会看作是专业人士。当李普曼和杜威还在为记者是不是专业人士辩论之时，1922年成立的美国报纸编辑人协会（American Society of Newspaper Editors）已经自觉地开始制定报业自律的职业守则了。其制定的《报业信条》（*Code of Ethics or Canons of Journalism*），提出了包含责任、新闻自由、独立、诚信（真实，准确）、不偏不倚、公正、庄重这七条准则，较全面地界定了媒体自律的基本专业要素，成为西方新闻界最为著名的报业自律信条，后来在世界各国广为传播，也被许多新闻学著作所引用。

（二）20世纪60年代左右："极端现代主义"时期与新闻"专业性"讨论

学者舒德森称美国新闻工作的专业化到20世纪五六十年代到达了顶点。加州大学教授丹尼尔·哈林（Daniel Hallin）称20世纪60年代为美国新闻业的"极端现代主义"（High modernism）时期。

"极端现代主义"这一概念是由大卫·哈维（David Harvey）提出来的，主要是用来描述第二次世界大战以后的世界历史。从根本上说，它反映的是一种强烈而固执的自信，相信人类可以任意创造出一个世界，而非一种科学实践。

而丹尼尔·哈林称20世纪60年代为美国新闻史上的"极端现代主义"时期。他指的是这一时期，记者对历史上那些曾经困扰自己的角色认知似乎全都合理化了，没有任何争论与怀疑，对新闻专业主义超级有自信。当

---

① Wien, C., "Defining Objectivity within Journalism: An Overview," *Nodricom Review*, 2005, 2: pp. 3-15.
② Ibid..

时新闻界很多人认为在新闻业日益变得兴盛的同时，新闻从业者也能兼顾"独立""不偏不倚""客观""为公众服务导向""被政府以及全世界的公众信赖"等职业精神和职业惯例。① 具体分析，有三方面的原因促使这一切变得可能：

一是政治方面的原因。当时人们认为记者独立于政府和政党之外已经变得可能，甚至已经变成现实存在。记者感觉自己可以与政府较量，可以自由批评与监督政府。

二是新闻业内部的原因。当时在新闻机构内部，媒体似乎已经解决了长期困扰新闻工作的两大问题：媒体私人所有制与个人偏见。对于前者，在当时，媒体所有者基本上不会去对记者每日的新闻和评论进行控制了，过去那种将媒体当作其所有者个人政治工具的时代已经不复存在了。而对于后者，记者们已经接受了新闻编辑室中的上下层级关系及"中立"与"客观"等职业规则的限制，从而更加自觉地远离政治。

三是经济方面的原因。当时许多记者认为媒体的经济繁荣并不会与他们服务公众的追求形成矛盾，他们更愿意将自己看作是公共服务人员或是神圣新闻之光的守护者，而非营利的传媒企业的雇佣者。而日益商业化的媒体，其经济稳定也提升了记者的经济收入和地位，从而为记者坚持新闻专业主义提供了经济保障。

在新闻业的"极端现代主义"时期，新闻组织和新闻教育也迅速发展。大量全国的、地区的、州的、城市的新闻行业组织纷纷建立，这也成为20世纪50年代美国新闻界的一大特色。到20世纪60年代，不算公关和广告，仅印刷媒体在全国范围内就有70家左右这类的协会，当时约有四分之三的州都有了报业协会。② 电子媒介也创办了大量类似的全国性团体，而大约四分之三的州也都有了自己的"广播电视人"协会。

---

① Daniel C. Hallin, "The Passing of the 'High Modernism' of American Journalism," *Journal of Communication*, 1992, 42summer, p. 2.
② Frank Luther Mott, *American Journalism: A History, 1690–1960*, 3rd edition, New York: The Macmillan Company, 1962, p. 864.

与此同时,城市报业俱乐部运动在 20 世纪中期得到了复苏,到 1960 年已将近 20 家。除此之外,"全国新闻工作者协会"在各地已拥有了超过 50 个分会。

另外,这一时期还有一些国际性的新闻行业团体也成立起来,如 1946 年成立的美洲新闻协会(The Inter-American Press Association)和 1952 年成立的国际新闻协会(The International Press Institute)。

伴随着新闻行业组织的发展,新闻培训与新闻教育也日益兴盛。到 1960 年,大约有 130 家机构提供专业新闻培训,另外还有 46 所新闻院、系、研究院讲授新闻专业课程,新闻教育的发展态势良好。[①]

在 20 世纪 60 年代新闻业的"极端现代主义"时期,也引发了新闻业界内外对于新闻专业特征和新闻专业主义的讨论与研究。当时在美国新闻史上出现了致力于新闻专业化研究的第一批学者。他们吸收借鉴社会学家对职业与专业的相关研究,提出了新闻专业主义的两个问题:一是职业要成为专业其特征是什么;二是新闻工作是否有作为一门专业的资格。从而形成了所谓的"特征范式"(Traits Approach)研究。

尽管有人批评这种"特征范式"的研究不精确,学者们不可能对专业的具体特征或属性达成一致,但是这种研究方法还是为考察新闻作为一门专业或者"准专业"(Semi-profession)提供了一定的理论基础。与此同时,一些新闻学者也开始了针对美国新闻记者的新闻专业主义开展实证调查,以量化的数据展现新闻从业者的专业程度。

如 1964 年由杰克·麦克劳德(Jack M. McLeod)与其学生塞尔·霍利(Searie E. Hawley Jr.)研制出测量新闻从业人员专业主义程度的"麦克劳德—霍利量表"(McLeod-Hawley Scale)。这是第一个也是后来被广泛使用的一个"专业导向"量表。[②] 他们用这个量表对《密尔瓦基日报》(*Mil-*

[①] Frank Luther Mott, *American Journalism: A History, 1690–1960*, 3rd edition, New York: The Macmillan Company, 1962, p. 865.

[②] McLeod, J. M. & Hawley, S. E. Jr., "Professionalization among newsmen," *Journalism Quarterly*, Vol. 41, 1964, pp. 529–539.

waukee Journal)及《密尔瓦基守望报》(Milwaukee Sentinel)的115名新闻从业人员及93位非新闻从业人员进行了问卷调查。结果发现,新闻从业人员比非新闻从业人员更注重专业性,也更愿意履行新闻专业主义;新闻从业人员认为新闻与责任、客观等密不可分;新闻从业人员之间享有较接近的价值观念,而非新闻从业人员则较不同;新闻从业人员对自己的报纸比较容易持批判的态度。[1]

此外,麦克劳德与霍利还把研究的115名新闻从业人员,依据专业导向分数的高低,分为专业人士(professionals)与准专业人士(semi-professionals),结果专业人士内部的同质性高于准专业人士,他们有更强烈的愿望去遵守与执行专业理念,也较容易对自己的报纸持严苛的批判态度。[2]

20世纪70年代初期,约翰·约翰斯通(John Johnstone)等美国社会学家对美国新闻从业者进行的第一次全国性调查,也充分显示出美国新闻从业者对于恪守新闻专业主义的自信。随后1982年、1992年、2002年、2007年四次针对美国新闻从业者的全国性调查中,他们还是将自我媒介角色认知为"信息的传播者"(disseminators of information)、"事件的解释者"(Interpreters of events)以及"政府与企业的对抗者"(Adversaries of business and government)[3],并声称会高举新闻专业主义的旗帜,以符合新闻专业主义的各种职业惯例和理念来从事新闻工作。可见,在美国新闻从业人员的自我认知中,新闻工作已经成为一门真正的专业。

四 对美国新闻专业主义观念的反思

自20世纪60年代至今,美国社会各界对新闻专业主义的批评从未停

---

[1] 罗文辉:《新闻人员的专业性:意涵界定与量表建构》,《传播研究集刊》第2辑,台湾政治大学传播学院,1998年7月,第2页。

[2] McLeod, J. M. & Hawley, S. E. Jr., "Professionalization among newsmen," *Journalism Quarterly*, Vol. 41, 1964, pp. 529–539.

[3] Becker, Lee B. etc., Changes in Professionalism of U. S. Journalists in the Turbulent Twenty-First Century, *Journalism & Mass Communication Quarterly*, Vol. 86, 2009, pp. 277–298.

止过,而新闻专业主义也开始逐渐走向衰落,但正是在美国已开始走向衰落的新闻专业主义,却从20世纪80年代开始被我国新闻学界和业界广泛引进,并将其当作规范我国新闻实践的理想"范型"。时至今日,国内对新闻专业主义的热情还十分高涨,这不得不引发人们对美国新闻专业主义的反思:第一,新闻工作是否是一门专业?第二,美国新闻专业主义的本质是什么?解决这两个问题将有助于我国新闻业更好地借鉴和评价美国新闻专业主义观念。

(一)新闻工作是否是一门专业?

尽管在20世纪初期,就有学者认为在美国新闻工作已经成为一门专业,但事实上新闻工作越来越遭受到各方面的质疑和挑战,认为其并不符合一门专业的各项标准。

1. 受到质疑的专业知识

社会学中对"专业"的研究理论表明,一门职业专业资质的重要组成部分就是掌握专业的深奥知识(esoteric knowledge),而相对于已经建立起来的其他一些专业如律师、医生和会计来说,新闻工作更加关注实践而非理论知识,而新闻工作中能够被标准化的理论内容也还很有限。

不少人认为,大多数新闻工作者都没有接受基于理论的正规训练,甚至是关于新闻采写编等基础业务的相关理论。他们的知识和技能要么是在新闻实践中自我摸索获得的,要么是在师傅学徒制的言传身教中不断尝试而成为熟练新闻从业者的。这就类似于学者唐纳德·舍恩(Donald Schon)所提出的"行中知"(Knowing in Action)理念,即新闻工作是在实践中学习和积累知识的,是一种"行动中的知识"(knowledge in action),或是一种"内在于行动中的知识"(action-inherent knowledge)。[1] 或是如卡尔·波兰尼(Karl Polanyi)所提出的,是一种"默会的知识"(tacit knowl-

---

[1] Paul Godkin, "Rethinking Journalism as a Profession," *Canadian Journal of Media Studies*, Vol. 4 (1), 2008, pp. 109 – 121.

edge），是一种只可意会不可言传的知识，是一种经常使用却又不能通过语言文字符号予以清晰表达或直接传递的知识，是来自长期经验积累，是主观的、个人化的知识。①

2. 受到冲击的专业自主性

近些年媒体的日益商业化、对高利润的唯利是图、新闻行业与商业机构之间的阻隔越来越少、经济危机大环境下新闻机构堪忧的财务状况，以及新技术与新媒体的兴起对传统新闻工作所带来的巨大冲击等，都对新闻从业者的自主性产生了很大的冲击，使得人们对新闻工作的自主性也产生了质疑。

仅以网络新媒体来分析，可以发现，随着网络等新媒体的出现，新闻从业者所享有的专业自主性就被严重侵蚀。在网络新媒体环境下，新闻自由属于每一位有电脑的公众。在如今的信息时代，所谓的新闻"自主性"，被人认为是一个荒谬的概念，因为媒体机构和新闻行业组织不会、不可能也不应该去监管其成员。而"公民新闻""参与新闻""众包新闻"等各类受众直接参与新闻生产形式的兴起，在一定程度上消解了新闻的专业性。数字化时代将是一个"去专业化"的新闻时代，一个崭新的由分散的、公民网络状连接的新"自媒体"传播秩序将取代专业化和机构化的传统新闻生产秩序。在这种情况下，日益背离"专业性"的新闻将何去何从，还有待人们用新的实践作进一步讨论和论证。

3. 受到攻击的专业门槛

近年来，对新闻工作是否能作为一门专业的另一个质疑是新闻工作的资质证书与进入门槛的问题。学者埃里森·亚历山大（Alison Alexander）在一篇文章中称，人们越来越不迷信于普通的机构特别是媒体了，而更崇拜那些拥有特定资格证书和严格按标准进入行业的专业人士。如医学和法学都有进入门槛的严格标准，并且可以依据这个标准将很多人拒之于门外，而对于那些想成为记者的人来说就没有这一类标准和"门槛"。基于此，

---

① 参见豆瓣书评《默会知识——组织怎么去管理》，http://book.douban.com/review/1413361/。

学者谢弗（Schafer）得出这样的评论："新闻业依靠着无资质人士、局外人、业余人士、失意的律师、厚脸皮的酗酒者以及有创造力的精神病患者，去保持其兴盛。"① 在他的眼里，新闻工作毫无专业性可言。

另一学者爱格纳·温格（Etierme Wenger）提出，相比较将新闻工作看作是一门专业，可能将新闻记者看作是"实践社区"的成员更好些。"实践社区"（community of practice）一词是由他首创的，意为"关注某一个主题，并对这一主题都怀有热情的一群人，他们通过持续的互相沟通和交流增加自己在此领域的知识和技能"②。在他看来，新闻从业者和爱好者可以归为一个"实践社区"，这样一来，新闻从业的门槛就彻底被削平了，人人都可以自由进出。从广义上讲，这一观点同当下进入"自媒体"时代后，人人都已成为传播者的现实状况倒是相契合的。

4. 日益下降的社会地位

美国新闻人将自己当作专业人士，很大程度上是基于这么一种认知，他们认为自己的工作以为公众服务为宗旨，不仅为公众个人提供信息而且是在服务整个美国民主社会，是受美国宪法第一修正案保护的。因此"新闻民主理论"在美国新闻界非常盛行，这也使得美国新闻从业人员能够获得较高的社会地位和社会威望，他们以专业人士自居，认为自身是参与式民主的重要组成部分。

但新闻工作在美国是否具有如医生和律师等专业人士一样的社会地位和威望呢？在2001年"9·11"事件发生之前的一项全国调查中，50%的美国人对媒体"能够全面、准确、公正地报道新闻"这一问题表示"毫无信心"或"只有一点儿信心"；而在2000年进行的一项关于美国17个专业的社会地位的调查中，61%的美国人认为医生具有较高社会威望，而只有16%的人认为新闻记者有社会威望，是17个被调查的专业中社会威望

---

① Paul Godkin, "Rethinking Journalism as a Profession," *Canadian Journal of Media Studies*, Vol. 4 (1), 2008, pp. 109–121.
② Ibid..

最低的一个职业。① 可见，与美国新闻记者们的自我评估相比，公众却持有不同意见，美国新闻从业者的社会地位正日益下降。

如果依据以上四条来评价美国的新闻工作，将其称为"专业"好像还显得为时尚早。不可否认的是，在美国，新闻工作是一种相对来说发展较为成熟的职业，已经具备了一定的"专业化"，但其专业化的程度同医生、律师等专业相比还存在差距，严格说还不能算是一门完全意义上的"专业"。既然如此，我们到底如何来破解美国新闻专业主义的"迷思"，又如何来揭示其本质呢？

（二）美国新闻专业主义观念的本质是什么

要理解美国新闻专业主义的本质，必须从新闻史发展的过程中来对比研究。本文前面已经论述了美国新闻专业主义产生的历史背景，它产生于美国历史上著名的"进步主义时代"，是美国新闻界自我反思背景下的一种主动调试和反映。

在当时黄色煽情新闻依旧流行、宣传泛滥、公关盛行、媒体垄断兼并加剧、商业因素侵蚀传媒业日益严重的背景下，美国新闻界认识到新闻工作开始走向极端，因此需要寻找到一种来抵抗政治、经济、文化等外来因素的冲击，以及有效应对社会各界对新闻界批评的救命稻草或解毒良剂。时逢"进步主义时代"大背景下各行各业高呼进行专业化，因此专业化自然也就很快地被敏感的新闻业所吸收利用，从而产生了一系列最早的简单粗糙的新闻专业主义观念。

可以说，美国新闻专业主义观念是一种美国新闻界用来证明新闻职业正当性与合法性的职业意识形态，它萌芽于美国新闻业的开端、产生于"进步主义时代"特定的历史条件下。它凸显了美国新闻界在社会变迁过程中的一种自我建构和主动调试的能力，从而让新闻业更加适应来自内外

---

① Jane B. Singer, "Who are these Guys: The Online Challenge to the Notion of Journalistic Professionalism," *Journalism*, Vol. 4, 2003, p. 139.

环境变迁的需要，进而提高新闻界从业人员的社会地位，也可以提高新闻业的合理化水平，还可以保障新闻工作在经济和政治方面的利益。

自此之后，新闻专业主义这一职业意识形态被新闻学界和业界不断强化成为美国新闻业的一种重要的价值观和职业守则，从而促使美国新闻界凭借新闻专业主义这一意识形态去参与社会地位的建构。而理想是掩盖权力的最好屏障；因此新闻专业主义的本质就隐藏在"职业理想"或"职业理念"的光环之下了。

在美国主流新闻人眼里，新闻专业主义是一门独立于美国政治经济之外的独立专业知识，以坚持人本和公共利益为己任。新闻职业人秉持高度的社会责任感，靠专业人士的精英意识来进行新闻选择，为了满足公民"知的权利"以及对信息的深度需求而进行新闻报道。因而，他们认为新闻专业主义是一种单纯的职业理念，它仅仅服务于社会公众，而不受任何政党或利益集团的控制，更不接受来自专业规范以外的其他力量的操控，具有很强的独立性。但现实是如此吗？可以说，美国新闻专业主义观念具有浓厚的理想主义色彩，它忽视了职业观念背后的政治经济力量对其所进行的操控和限制，也忽视了新闻机构作为美国社会中一个重要的政治—经济机构的运作，为美国的民主政治和市场经济发展服务的这一基本现实。但这并不影响美国新闻工作者头顶"新闻专业主义"的光环在全世界大力推广其新闻模式和职业理念。

同样，20 世纪 80 年代，新闻专业主义在中国也找到了其最大的倾销市场，但这种观念是否适应中国的土壤呢？

提出美国新闻业"极端现代主义"时期理论的学者哈林认为，之前他所称的美国新闻专业主义的这一时期已经成为过去时，因为他认为美国新闻业的"极端现代主义"时期，以及与之伴随的记者的专业模式都不是固定的，而是基于特定历史条件下的短暂插曲，这些条件跟当时传媒业所处的政治经济环境都息息相关。而 20 世纪 60 年代以后，美国新闻业"极端现代主义"所需的社会条件都已不复存在，因此美国新闻专业主义的"极端现代主义"时期不可再返。

由此看来，诞生于美国特定历史时期的新闻专业主义观念，既不是基于中国新闻业自身历史经验的探索，也不是一门能够脱离中国国情的独立于社会政治经济因素之外的专业知识，因此它既要克服需要通过一定的历史过程才能逐渐形成的理论上的先天性不足，又要解决新媒体环境下出现的一系列影响新闻专业化的新的理论与实践问题，所以它最终能否成为中国新闻业的一种指导性观念和规范性法则还值得存疑，还需要靠中国新闻界通过进一步的实践来作出证明。

（作者单位：中国人民大学新闻与社会发展研究中心）

（原载《新闻与传播研究》2013年第8期）

厘清对"新闻专业主义"的认知

——兼论对美国"新闻专业主义"的质疑

童 兵

文起之初，有必要对本文标题作点说明。美国学者提出"新闻专业主义"，以及该学说或口号在美国之流行，同"新闻专业主义"被我国学者接受和解读、舶来中国并使之在学界与业界得以流传有所不同，故"新闻专业主义"在美国与我国的理解与执行是有差异的。

"新闻专业主义"是如何在美国提出的

我国学者大多认为，美国"新闻专业主义"的产生和推广，以至最后成为一种行业规范和职业理想，是美国新闻业由社会自然行为演革成为一种"职业"，又由"职业"演革成为一种"专业"，是新闻工作者不断追索"专业化"目标的最后结果。

让我们看看《美国新闻史：大众传播媒介解释史》作者迈克尔·埃默里和埃德温·埃默里是怎样呈现这种由"职业"而进入"专业"的进程的。他们指出，20世纪60年代初，"new journalism（新新闻学）"一词再次为人所用。在普利策和赫斯特的年月，它指的是新闻采集的一种全新方法。后来，在"幻灭"的年代，美国的汤姆·沃尔夫、吉米·布雷斯林、盖伊·塔利斯、杜鲁门·卡波蒂和诺曼·梅勒等作家开始试验一种被称为"新式非虚构报告文学"或曰文学新闻。虽然它有各种不同的表现形式，但是一般说来，它是指利用感知和采访技巧获取对某一事件的内部观点，而不是依靠一般采集信息和提出老一套问题的手法。这些被称作"新新闻工作者"的探索，又被称作"新新闻主义"的创新，说明了新闻在专业上的努力和进步。①

当时在美国推动这种对新闻专业性追求的动力之一，是新闻传媒为摆脱信任危机而刻意划清同政府的勾搭。到1970年，根深蒂固的信用差距在美国生活中已极为明显。在总统与人民、总统与新闻界、新闻界与人民之间存在着信用差距。不少人认为，"新闻受到控制，许多人不相信政府的解释"②。

美国学者埃默里父子由此着重分析了媒介批评的意义。他们指出，"媒介批评在20世纪30年代逐渐积累力量，从20世纪60年代初开始又不断加强；这些年来，始终存在的一个问题是新闻界卷入党派政治，这使媒介在大众心目中难以保持信誉。"他们还指出，"如果说业内人士对外界施加给印刷媒介和广播电视媒介受到的压力做出回应，那么他们也给自己造成一些压力。他们的反应采取如下形式：改善职业工作条件，成立有效的媒介协会，制定自愿性的行为准则，发展致力于实现新闻事业的崇高目标的职业组织，鼓励新闻学教育，支持报业研究，创办报业评议会和新闻学评论刊物，提高少数族裔和女性的职业地位，保护报纸抵御法律和政府的压力。"③

正是这一系列努力，使美国的新闻工作者（包括作为准新闻工作者的大学新闻系学生）真正开始认识到，新闻工作是一种专业性很强的社会行为，是媒介对社会的专业性贡献。"新闻专业主义"，就是在这样的长达几十年的坚持不懈的努力下逐渐形成的。而这个专业主义的核心就是美国联邦的最高法官雨果·L. 布莱克所提出的：报纸要为被统治者服务，不要为

---

① 参见《美国新闻史：大众传播媒介解释史》第八版，新华出版社2001年版，第495—496页。
② 同上书，第507—508页。
③ 同上书，第593—618页。

统治者服务。① 显然，这个结论既是美国新闻界对摆脱信任危机的深刻思考，又是接受出于专业主义需要而对新闻工作者所施行的一系列训练的结果。

对"新闻专业主义"的不同解读

"新闻专业主义"作为一种来自美国的舶来品，中国学者对它的理论贡献和指导价值的评价不尽相同。

实际上，"新闻专业主义"在美国形成并提出的历史不足百年，但有的学者并不这么认为。有人甚至说，世界上第一篇新闻学博士论文中就蕴含了"新闻专业主义"思想。有学者分析，在美国自由主义的理念框架里，可分为积极自由和消极自由两种。社会责任论、公共新闻等是建立在积极自由框架里的，因为这些理念有明确的维护或防范的对象，其理念的确立和坚守又时刻不能松懈职业者的斗志，而"新闻专业主义"则应归于消极自由的框架，因其是自然而然的专业发展的结果，又没有多少需要防范的压力。还有学者指出，面对社会责任论和公共新闻等理念的冲击，"新闻专业主义"屡受质疑而不倒，其原因则在于整个美国社会及其民主政体对消极自由理念的笃信。②

在美国新闻学界，并没有给予"新闻专业主义"很高的理论上的评价，很多学者强调"新闻专业主义"实践上的指导价值要大于理论上的意义。一般认为，"新闻专业主义"存在于媒体从业者的日常行动中，从解释学的路径出发，能够将个体行动、主观意义、权力控制等微观和宏观视角连接起来。这一视角植根于媒体工作者的鲜活行动中，能够深刻阐释媒体从业者的实践状况，重构"新闻专业主义"作为批判话语的解放意义。③

---

① 参见《美国新闻史：大众传播媒介解释史》第八版，新华出版社2001年版，第507页。
② 参见卞冬磊《"自由的抗争"：从新闻专业主义到公共新闻业》，《国际新闻界》2012年第5期。
③ 参见袁光锋《现实主义、乌托邦主义与重构新闻专业主义的批判话语——基于"行动"的解释学研究路径》，《河北师范大学学报》（哲学社会科学版）2011年第5期。

有学者指出，在美国、在西方，"新闻专业主义"只是一种理想。这是因为，"新闻专业主义"虽有"公共服务"的信念，但在泛传播时代背景下，一种以媚俗方式讨好受众的低俗化、娱乐化风潮愈演愈烈。被冠以"无冕之王"的媒介权利不断膨胀，再加上社会对传媒监管的缺失，"新闻专业主义"在西方只能成为水中月镜中花。①

更有学者对美国"新闻专业主义"的本质是什么提出质疑，可惜对此研究没有得出明确的结论。不仅如此，甚至还有人提出，在今天中国新闻业遇到政治和经济的双重压力而暴露出一系列问题的背景下，美国"新闻专业主义"倡导的"自由独立、客观公正、公共服务、专业自律"，"对新闻业而言具有普适性价值"。②"新闻专业主义"的提出同它的最终结论竟然相差如此之远，可见无论"新闻专业主义"提出者的美国学者，还是运用这个舶来品以使其能在中国实现本土化生根发芽的中国学者，在思想认识上都还是处于模糊不清的状态。

对美国"新闻专业主义"的质疑

不能说，对于美国的"新闻专业主义"观念及规范，中美没有学者进行过深入的思考并给予十分清楚的阐述。请看下面这个例子。

曾有两名学者共同执笔写成了题为《成名的想象：中国社会转型过程中新闻从业者的专业主义话语建构》的论文，他们在摘要中提出，"专业主义是一套论述新闻实践和新闻体制的话语，它又是一种意识形态，它还是一种社会控制的模式"。他们还强调，"专业主义的话语在中国新闻改革过程中具有解放的作用，预示着更加深层的变革"③。

在这篇文章中，作者提出了建构"新闻专业主义"话语体系逻辑框架

---

① 参见尚帅《泛传播时代更需坚守新闻专业主义》，《记者摇篮》2011年第7期。
② 参见周劲《新闻专业主义的本土化探索》，《新闻大学》2013年第4期。
③ 参见陆晔、潘忠党《成名的想象：中国社会转型过程中新闻从业者的专业主义话语建构》，《新闻学研究》2002年第71期，第17—59页。以下引文均出自此文。

的主张，提出建构"新闻专业主义"理念的特殊角度即"成名的想象"：成为著名的新闻从业者，即获取专业或职业的"名望"。该论文为中国新闻从业者设计的"成名"路径是：通过"新闻专业主义"话语体系激发新闻从业者产生"成名"的冲动，沿着"新闻专业主义"的规范按部就班地内化自己。论文认为实现"成名"不可缺少的前提是，我们党的新闻事业必须将这些以天下为己任的知识分子"收编"进体制内，并将他们定位成党的意识形态的承载者和宣扬者。

文章主观地认为，"收编"新闻从业者的一个重要方式是建立主导框架，鼓励新闻从业者在这个框架内成名，并且力图通过各种官办的专业奖励强化这个话语框架。文中强调，"更为直接的'收编'方式"是提拔新闻从业者成为宣传或政府职能部门的主管，使这种"收编"的结果，一方面促使媒体宏观管理更加专业化；另一方面也将新闻工作改造为进入政治权力的重要途径，确保新闻传媒被"收编"者成为这个体系的中坚。该论文的作者认为，"收编"不同于强制。因为"收编"本身不具有强制性，它诉诸诱惑与常规。

论文还提出，"新闻专业主义"同时应当是组织层面的概念，当这些条件能在存在缺陷的现实中得到满足时，新闻从业者的身份认同中也就包含了对组织的情感依赖，表现为对组织的忠诚。最后，作者针对中国社会转型中的"三个相互拉动的力量"：党对媒体的控制、市场对媒体的诱惑、专业服务意识对媒体自主的压力，提出了运用"新闻专业主义"话语框架有效应对的立场和办法。

笔者对上述这篇论文的观点进行梳理，只是为了呈现美国"新闻专业主义"论者十多年来影响中国新闻学研究和新闻业发展的一个较为典型的例子。实际上还有一些这样的个案。据上分析，对美国"新闻专业主义"，我们应当提出质疑。深入研究"新闻专业主义"，还应当从我国的实际情况出发，全面解读"新闻专业主义"。

笔者主张新闻从业者应该具备高度的专业精神、明确的专业担当和严格的专业修养。但笔者同时又在思考，像医生、律师、法官、教师等专业性丝毫不亚于新闻行业的许多专业，这些行业同样强调专业精神和专业自律，却没有人去刻意建构什么医疗专业主义、司法专业主义、教育专业主义，唯独新闻界近百年来千方百计地建构一套"新闻专业主义"话语，其原因之一，诚如上文有人指出，要通过这种"特殊的意识形态"来内化新闻从业者的成名想象，用这种特殊的方式来"改编"用人机制。这同当年美国传媒企图用"新闻专业主义"摆脱信用危机和脱离政府控制的目的不谋而合。

使用其他的话语体系，都不如用"新闻专业主义"这样的冠冕堂皇的话语对抗现有体制下的话语"有效与安全"。阅读报章发表的关于"新闻专业主义"的论文，这种心态从中不难发现。试比较一下，我国学者发表的关于"新闻专业主义"的文章，远比美国本土要多，研究者也比美国要广泛得多，也在一定程度上能够说明这个问题。

有几位学者的意见值得我们关注和反思。他们提出，记者应跳出把美国或西方的"新闻专业主义"作为技术教条或伦理规范在中国加以普及的思维模式，而应更多地反思"把关人"的意识形态和价值观、价值基础是否存在。专业主义不仅包括客观的记录，更多地要考虑在中国的社会环境下，在互联网的挑战下，记者的专业权威该如何去建构。[①]

（作者单位：复旦大学新闻学院）

（原载《新闻与写作》2015 年第 9 期）

---

① 参见芮必峰《新闻学研究中功能主义取向和方法之思考——以"新闻专业主义"为例》，《新闻大学》2012 年第 2 期。张志安：《互联网如何影响我国新闻业》，《传媒》2012 年第 12 期。

为什么今天我们对西方新闻客观性失望?

——谨以此文纪念"改革开放"30周年

赵月枝

20世纪80年代初在国内上新闻理论课,当时的传统马克思主义新闻理论教科书认为,西方新闻媒体被垄断资本所控制,宣传的是资产阶级意识形态,是为垄断资本服务的,而西方记者自我标榜的新闻客观性是虚伪的、有欺骗性的。我们对这样的说教有逆反心理,虽然不敢逃课和公开挑战老师,但是没有心悦诚服的感觉。

那时,在整个思想界,以西方自由主义思想为主流的"新启蒙"大潮已潜流暗涌;在新闻学界,以"意识形态的终结"为思想基础的信息理论①和美国实证主义传播学开始登陆国内,我们以"信息"对抗"宣传",以抽象的"传者"和"受者"替代有民族、阶级和其他社会性的传播主体。② 同时,由于国门对西方刚刚开启,国家的新闻管理制度还没有机会让我们自己去得出"真正的"西方新闻是什么样的结论。

1986年,当我跨出国门去西方留学时,箱里装着中译本的美国自由主

---

① 对"信息"和"信息理论"的分析,见[美]丹·席勒《信息拜物教:批判与解构》,邢立军等译,社会科学文献出版社2008年版。
② 赵月枝:《国家、市场与社会:从全球视野和批判角度审视中国传播与权力的关系——兼论中国传播研究的理论框架》,《传播与社会学刊》第一卷第2期,2007年,第23—50页。

义新闻理论经典《报刊的四种理论》。我想，自己英文不好，如果教授要我读这本书的英文原著，起码我可以读中文版。然而，我的"第三世界"国民身份又不得不使我对国际传播的不平等问题有所关注。于是，我又带上了作为世界信息传播新秩序运动成果的中文版的联合国教科文组织报告——《多种声音，一个世界》。这两本随我出国的书，冥冥之中把"自由"与"平等"这两个主题放入了我的理论视野，而我从一个社会主义的东方民族国家到一个资本主义的西方民族国家的"出国"旅程则意味着，我对这两个问题的思考离不开对东西方关系、民族国家范畴以及资本主义与社会主义这一对相关的政治经济概念的审视。到了加拿大后，我潜心研究的第一个题目便是西方新闻客观性。

20多年后的今天，我们不提姓"社"姓"资"，免谈阶级意识，甚至认为意识形态不仅在美国，而且在世界终结了，剩下的是"市民社会"，是（西方）"普世价值"的实现的问题。当然，隐含"民族解放"叙事的"第三世界"概念也不复存在，剩下的是代表世界文明主流的"国际社会"和个别"流氓国家"。在日益强大并急于"崛起"的中国，虽然我们对日本法西斯主义的记忆使我们没人明言要效法当年的日本，以"脱亚入欧"为国策，但是，朝野上下真心希望通过办奥运会融入"国际社会"，展示一个强国的风貌。

然而，就在此时，"国际社会"中拥有话语霸权的西方媒体，不仅拿我们认为是理所当然的中国在西藏的主权问题大做文章，而且挑战我们在国际竞争游戏中好不容易赢来的举办奥运会的资格与权利。我们觉得好像被作为"普世价值"之一的"新闻客观性"欺骗了。而我这个原先有"第三世界国民"身份的新闻学生成了身在西方的"华裔传播学教授"，我的立锥于"西方"和"学术专家"地位的言论，在我自己无法左右的"西方媒体客观性的虚伪暴露无遗"的国内媒体标题下成为新闻。

"媒体是人做出来的，人是有立场的，你不懂？"我身边的一位国内来的访问学者则比较客气，说："虽然标题好像'文革'语言，内容很好。"我深知，"文革"语言是一个我们对其所指不再须做历史分析和理性检讨的贬义政治与学术标签，而我们当年所逆反的传统马克思主义新闻理论也确有阶级决定论和工具论的偏颇。然而，在改革开放30年后的今天，在新闻客观性等一系列问题上，对传统的马克思主义新闻理论，我们是否应该"在泼洗脚水的时候不要把婴儿泼出去"？西方新闻客观性没有我们逆反时想得那么真实，也没有以上新闻标题所展示的那么虚伪。

新闻当然是人做出来的。然而，问题的关键是，新闻是由有特定的意识形态和文化价值观的有专业资格的人在特定的民族国家中的特定新闻体制中的特定新闻机构里做出来的。新闻还是由在特定的民族国家中有特定的意识形态和文化价值观念的人解读的。更重要的是，即使在西方，新闻客观性也不是超历史和超媒体的"普世价值"。且不说新闻客观性概念的内涵与外延本身的多面性、复杂性和它们在历史演变过程中的具体性，更不论不同西方国家新闻理论与实践的区别，即使在美国，历史上有党派新闻，今天有以促进社会运动和社会变革为己任的倡导性新闻。今天我们之所以对"西方人"在新闻客观性问题上有深深的失望感，部分是因为我们自己在昨天矫枉过正地把前天的一些话中的合理内核也统统摒弃掉了。这不得不引发我们对新闻理论与新闻制度的深层反思。

一 新闻客观性的政治经济和意识形态基础

一些西方媒体对西藏暴乱的报道不存在客观，一边倒地站在西藏流亡政府和达赖一边，不但没有做到起码的平衡，而且连基本的事实细节也不尊重。其实，这并不奇怪。西方媒体的报道是受国家利益、主流意识形态、商业利益以及记者作为中产社会阶层自身的社会利益和文化认同等因素影响的。在西方主流意识形态和议会政治框架内，客观性是存在的，但超越国家利益、超越意识形态的客观性是没有的。比如，西方主流媒体从来没有宣称过要对共产主义意识形态保持客观和中立。在对内和对外报道中，西方主流媒体对客观性的运用也有双重标准。在写作《维系民主？西方政治与新闻客观性》时，我曾采访过加拿大广播公司一驻京记者，他明言，他们在对外新闻上，对平衡等客观性的要求比对内报道宽松。

正如我当年在加州大学圣迭戈分校时的同事、美国比较媒体制度学者丹·汉林（Daniel C. Hallin）所言，资本主义市场经济和自由主义民主的主导价值是我们可以把美国新闻在政治上分成三类的试金石。[①] 这三类新闻分别是共识类、合法争议类以及异端类。我和合作者在《维系民主？西方政治与新闻客观性》中的研究表明，客观性（如要仔细地引用来源以及平衡双方发言人的观点）只对议会政治框架内的合法争议领域适用。但是在报道那些假定被整个社会认同的价值的事件或者社会行为者时（共识类），记者拥有较大的主观性，可以从同情的角度来设置场景，可以用自己的话语来表述，可以沉湎于赞同性的话语修饰。[②] 同样，对被认为是西方主流价值以外的"异端类"报道对象，客观性原则也不适用。这类报道对象包括西方社会内部挑战现有社会秩序和统治阶级根本利益的社会运动和社会力量，也包括被西方主导政治经济利益和主流意识形态所不容的外国政权和社会力量。关键是：从政治与意识形态层面，这三类报道的边界的区分是有争议而且是有政治性的，它往往是由那些拥有最大的政治经济权力的、掌控着界定政治和社会现实的话语权的社会势力确立的。

在西方资本主义自由民主的政治经济框架内，统治阶级，往往是主导阶级联盟，通过包括媒体、学校、教会等"市民社会"场域在内的社会组织机体将其核心价值社会化，转化为全社会的"常识"。这正是葛兰西所论的霸权的表现。在资本主义社会，这就是资产阶级的政治文化领导权的建立的过程。当然，这一过程并非一帆风顺，而是充满妥协、矛盾和抗争，包括危机与国家强制性权力的动用。在媒体领域，这首先意味着通过新闻媒体的教育体系、法规体系、所有权与经济运行机制，新闻机构的选人机制和记者的"社会化"机制、新闻的生产程序与职业规范等来"定义现

[①] Daniel C. Hallin, *The Uncensored War* Berkeley, CA: University of California Press, 1986.
[②] ［加］罗伯特·哈克特、赵月枝：《维系民主？西方政治与新闻客观性》，沈荟、周雨译，清华大学出版社2004年版。

实"的"编码"过程。当然，这也包括特定的社会成员，也即新闻媒体的"受众"对媒体内容的"解码"过程。我们有必要把西方新闻客观性问题放在这个过程的全部中来理解。

如《维系民主？西方政治与新闻客观性》所论，新闻客观性的起源有深刻的哲学和社会历史背景。从哲学上，客观性与启蒙理性有关普遍真理的可能性和幼稚实证主义在不同时期和在不同层面上有关联。在英、美和加拿大新闻史上，新闻客观性的最先版本是19世纪劳工新闻中对"超党派"的普遍利益的追求。面对日益保守和抛弃了启蒙民主话语的资产阶级国家政权和服务于狭隘的垄断资本利益的资产阶级党派新闻，新兴的劳工新闻要求国家和新闻业代表所有公民的共同利益。客观性要求新闻和政治反映普遍利益，因为这种利益被占统治地位的政治文化中权威的保守主义和精英党派报刊系统所践踏。劳工新闻的这一基于启蒙理性的客观性宣称最终被19世纪晚期的"便士新闻"和市场化报刊所驯化、挪用、取代和程式化。

总之，客观性兴起过程也是西方由私人资本所掌控的商业化新闻媒体在替代狭隘的资产阶级党派新闻的过程中把激进的，并已开始培育工人阶级意识的劳工新闻边缘化，把资本的利益当作社会的"普遍利益"、把资产阶级主流价值和统治意识形态转化为不需对其"客观""中立"与"平衡"的"社会共识"的过程。而西方新闻客观性这一政治本质又与市场化媒体所依附的广告商寻求受众最大化的商业动机与行为紧密联系在一起。政治与经济动因互为表里，皮毛相依。客观性成了当今西方资本垄断媒体政治合法性的重要根基和新闻专业主义的核心道德原则。同时，作为已经取得了霸权地位的新闻原则，它也成了"受众"们按霍尔的三种解读定位来接受、协商和反对占统治地位的新闻体制的手段或中介。[①]

[①] Stuart Hall, "Encoding/Decoding," in Meenahshi Gigi Durham and Douglas M. Kellner (eds.), *Media and Cultural Studies: Key Works Malden*, MA: Blackwell, 2001, 166–176.

二 客观性的实践层面和新闻社会学维度[①]

作为一套道德理念和报道规范，客观性是通过记者的实践建立起来的。在美国的新闻理论与实践中，客观性不但复杂且涉及面广，而且是特定历史条件和新闻所调节的社会阶级关系的产物。概言之，它有以下不同部分：首先，客观性通常会被认为是一种规范性理念，它是新闻业应该追求的理想目标。反过来，这些目标又可以分为几个组成部分，其中隐含着记者在报道时持有的立场、采取的方法以及故事本身的特点。准确性、真实性、完整性和相关性是新闻业的最重要的理念：记者应该说真话。第二，记者应该采取一种超然、公正和独立的态度，避免受到党派偏见、个人偏向或者是利益集团的影响。第三，在报道有争议的问题时，客观报道在提供各方观点时应该公正、不偏不倚而又平衡。这些理念暗含着一种认识论：将事实与价值分开、观察者与被观察者分开是有可能的。同时，客观性也包含一整套新闻采访与报道的"统一的技术标准"。这一标准不但随着时间的流逝而不断发展和变化，而且在不同媒体间会有所不同。通常，被认为是客观性的标志的一些做法，可归纳为以下几点：

· 在选择个人为报道提供信息和评论时，记者应该寻求适当的新闻源：这些人有资格，是相关机构公认的代表，并且是／或者是新闻事件的直接参与者。

· 客观的记者要避免煽情，遵循通行的正当的、良好品位标准。他们采用这样的方案，也就是"记录式报道：允许记者只提供给公众他们亲眼看到的或者是有证据证明的信息"以及"被可靠消息来源确认的事实"。

· 客观新闻注重将观察得到的事实与记者的观点和评价相分离；观点和评价只限于那些特定的体裁，如专栏、特写和纪录片。

[①] 本节观点来自［加］罗伯特·哈克特、赵月枝《维系民主？西方政治与新闻客观性》，沈荟、周雨译，清华大学出版社2004年版，第2—4章。

· 直接的新闻报道应该尽可能地是对事实或者意见的描述，如果是观点的话，也应尽可能采用相关人员或者"权威知情者"的看法（经常是采用该观点/对立性观点的格式），而那些能够为构建事实提供明晰的阐明性基础的历史性和解释性框架常需要用括弧括出。

· 记者低调处理他或者她作为新闻故事叙述者这一角色的作用，而这正是写新闻的标准方式。

新闻客观性的理念和操作方法是在一个由专业化的新闻机构组成的制度框架内孕育的。在这个框架体系内，新闻工作者是有特定技能、信奉伦理道德的专业人士，享有新闻自由，也即不受国家控制的自主性（在古典自由主义报刊理论中，国家控制是对新闻自由的主要威胁）。

与简单的工具论不同，这里我要强调，新闻记者是客观性这一知识/权力体系的重要利益主体。虽然记者从来就不是与医生和律师一样的自由职业人，而是在劳资关系下雇佣于媒体的"知识劳工"，但是，对客观性的标榜和有选择的实践成了他们确立自己在政治上独立于党派和其他社会利益、在经济上独立于媒体的商业利益的专业地位，使其在社会地位和文化身份认同上把自己定位于像其他的中产阶级职业群体（医生，律师和学者）一样的独立于社会的其他阶级利益之上的"中产阶级"。同时，正如美国社会构建论者格尔·塔克曼（Gaye Tuchman）所论，客观性也是新闻从业人员用于规避例如错过截稿时间、诽谤诉讼、新闻源和上级的责备等职业风险的一套"策略性仪式"。[①]

不过，客观性对西方记者来说也是一把"双刃剑"。为了维护客观报道的表象，记者不得不压制自己的主体性。所以，卢卡奇就曾论及，新闻客观性是资产阶级社会里记者的劳动被"异化"的表现。[②] 最重要的是，客观性在为记者争取相对于政府和资本的独立性提供了依据和自身

---

① Gaye Tuchman, "Objectivity as Strategic Ritual: An Examination of Newsmen's Notions of Objectivity," *American Journal of Sociology*, 77 (1972), 660–679.

② Goerg Lukács, *History and Class Consciousness* (Cambridge, Mass: The MIT Press, 1968), trans. Rodney Livingstone, The Merlin Press, 1971.

社会地位的合法性同时,不仅掩盖了他们自身的社会利益和新闻与权力的关系,而且最终也掩盖了西方新闻与西方占统治地位的政治经济利益间的关系。

三 新闻客观性在国际垄断媒体资本时代的式微与挣扎

客观性的理论与实践的高峰期是 20 世纪中期的美国新闻业。事实上,对"表面客观性"(或"伪客观性")的遵守往往使媒体被动成为官方声音的传声筒。麦卡锡主义时期,麦卡锡的没有事实根据的指控,就是被美国新闻界以"客观新闻"的形式放大和流传,成为主流话语的。而这正也证明了"客观性"实践与反共意识形态不仅没有冲突,而且互为彰显。事实上,如《维系民主?西方政治与新闻客观性》第 6 章所分析的,正是新闻客观性为西方社会主流意识形态在 20 世纪 80 年代以来的普遍"向右转"提供了烟幕。当然,在美国主流新闻体制内部,对客观性理论与实践的修正与反思从来没有停止过。例如,2003 年,《哥伦比亚新闻评论》(2003,7/8 号)就发表长文,检讨美国入侵伊拉克期间,美国媒体奉行的"伪客观性"是如何为媒体不深入调查和传播"官方真理"(如伊拉克有大规模杀伤性武器)提供了方便的。

事实上,20 世纪 80 年代新自由主义意识形态占主导地位以来,随着美国垄断资本对媒体控制的强化和政府放松对媒体的管制权(如里根时代废除了作为客观性核心要求的广播电视"公正准则"[Fairness Doctrine]),以及美国对外政策中出现了更明显的霸权倾向,美国主流媒体在报道中大有连最基本的表面客观性也不顾的新发展。在市场垄断加剧的条件下,在媒体受众市场日益碎片化的背景下,在反恐的语境下,赤裸裸的倾向性新闻俨然已成了美国媒体服务于政府,并在新闻市场中争取观众的法宝。

到了 21 世纪初,美国国家和媒体掌控者对媒体报道的影响在加强,加上美国主流社会价值体系的右翼化,甚至基督教原教旨化,使美国主流新闻的客观独立原则受到前所未有的挑战。2008年4月19日，《纽约时报》发表长篇调查性报道，揭露美国军方是如何通过操纵出现在媒体上的藐视客观独立，实则与美国各大军火商有密切利益关系的"军事评论专家"，从而把一场对伊拉克的侵略战争卖给美国民众。同时，西方媒体中一些基于新闻商业化而发展起来的新闻价值，如注重突发事件、冲突、猎奇与耸人听闻等，又在特定的条件下，起到了"唯恐天下不乱"的效果。新闻客观性的危机与西方自由民主的危相辅相成，构成了我和哈克特在《维系民主？西方政治与新闻客观性》中所论的西方自由民主制度的"双重危机"，也正是因为这样，才有了书名中对西方新闻能否承载"维系民主"重任的疑问。

然而，复杂多面的新闻客观性依旧是西方新闻中的"不死之神"。在我们深感它在报道西藏问题中的虚伪，甚至在反恐旗帜下通过传播"官方真理"欺骗美国民众的时候，又何尝不是上文提到《纽约时报》的长篇调查性报道那样的新闻维系了新闻客观性的真实性？同样是在西方，与美国盛行的被认为是服务于政府权力的"伪客观性"情况相反，在英国，英国广播公司（BBC）曾正是以客观独立为原则和武器，在有关伊拉克是否真的拥有大规模杀伤性武器这一问题上与政府的"官方真理"进行过抗争。

四 新闻客观性、文化共识和对西藏的报道

在日常的报道中，西方主导政治经济势力作为新闻源对媒体的影响，政府日趋高超的操纵新闻的手段，媒体对新闻的取舍和对客观性等职业规范的主动和灵活使用，已经取代了政府的新闻审查。这使西方媒体能占领拥有新闻自由的理论和道德制高点，不仅在"国际社会"中更有合法性和可信度，也使其为西方主流意识形态服务的功效更为隐蔽。而西方国内议会政治框架内的"合法争议"领域的存在，也使客观性不仅能服务于统治精英内部的讨价还价，而且能在特定的条件下为不同社会群体提供干预新

闻报道和影响社会话语内容的有限的机会。

　　在这次对西藏事件的报道中，西方媒体的政治文化意识形态和新闻价值观恰好与这些国家中的一些政治势力希望孤立与分化中国、从而建立世界霸权的策略相辅相成，从而它们的倾向性和客观性的相对性和虚伪性暴露无遗。一些西方媒体的支持"藏独"的煽动性报道使人想起了在美国报业的"黄色新闻"时代，"报业大王"赫斯特（William R. Hearst）为了挑起1898年美国与西班牙在古巴的战争而发给记者的电报指令：你提供照片，我提供战争。如果西方一些右翼势力真的希望分裂中国，进而借"国际社会"人士云集北京参加奥运会之际，帮助中国的一些社会力量进行中国的"颜色革命"的话，那么，这些相对独立于西方政府的媒体，这次几乎充当了这种企图的舆论先驱和我们曾经熟知的列宁的党报原则所规定的"集体鼓动者"。在我所在的温哥华，《温哥华太阳报》的一位专栏作家一篇有关北京奥运的文章的结语就是"西藏队，加油"（Go Team Tibet）。

　　然而，西藏问题不仅仅是中国的主权问题和西方一些势力希望以此为突破口，在中国看到一个听命于西方垄断资本利益的政权的问题。这里还有更深的文化与意识形态方面的问题。正是资本主义现代性和市场经济的负面效应，令一些西方人将西藏理想化。他们希望他们想象中的那种独特的西藏文化能在精神上满足自己的需要，希望在那里找到他们在现代化进程中早已失去的东西。所以，西藏越在整个中国被卷入世界市场体系的过程中走向现代化，她离一些西方人心目中的香格里拉就越来越远。而不平衡的自上而下、从外部到本土的现代化发展模式和商业文化对传统文化的冲击又使阶级、民族和宗教间的矛盾盘根错节。

　　正如温哥华的华裔媒体人丁果在与我的对话中所言，达赖在西方媒体中的形象并不单是一个政治角色，更多的是"心灵导师"的角色，而且这种认知已深入民意的基层中，形成西方媒体深层的预定"共识"。虽然达赖在政治上保守，与西方右翼政客为友，如1999年，他为智利独裁者Augusto Pinochet向英国政府求过情，使后者免于被引渡到西班牙面对反人类的审判,① 但是，在西方主流媒体中，达赖不仅代表自由主义人权"共识"，而且是世界级的精神文化领袖。这样，他就成了西方文化霸权的一个重要符号。这正是一些西方媒体认为对"藏独"势力和达赖的报道没有"客观"的必要的深层媒体文化背景。这也是我们不得不面对的西方媒体事实。这一方面显示出达赖及其支持者在西方媒体中的经营的成功，一方面也向中国媒体如何在西藏问题的报道中在国际舆论中争取主动提出了严峻的挑战。

仅仅在维护国家主权和新闻道德层面上对西方进行回应是不够的。虽然简单的中西方二元对立能强化文化民族主义的情感，但是，这掩盖了、也无助于解决在资本主义市场体系已触及世界每个角落，包括位于世界屋脊西藏的今天，人类文明所面临的一些共同问题。其实，现代化与传统文化、经济发展与环保、主流社会与少数族裔的多元共存是全球性的问题，在美国，在欧洲、在中东、在拉美，在世界每个地方都存在，是东西方都需要共同面对的问题。对西藏的报道，跟对中国其他问题的报道一样，有必要探索和寻求全球视角。仅仅捍卫中国的主权，仅仅挑战西方新闻客观性的虚伪和西方话语霸权，是不够的。在全民族讨论"中国崛起"的道路的关键历史时刻，西藏问题给我们带来了对现代性问题和中国发展道路问题的全局性反思机遇，也为我们在超越西方文化中心主义和挑战国际资本主义政治经济霸权中寻求全球正义提供了契机。

五 展开我们对新闻传播研究的新想象？

新自由主义全球化和网络的兴起不仅成就了跨国垄断资本媒体内容的全球化，而且成就了美国媒体制度和自由主义媒体理念的全球霸权。本文开篇所叙的我们在"新启蒙"过程中对传统马克思主义新闻理论的逆反和

---

① 达赖童年从师于德国纳粹分子 Heinrich Harrer，并与其一直维持朋友关系。见 William Engdahl, "Why Washington Plays 'Tibet Roulette' with China," 5 April 2008, http://www.engdahl.oilgeopolitics.net/print/Why%20Washington%20Plays%20Tibet%20Roulette%20with%20China.pap.pdf。

《报刊的四种理论》在这一现有的批判的武器已失去其说服力的语境下以"供批判用"的名义的出版、从而或多或少正面影响一代学人的理论框架的过程何尝不是这个世界历史过程的一部分。① 然而，就像我当时的"第三世界国民"的自我身份定位使我直觉地带上中文版的《多种声音，一个世界》去西方留学一样，我们的"非西方"身份使我们无法接受西方媒体在西藏问题上为我们预定的"共识"。在霍尔所分析的三种解读定位中，我们许多人做了一次在总体上接受西方新闻传播理论上的"主导性代码原"（dominant code）的前提下，对其某一具体新闻报道表达异议并就其进行商榷的"活跃受众"。更具体地说，我们是用西方客观性原则的普遍性来"协商"特定的西方新闻内容的。

有一种意见认为，西方媒体报道西藏事件之所以不顾事实和客观性要求，部分原因是因为中国不开放媒体采访。当然，如果中国在新闻报道领域能够更加开放，就能够占据国际舆论的道德制高点。将真实的中国呈现给全世界，是打破西方媒体对中国妖魔化报道的重要途径。② 但是，如果接受本文以上的分析，那么，中国不开放对西藏的新闻采访，就不是西方媒体在报道中违背客观性基本要求的充分理由。有大量的实证研究表明，西方媒体对国际问题报道，尤其是在人权问题报道中有明显的双重标准。③ 一个国家会不会被西方媒体妖魔化和污名化，与这个国家的政权的性质有关，而这里最关键的是这个国家的主导力量是不是维护西方（主要是以美国国家为核心代表的国际垄断资本）在该国的利益。这不是为新闻审查

---

① 虽然这本书是以供批判资产阶级新闻理论之用的名义作为内部非正式出版物出版的，但是，当时我们自己现有的可作为其批判的武器传统马克思主义新闻理论已失去其权威性和说服力，而我们又没有西方马克思主义理论和其他批判理论这些新的思想资源可以利用。就是在这样的语境下，我们一方面引入了美国极其意识形态化的冷战"新闻理论"；一方面引入了"科学"与"客观"的美国实证传播学。我们的新闻学与传播学之争不但没能在理性和学术思想的层面上检讨这其中的矛盾与不可调和性，从而激活我们构建新时期的社会主义传播学的学术想象，反而变成了学术权利之争。

② 《环球华报》编辑部：《西藏暴动报道事件的思考》，《环球华报》2008年4月4日（http://www.gcpnews.com/articles/2008-04-04/C1063_21787.html）。

③ 这方面最有影响的研究是 Edward S. Herman and N. Chomsky, Manufacturing Consent: The Political Economy of the Mass Media 2nd edition (New York: Pantheon, 2002); 对本研究的修正，见 Colin Sparks, "Extending and Refining the Propaganda Model," *Westminster Papers in Communication and Culture*, Vol. 4: 2 (2007), 68–84。

辩护。

　　这不免要涉及对西方新闻理论与实践中的另一重要原则——新闻自由——的理解。在把西方新闻客观性当作官方新闻理论的对立加以理想化的时候，我们也把西方的新闻自由抽象化和去历史化了。我们崇拜美国的第一宪法修正案，向往它所体现的自由主义境界，甚至暗暗希望它成为"普世"法律。当然，我们更景仰美国国父们的伟大、英明和民主精神。但是，我们好像缺少对新闻自由尤其是我们所理解的美国第一宪法修正案所规定的负面自由的法理的、历史的和社会的认识。

　　事实上，在美国，新闻传播学者对第一宪法修正案的历史研究和当代批判从来没有中断过。例如，一方面，我当年在加州大学圣迭戈分校时的另一同事、自由主义传播学者麦克·舒德森的历史研究证明，第一宪法修正案原本规制的是国会和州议会的分权问题，而不是国家要不要和有没有管媒体的权力的问题。也就是说，第一宪法修正案的本质是联邦主义，而不是自由主义。正因为是这样，"国会"是这句话的主语。① 另一方面，批判学者如麦切斯尼在其颇有影响的 *Rich Media, Poor Democracy* 一书和新书 *Communication Revolution* 中强调，对第一宪法修正案一直有不同于自由主义（libertarian）的法理解读和法院判决案例。最重要的是，它并没有为新闻自由成为垄断资本不受国家出于公民民主自治的要求对媒体进行规制的挡箭牌提供合法化的武器。民主，不是私人媒体拥有者对媒体作为社会传播机构的私人控制和不受国家政策干预的自由，才是第一宪法修正案体现的最根本的原则。用麦切斯尼的话说："共和国的缔造者们没有用第一宪法修正案来为一个由公司运作的、以牟利为目标的、以商业化为驱动的媒体制度授权。"② 这不是否定各种社会力量为自己的新闻自由而抗争的历史正义性，而是因为我们不得不面对自由的主体问题，也即"谁的自由"和一

---

① Michael Schudson, *The Good Citizen: A History of American Civic Life* (New York: The Free Press, 1998), p. 73.
② Robert A. McChesney, *Communication Revolution: Critical Junctures and the Future of Media* (New York: The New Press, 2007), 118. Robert McChesney, Rich Media, Poor Democracy Urbana: University of Illinois Press.

个特定的社会中的话语权的分配——也即平等的问题。

在西方批判学者反思西方新闻体制和基本原则，希望按照民主和参与的精神"重造媒体"并领导和参与各种方兴未艾的以媒体民主化为目标的"媒体改革"运动的时候①，国内的许多学者一边忙于建构以"美国主流"为基本参照的新闻传播学，一边把西方垄断资本媒体的新闻理念当普世理念在中国不加批判、不分社会制度地弘扬，而媒体商业化的压力和"做大做强"的产业取向又在客观上引导学者和学生们强化唯西方垄断资本媒体马首是瞻的倾向。

今天，我们在西方新闻客观性的框架下做了一次"活跃的受众"；明天，我们是照旧做着客观专业的新闻传播学术，并希望就此与"西方主流"接轨，还是重新审视我们的新闻传播学的基本理念并构建我们对中国新闻传播制度的新的学术想象？再说，什么是西方学术主流？我们如何认定？靠论文数量抑或是论文影响？我们又如何定义西方的"核心刊物"？我们在确定本领域的"西方主流"时，有没有想过，与自然科学领域不同，在本领域，其实学术专著也是重要的、也许更重要的出版？我们已经翻译出版了不少西方批判传播学术专著，我们如何使这一学术资源与构建新的、立足于中国的同时也超越帝国主义和符合全球正义的华语新闻传播学术？

结语：我这个"华裔传播学教授"的反思与困惑

在本文中，我一直在构建"我们"这个华语传播研究共同体，而"美国"又往往与"西方"混用，这使我这个身在加拿大的华裔传播学人很不自在。我之所以选择"我们"，不仅因为此时我用中文写作，而是因为我发现，即使用英语写作，我依然下意识地感觉到华语学术政治的存在。

---

① Robert A. Hackett, William K. Carroll, *Remaking Media*: *The Struggle to Democratize Public Communication* (New York & London: Routledge, 2006); Robert A. McChesney, *Communication Revolution*; Robert A. Hackett and Yuezhi Zhao, *Democratzing Global Media*: *One World*, *Many Struggles* (Lanham: Rowman & Littlefield, 2005).

1995年夏，我写完博士论文。当时，凭着对西方批判理论和"新左派"历史的认知，面对中国传播领域市场自由主义和市场权威主义结合的现实，我想在论文的结论里呼吁，中国需要一个"新左派"。然而，我没有勇气让自己跟"左"字沾边，在论文里没有，在以论文为基础出版的书里也没有。当时，我不是怕因"政治不正确"而在西方通不过论文、找不到工作——在我的学术圈子里，西方马克思主义是"主流"——而是怕在"我们"这一共同体里被扣上"左"的帽子。回望历史，几年后我才明白，不管被扣者喜欢与否，当时，中国的"新左派"事实上已经呼之欲出了。更令我反思的是，当时，我怕的不是中国国家的权力，而是华语学人自己的话语权利。

我是中国农民的女儿。我是中国改革开放和20世纪80年代思想启蒙的受惠者。我更是美国和加拿大以本国资本利益为基础的劳工与移民政策的得益者。我的外祖父因饥饿死于我出生前的1961年春天。死去前那天晚上，他对给他送萝卜和红薯合煮的汤充饥的儿媳说，明天早上给他做一碗纯红薯的汤（当时红薯比萝卜更稀缺和金贵）。这就是我的外祖父的遗愿。我们的改革开放后的传播体系中有"伤痕文学"和《往事并不如烟》类的精英回忆，但很少有这样的中国农民的故事。更重要的是，如果不是我几年前源于一个偶然机会的追根刨底的"挖掘"，我那并不文盲，也不无知的母亲根本不会主动告诉我外祖父的死因和细节。而即使在她叙述这一切时，她也没有对中国革命和社会制度的全盘否定和怨恨。我不是否定"伤痕文学"和《往事并不如烟》的视角的重要性和解放意义，我只是用一个普通中国农民的故事来说明社会话语权的不平等分配问题。

20多年前，我被公派留学加拿大。今天，我有幸接触到很多国内的年轻学子。他们能接触到的文献比我当年在国内时多百倍，可我怎么觉得他们中有不少人背负着比我当年更沉重的有关做学问的有形与无形的"政治正确"的思想包袱？他们好像对批判理论感兴趣，可他们或多或少担心用批判理论框架定义和研究的问题在国内出不了文章，找不到工作。他们是怕"左"的标签、"右"的帽子，还是别的什么简单化和脸谱化的学术政治咒语？他们是怕"国家"权力、学术权威，还是别的什么权力场域？是已经"尝过了梨的滋味"的怕，还是"沉默的螺旋"式的怕？在我们批判国家权力并把它构建为外在的"他者"的时候，我们是如何在我们自己的学术权利圈子里行使我们每个人的主体性的？这种学术权利与国家权力的关系是单向度和简单重合的吗？在当下的中国，什么样的学术才是"客观的"学术？

（作者单位：加拿大西门菲莎大学传播学院）

（原载《新闻大学》2008年第2期总第96期）

为什么美国媒体会"遗漏"重要新闻?

李希光

这是一条重要的政治新闻,但是当地的主流媒体没有报道。

2016年4月11日,在美国国会前举行反对金钱政治的"民主之春"抗议活动的400多抗议者,在非暴力静坐中被捕。其中的很多被捕者是从150英里外的费城自由钟一路走来。这场抗议的目的是要求结束金钱政治,确保自由、公正的选举。第二天,又有85名抗议者,其中多数是老年人,在高喊"民主不是用来卖的"口号时被捕。这应该是一条重要的政治新闻。但是,当地的《华盛顿邮报》只在本市第三版的新闻简讯里,在一个10岁小男孩骑车被撞了的消息和一个男人逃税被判两年徒刑的简讯后,刊登了一条150字左右的简讯。《纽约时报》、美国有线电视新闻网(CNN)没有报道这条新闻。微软全国广播公司(MSNBC)用了12秒报道这条新闻,福克斯新闻频道用了17秒报道这条新闻。

一 美国媒体的偏见会导致某些新闻被"遗漏"

十多年前,美国畅销书《偏见》通过哥伦比亚广播公司(CBS)和其大红大紫的主持人丹·拉舍的内幕故事,透视了美国电视网文化和美国主流媒体文化。作者伯纳德·戈德堡在CBS当了28年记者,他讲述了美国新闻界内部盛行的一种公司文化,揭露了美国三大电视网在新闻报道中常常一边倒的问题。作者以新闻界一名知情人的角色披露了这样一些内容：为什么美国大电视网的黄金时节会漏报某条重大新闻？美国新闻机构政治上的正确性是如何压倒事实真相的？美国媒体精英是如何与美国社会相脱节的？《60分钟》这样知名的栏目是如何通过记者的偏见扭曲新闻的？偏见是个人的价值观造成的，还是追求收视率、耸人听闻新闻和金钱造成的？新闻既然有偏见，通过何种方式，能够平衡新闻报道？

CBS资深记者伯纳德·戈德堡在这本书里泄露了一个秘密：美国的新闻媒体和美国大多数记者都是有政治偏见的。戈德堡试图在这本书中揭穿了美国媒体的神话，向公众展示，公平、平衡和诚实这些基本的新闻学原则已经从美国的主流电视网消失了。这本书犹如一枚重磅炸弹，让读者清醒地看到，原来记者们报道的所谓事实，更多的是记者们个人的意见。

在好莱坞描写华莱士的《60分钟》的影片《知情人》中，一个香烟厂高级管理人员由于内部矛盾，出来向记者告密。《60分钟》把这个告密者当成英雄，为他树碑立传。但是，一旦新闻界内部有人出来讲述新闻界内部的故事，新闻界就会把他当成叛徒来处置。戈德堡称这是因为媒体对告密者有双重标准。戈德堡指出，美国记者"如果你就新闻报道提出了一个严肃的问题，圈内人就会不喜欢你。他们不会赞赏你。他们认为你是叛徒"。媒体可以随意妖魔化别人，但是，任何人不得与媒体对着干。戈德堡颇为煽情地写道，批评媒体就像"强奸他们的妻子或绑架他们的孩子"。美国三大电视网旗下的大腕节目主持人是这些电视网的摇钱树，他们的形象不能受到任何损害。他们可以就任何有争议的问题，向别人提出最尖锐的甚至难堪的问题，但是别人不可向他们提出任何疑问。

二　美国媒体的新闻策划会"遗漏"某些事实

要认清美国媒体的真面目，其中有几个基本的观察媒体的出发点：人们每天看到的新闻不是客观的；新闻是构造出来的，不是客观报道出来的；新闻是传递观点的，不是报道真相的；新闻报道是有立场的，不是满足人民知情权的，必要时会凶狠地埋葬新闻真相；媒体是商业企业，新闻是商品；媒体对新闻的第一时间要求是获取金钱，与满足人民的知情权无关；不同意识形态、不同文化、不同国家的媒体都会采取不同的新闻报道框架、不同的新闻语境、不同的新闻立场。

新闻自由意味着记者对事实负责，而不是对媒体老板负责。但是，在一个高度商业化和资本操控的媒介社会里，记者对商业压力的责任大于对社会的责任。记者的首要读者是自己的老板，记者期待满足媒体老板、主编、制片人、投资者的偏好；记者在新闻报道中不是一个有自由思想的人，他是一个严格按照媒体内部组织机构的潜规则进行报道的人；记者的独立性受制于新闻同行、新闻圈、新闻编辑部的报道立场和框架。在今天的网络舆论场里，新闻产品是媒体和网络公司内部选择的结果。新闻生产部门要预测选题、策划采访对象。从本质上看，新闻不是客观、独立的报道，是媒体和网络公司主观选择的结果。媒体作为商业公司的特点是，用最低的成本每天有计划地、持续地生产出受众满意的新闻产品。记者作为个人，只是新闻生产机器上的一颗螺丝钉。记者每天做的工作是媒体公司的委托课题，通过采访谁、引用谁的话、导语和标题的构思、语境的烘托，来满足客户的好奇心。媒体老板决定什么样的新闻优先刊播，这种作用也决定了什么新闻重要、什么新闻不重要。媒体公司宠爱报道符合自己框架和议程的政治家、新闻事件、问题等。媒体经常采用的报道手段是，强化一种信源、重点报道一个人（英雄或坏蛋）、突出展示一类观点。

为什么媒体和记者做不到客观报道呢？我在上课时，常常对新闻进行政治解剖，并不断问学生这样几个问题：这条新闻是给谁看的？换句话说，这条新闻的消费市场在哪里？这条新闻是谁讲述的？换句话说，这条新闻是谁透露的，其立场是什么？在这条新闻中听到的是谁的声音？在这条新闻中，没有听到谁的声音？这条新闻使用了哪些正面的或负面的新闻用语？这些新闻用语对谁有利？这条新闻会给谁带来政治上或经济上的好处？换句话说，该新闻产品制造背后有无利益集团的政治或经济动机、隐藏议程？记者是否使用了模式化报道或新闻八股？如把复杂的事件或冲突简单化、标签化为"好人"与"坏人"或"天使"与"妖魔"的斗争？谁是这条新闻的赢家，谁是输家？

新闻解剖的结果，找不到一条纯客观的新闻。客观报道是我们追求的理想，新闻自由是我们追求的目标。但是，没有绝对的客观和绝对的自由。绝对的新闻自由应该是这样的：CNN 报道萨达姆被捕，布什对此发表半个小时演讲，与此同时，CNN 还需要在同一屏幕上给萨达姆半个小时的演讲时间，请他对自己的被捕发表评论。这样一种新闻自由和客观报道，无论在技术上和政治上都是无法实现的。无法实现纯粹的新闻自由，是因为新闻本身不是绝对的，新闻是相对的。新闻的价值判断受制于新闻发生的地点、媒体所在地、媒体的受众构成等因素。因此，CNN 从美国的国家利益、国家安全、受众需要出发，播出的新闻对美国是重要新闻，但是对于中国观众来讲就不一定了。

三　美国大公司和媒体自身利益决定"遗漏"什么样的事实

2016 年 4 月，威瑞森通讯公司 36000 工人罢工，要求保护工人的权益。美国大媒体的报道显示美国大媒体和劳工之间在话语权方面的极端不对称。通过统计分析《纽约时报》、《华盛顿邮报》、网络媒体巨头 BuzzFeed 和网络新闻媒体 Vox 有关这场罢工的报道发现，威瑞森公司老板的声音是工人代表声音的两倍之多。

在《纽约时报》的四篇报道中，威瑞森公司管理层的话被引用 8 次，工人的声音被引用 4 次。在《华盛顿邮报》的两篇报道中，公司管理层与工人的声音被引用的比例是 6∶2。网络媒体 BuzzFeed 发表了三篇报道，公司管理层与工人的话被引用之比是 13∶7。另一家大网络新闻公司 Vox 只发表了一篇报道，报道中四处引用的话都是出自公司管理层之口。为什么在媒体上听到的公司管理层和工人代表的声音差异这么大呢？威瑞森市值 2120 亿美元，有一个强大的公共关系机器，而工会和工人们是雇不起公关公司的。

即使某个有良知的记者试图平衡地报道双方的声音，但是，在这种不对称的权利面前，记者很无奈。新闻报道需要直接引语，而大公司总是有公关公司为其准备源源不断的高质量的直接引语。

媒体不会揭露自身隐藏的问题。马萨诸塞州萨勒姆大学历史教授、《不留记录：移民是如何变成非法的》一书作者阿维娃·乔姆斯基在《反策划》网络杂志讲述了不久前发生的《波士顿环球报》报纸派送工人罢工事件。《波士顿环球报》决定把报纸的派送工作转包给一个新公司，因为这家新公司的价格更便宜。美国报纸的发行和派送通过转包形成了一个庞大的商业行业。送报的人开车送报线路不仅远且复杂。无论天气何其恶劣、条件多么差，一年365天，每天从凌晨2时到早上6时，从不间断地送报。送报工人不仅工资极其低廉，而且要用自己的汽车、买自己的保险。结果，今天在美国送报的多是没有记录的非法移民。送报成了一种暗藏的地下经济的一部分。《波士顿环球报》这样做的目的就是，尽量减少劳务成本，少付工人钱。这种送报体制跟媒体人每天声称的调查新闻、揭露社会黑暗面正好相反，因为报纸依赖的正是它自身暗藏的不公的分配制度。

四　美国的外交政策决定媒体"遗漏"什么样的事实

美国媒体不会报道"敌国"做的善事。美国媒体在报道美国历史、盟国的历史时，常把一些邪恶的做法当成道德的。而在报道官方指定的敌人时，则总是不可救药的，从来都是干坏事的。例如，奥巴马作为美国首位总统今年春天访问古巴时，美国媒体就"遗漏"古巴长期以来向海外危机地区派遣医生救治伤病员的故事。为什么不报道古巴干的好事？因为这是古巴，是卡斯特罗的国家。

古巴过去100多年里一直是美国外交政策的重点。美国历史上十几次入侵古巴，最近的一次是1961年。美国外交政策的目标是采取一切手段，合法的或非法的，公开的或秘密的，暴力的或非暴力的，企图推翻古巴政府。奥巴马在古巴的记者会上说，美国承认古巴人民选择自己的政府和自己的未来的权利。这是令人吃惊的美国领导人的声明，因为此前，美国从来不承认古巴人民决定自己未来的权利。1959年古巴人民起义推翻独裁统治时，美国发现控制不了卡斯特罗，决定不支持古巴人民自己的选择。根据美国揭秘的政府文件，美国国务院希望古巴革命带来的变化是美国政府能接受的，美国和古巴能持续过去的关系，保护美国的商业利益。但是，美国政府发现古巴人在这方面完全不合作。当时的美国国务院助理国务卿说，"所以，我们要决定是否让这场革命成功"。

在古巴革命成功后，美国通过USAID（美国国际开发署）的秘密行动，向那些旨在更迭古巴政府的项目提供资金支持。美国的主流媒体积极配合美国政府在拉丁美洲施行的反左翼政权的外交政策。例如，《华盛顿邮报》在报道2016年3月奥马巴访问古巴和阿根廷时的文章《奥巴马在阿根廷将鼓舞南美远离左翼》中毫无掩饰地说，"他（奥巴马）在南美政治变革的划时代的关头来访了。在左翼领袖靠与美国对着干获得的民粹支持并统治十多年后，这个大陆回到世界的中央。奥巴马要力推南美一把"。哥伦比亚广播公司更是把阿根廷前左翼执政党领导人基什内尔总统和克里斯蒂娜总统等同于美国官方的敌人伊朗、古巴和委内瑞拉。

美国的主流媒体的新闻标准和价值观：亲美意味着友善，反美意味着邪恶。美国媒体判定一个国家是否亲美，是看这个国家是否按照美国的意思去说、去做。巴西工人党减少了这个国家55%的贫困人口，委内瑞拉、玻利维亚、厄瓜多尔和乌拉圭进入21世纪表现都很出色，但是美国媒体依照意识形态和美国外交政策判断，他们是左翼政府，他们不反对自己的国家，他们捍卫自己的国家利益、反对外来干预，因此被媒体认为是反美的。美国媒体的新闻价值判断是意识形态决定的。他们反对所有的左翼政府，支持委内瑞拉、洪都拉斯的军事政变和乌拉圭的议会政变。巴西总统罗塞夫面临众议院弹劾，那些提议弹劾总统的议员们本身就是正在被调查的腐败分子。但是，美国的精英媒体在报道中，非常简单化地说，政府受到腐败指控，人民在抗议政府。美国精英媒体跟其一贯立场一致，毫不掩饰地表现出对拉美左翼政府的厌恶，不厌其烦地丑化这些左派政府。但是，美国精英媒体"遗漏"了巴西同时在发生的大规模的支持总统的游行。

为什么美国媒体总是"遗漏"沙特阿拉伯的负面新闻？沙特阿拉伯不具备美国的盟友的任何特征，比如，不与美国共享价值观和意识形态。为什么美国政府和媒体在民主、人权等诸多问题上"遗漏"沙特的故事？美国政府对盟国和敌国的定义成为媒体报道这些国家的态度和基调。当政府称某国为盟国时，媒体迅速将这种关系定位为"我们"，当政府称某国为敌国时，媒体迅速称其为"他们"。媒体对"我们的人"总是像对待客户一样谨小慎微。"我们的人"本质上就是"我们的客户"。美国总统奥巴马访问过四次的国家在世界上屈指可数，但却四次访问了沙特。沙特成为美国的盟国，这是因为沙特是美国武器的大客户。除此之外，阿拉伯的君主们维护了美国在阿拉伯国家和波斯湾的军事存在，确保中国和俄罗斯等大国无法在这个地区立足。

五　美国媒体配合政府军事行动"遗漏"某些事实

在阿富汗战争第一年，美国在阿富汗投了至少18000枚炸弹，但是美国媒体在阿富汗战争中基本上没有报道平民的消息。这种做法是美国国防部的一种宣传政策。当年《华盛顿邮报》一篇文章说："阿富汗老百姓在经历了许多的内战和暴力后，对于平民的死亡不会过于悲痛。"美国军方发言人说："由于美军没有地面人员，所以无法核实平民伤亡。"他们为什么不报道平民伤亡呢？真的无法核实吗？其实每一次轰炸，美国都有情报人员向中央情报局报告。1999年，在发动袭击南联盟的战争期间，美国国防部不断地对新闻界说，有成千上万的阿尔巴尼亚人被塞尔维亚军队伤害。虽然美国在科索沃没有地面部队，但他们在作出这种伤亡估计的时候毫不犹豫。当然，对于科索沃阿尔巴尼亚人伤亡人数的夸张报道可以理解，因为它是为美国在北约发动军事进攻、推翻南斯拉夫政府而采取的宣传策略。《时代周刊》的记者汤姆森（Thomson）说了一句很有意思的批评美国政府封锁新闻的话:"安德逊会计公司在安然公司丑闻中做审计工作,而我们记者成了这场战争的审计员。"

在当前的叙利亚内战中,报道中央情报局武装支持的叙利亚"温和派反政府武装"时,如何"遗漏"这些反叛武装跟基地组织的分支机构努斯拉阵线和叙利亚自由军有着密切联系的这个敏感事实,这是令美国媒体深感头痛的事。奥巴马长期以来坚持说,美国支持的反叛武装独立于努斯拉阵线。而事实是,由于美国不喜欢俄罗斯和伊朗支持的叙利亚阿萨德政权,美国政府就依赖这些反叛武装跟努斯拉阵线发动联合攻势向叙利亚政府施加压力。美国早在2013年把努斯拉阵线列入恐怖组织名单,但是美国几乎没有对努斯拉阵线发动过任何空袭,反而对俄罗斯空袭努斯拉和美国支持的反叛武装表示抗议,要求俄罗斯停止空袭。美国媒体一直不敢跨越白宫的红线,报道这些反叛组织与努斯拉阵线的组织关系。卡塔尔王室家族出资办的《新阿拉伯日报》去年5月揭露了中央情报局支持的反叛武装在叙利亚西北部的阿勒颇省战场上在努斯拉和叙利亚自由军指挥下,加入了"征服阿勒颇联盟",与这些恐怖组织联手跟叙利亚政府军作战。"征服阿勒颇联盟"盟主早先是努斯拉阵线,后来改为叙利亚自由军。《新阿拉伯日报》说,努斯拉放弃"征服阿勒颇阵线"的领导权,是为美国向"温和派反叛武装"出售陶式导弹铺路,因为美国政府不能支持一个跟恐怖主义组织有直接联系的武装组织。另外,努斯拉阵线允许"温和派反派武装"从美国获得武器,还因为努斯拉阵线和自由军可以某种程度上分享这些武器。回顾美国三大报纸《纽约时报》《华盛顿邮报》和《华尔街日报》有关俄罗斯空袭美国支持的叛军目标的新闻报道,所有的报道都"遗漏"了这些"温和派武装"跟努斯拉阵线的从属关系。只有《华盛顿邮报》记者斯莱在去年10月的报道中说,俄罗斯空袭的几个城镇是"征服阿勒颇"联盟的据点,这个联盟是努斯拉阵线、伊斯兰极端组织和温和组织的大杂烩。但事实上,"征服阿勒颇"不是一个简单的军事联盟,而是一个军事指挥机构。

六　提高媒体素养，识别新闻"遗漏"

　　如果新闻被少数精英媒体和大公司控制，新闻传播将会出现严重的新闻"遗漏"。人们在媒体上，只能听到一种声音。媒体会由民主变成反民主。在大公司控制媒体的时代，媒体为了维护大公司和跨国公司的利益，甚至会不惜埋葬重大新闻事件的报道。作为公共事业的组成部分，新闻事业应保障每个社会成员的言论出版自由，保证人民获得均等化的知情权和意见表达服务。但是，资本控制的媒介市场存在着严重的话语权不平衡。就像乔治·奥威尔在他未出版的《畜牧场》一书的序言中所说，自由国度中的审查制度毫无疑问比专制政体还要复杂和彻底，因为"不受欢迎的观点可以使之陷入沉默，不合时宜的事实可以使之陷入黑暗，而这些并不需要任何官方的禁令"。

　　西方法律界一直在就媒体的公共事业性质展开争论。早在70年前，一起针对美联社的诉讼援引反垄断法对付媒体，提出规范那些在向公众传播信息方面扮演重要角色的公司。当时美国司法部指控，美联社的章程允许旗下报纸拒绝当地竞争对手加入其巨大的新闻网络，从而遏制对手。初审法院同意这个指控，指出，新闻并非普通产品，新闻是一种更"要紧"的产品，"包覆着一层公共利益"。但是，资本控制的媒体和网络会奋起反对任何形式的法律制约。根据规制新闻媒介市场的政治经济学理论，在民主的领域里，被大型私有公司控制的传媒体系的出现，从根本上违背了民主理念中自由报业的主张。

　　一个社会由富裕的私营主控制新闻和媒介的危害，特别是新闻这个民主自治所不可缺少的氧气，如果受到那些从现存的不平等和对现状的维持中受益者的控制就更是危险。比如，若地产大亨入股某个网络与媒体企业，这家网络或媒体就将在追逐利润的途中，反对任何抑制房价的政策。最令人担忧的是，跨行业的媒体投资与经营，将会导致媒体反对任何会损害他们趋于固化的跨行业集团利益的改革新政，并把所有为公众服务的价值观和机制当成自己的敌人。

在今天资本操控的全球网络媒体环境中,制约媒体滥用权利的难度体现在:一是媒体增长的权利,特别是话语权和议程设置权,足以进行政治与社会动员,反击任何制约政策与措施;二是记者对商业压力的责任大于对社会的责任;三是媒体和网络大公司都有自己的意见领袖群,记者在新闻的生产过程中,无法独立报道,他们要追踪资本集团的代言人和意见领袖,从中寻找新闻线索和集团内部接受和欢迎的报道框架和视点,媒体更多地引用政治、经济上的同盟者的信源;四是为了追求利润和效率,资本化的媒体鼓励新闻报道的联动——信息来源和框架全盘同质化,从而使议程和热点越来越趋同。

我们还可以从媒体的房地产广告和有关地产的新闻报道态度中,发现地产商是如何控制媒体的。我们还可以从网络的医药广告和有关医药的新闻报道态度中,发现医药公司如何操控网络媒体的。通过发现媒体背后的经济来源,了解其所属利益集团,可以深化对资本集团控制媒体理论的理解。

(作者单位:清华大学国际传播研究中心)

(原载《红旗文稿》2016 年第 10 期)

追问"新闻专业主义迷思"
—— 一个历史与权力的分析

王维佳

自 20 世纪 80 年代开始，中国新闻学界的知识分子迫切希望完成的一个任务，是为新闻操作设立一套逃离本土历史实践之上的"范式"。这一时期，一个广泛的共识快速地建立：新闻实践只有排除"政治干扰"和"人的因素"，并在新的科学规律普照下才能"走上正轨"。与当时中国社会的其他领域一样，新闻界改革的第一步也是思想上的"正本清源"，并以新的"科学"理论来改造实践。改革早期的学者们虽然还披着"马克思的外衣"，操弄着他们熟悉的马列文本，然而却设立了一套最具形而上学色彩的新闻学认识论。

随着新闻业市场规模的扩张和沿海都市新一代职业群体的形成，"新闻专业主义"的诉求开始被引介和提出，并成为新闻学界和业界理解新闻实践的基本准则和新闻业发展无可置疑的"正轨"。这套强调职业独立性的规范体系究竟有哪些内涵？它的核心诉求是什么？中外新闻学者和中国的新闻记者如何借用这套话语来诠释中国新闻业的状况？本文将在分析上述问题的基础上，回到新闻专业主义产生的历史原境，探究这套理念出现的动因，从而对其进行重新解释。

一 专业主义的伦理诉求与本土政治意涵

参照美国社会学家拉尔森（M. S. Larson）对专业主义的概括，这种新闻业操作的规范体系至少包括三个层面的内容：首先是自我评价层面，从业者将新闻专业与一般职业进行对比，强调专业的独立性、特殊声誉等非凡特性；其次是规范层面，这表现为一种服务导向，它赋予新闻业独特的伦理规范，以此将社会授予新闻业自我规制的特权合法化；最后是知识层面，它要求新闻从业者经过必要的训练以便掌握必备的专业知识和技能。专业的特殊门槛由这三个层面综合构成。新闻业者由此共享一个相对稳定的联盟关系，确认一种身份，维持特定的志趣和对职业团体的忠诚。[①]

拉尔森以上的总结是在全面考察了美国19世纪晚期各个行业新兴的专业主义意识形态基础之上完成的。从她的结论来看，专业主义的核心并不是伦理问题，而是要求独立的政治问题。概括起来，这种意识形态要求在社会与新闻业之间进行一种二元划分：一方面，专业主义强调新闻业应该独立于社会的政治经济土壤，并对各种权力进行监督。由此，新闻业不再是内生于社会文化，而成为社会的外在观察者和监督者；另一方面，专业主义要求在新闻从业者与一般公众之间进行二元划分，强调新闻从业者有着较高的技术门槛，因此他们有资格在信息上服务公众，在民意上代表和引领公众。由此可见，新闻专业主义的逻辑起点和核心内涵就是独立性，它所强调的专业技能和行业伦理无非是在赋予这种独立性一种合法性基础。

具体到中国新闻业的语境，这种独立性诉求便成为一种根本性的变革冲动。从中国本土现代新闻业产生之初，新闻的专业性就一直内在于政治性。从最初的民族自强，到后来的革命建国，再到党性原则和国家建设，社会目标和政治属性一直被置于新闻专业属性之前，新闻传播只是伟大现

[①] Larson Magali Sarfatti, *The Rise of Professionalism: A Sociological Analysis*, Berkeley, Los Angeles, London: University of California Press, 1977, p. x.

代化工程的一个构成部分,并不具备行业独立的合法性和必要性。然而,从1980年代开始,新闻学界和业界就开始集体性地清算这种传统的新闻实践理念,而"新闻专业主义"则成为他们最好的理论武器。

在中国新闻改革的特定时期,新闻理论家和新闻记者们在讨论专业主义时,更多地暗含了对中国社会政治的评价。因此,此时的新闻专业主义阐述又多了一层重构社会政治文化的激进内涵。更重要的是,这个对新闻专业主义话语重新开掘的过程,伴随的是国家向媒体机构下放经营权利的过程,以及新闻业商品化的过程。新闻业双轨制的运行让媒体机构获得了巨大的利润空间,也希求国家在更大程度上的放权,并促成其"独立"融入市场体制。离开了这个历史动力,我们也不容易理解新闻专业主义在中国的兴起和发展。

朱迪·波伦鲍姆(J. Polumbaum)在《十年改革后中国记者的苦恼》一文中调查并探讨了20世纪80年代专业主义和自由主义理念进入中国新闻界的历史动因。[①] 这可算是对中国新闻专业主义理念的最早讨论。文章分析了在"改革开放"这一新的话语环境下,中国新闻记者所表达的,在"威权"与"社会责任""宣传"与"服务大众"等方面的两难处境。从这篇文章的结论来看,此时的新闻记者已经明确地将新闻职业的独立合法性与抽象的新闻自由作为行业发展的必备前提,这与中国现代新闻业的传统理念形成了鲜明对比。在新一代新闻人的观念中,"国家""政府""政党"等分析单元常常被看作是外在于社会公众,甚至与社会公众利益相对立的"威权力量"。而新闻界则被预设为社会公众的天然代表,所谓"人民性"的提出就是明显的例证。由此,新闻从业者"独立""自由"的信息传播活动所面临的若干限制不仅被看作行业发展的桎梏,甚至也被视为民主发展的障碍。这种对新闻传播活动的二元论分析视角既构成了新闻从业者理解自身职业的一种基本取向,也构成了多数关于中国新闻实践和新

---

① Polumbaum Judy, "The Tribulations of China's Journalist after a Decade of Reform", in Chin-Chuan Lee (eds.), *Voices of China*, New York & London: The Guilford Press, 1990, pp. 33-68.

闻记者研究的一个基本前提。

　　类似的分析思路被很多传媒研究者认同和采纳，并广泛地运用在中国新闻工作者的研究当中。例如，潘忠党和陆晔（Pan & Lu）的研究，"专业主义的本地化：中国媒介改革中的多种实践"①，讨论了中国这一"特定环境"下，新闻专业主义所演变出的独特形式。作者借用德赛图（M. de Certeau）在分析日常生活中的权力运作时所提出的"策略"和"战术"这样一对概念，②分析了中国新闻从业者在日常新闻实践中如何在国家威权的体系内临场发挥地实现自己的职业目标。这其中既有合作和规训，也有抵制、规避和拒绝。在这里，国家威权与专业主义之间妥协与对立的二元分析视角仍然非常明显，作者显然在用"专业主义"的理想范型这面"照妖镜"来审视中国新闻记者的"困境"。这种思路实质上暗示了中国新闻实践是专业主义在特殊政治结构中的畸变，由于面临外部力量的限制，而无法完善和伸展行业的伦理规范。

　　以上两个研究案例颇有特点和代表性，因为它们一方面展现了新闻记者的思路，另一方面也暗含了新闻学者看待中国社会和中国新闻实践的思路，并且成为中国国内新闻学者广泛引证和参照的范本。类似的分析有一个总的关照，即将新闻专业主义的行业独立原则看作是中国新闻业发展进步的方向，将无法实施专业主义的实践范式看作是中国新闻业发展落后局面的印证。为了证明"新闻专业主义"的规范是中国新闻业的唯一归宿，新闻理论家们就必须对西方现代新闻业的历史建立一套肯定性的叙事，并确认其基本范型的普遍性和先进性。这种理论逻辑上的需求立刻转化为对外国新闻史，特别是美国新闻史的肯定性叙事上。19世纪特定历史环境下产生的市场新闻业的发展由此被讲述为新闻记者不断独立、不断进取和新

---

　　① Pan Z. & Lu Y., "Localizing Professionalism: Discursive Practices in China's Media Reforms", in C. C. Lee (Ed.), *Chinese Media, Global Context*, London: Routledge, 2003, pp. 215 – 236.
　　② 这里的"策略"指的是从外部强加给个体的一套思维和行动框架，个体符合"策略"的行动是他们在社会建制（establishment）中合法位置的体现。"战术"是指缺乏权力的个体通过自创的、即兴的行为对社会建制进行偷袭，从而在建制的空隙中找到其自由行动的机会。这样，"战术"就成了用来抵抗和躲避既有规则的"弱者的艺术"。参见 Certeau Michel de, *The Practice of Everyday Life*, trans. Steven F. Rendall, Berkeley: University of California Press, 1984。

闻业逐渐走向自由和繁荣的过程。由此，美国主流新闻史教科书中那种简单粗糙的进步主义观念终于在中国找到了最大的倾销市场。

在这些历史文本中，市场新闻业的发展史成为一个"迷思"。迷思与假象不同，为确立"专业主义迷思"而建立的历史叙事不必然与事实相悖，但是却将复杂而多样的历史事实按照特定政治判断选择、组合成一整套英雄主义的故事。以最为典型的美国新闻史叙事为例，其鲜明的特点有三个方面：

首先，这些叙述基本局限在新闻业发展内部：技术进步、产业发展、新闻业自律意识提高、专业水准提升等表象显然是"进步"的最好例证。这种媒介中心的视角完全忽视了美国"变革年代"的经济、政治变动对中产阶级职业群体和新闻业产生的决定性影响，因而也就无法在社会史的意义上理解新闻专业主义的历史根源。

其次，这些叙述完全以新闻业作为一种职业的独立合法性为出发点。因而他们的分析只看重记者的具体采编工作和进步职业理念，而完全忽视了新闻记者抽象劳动过程的巨变，例如新闻业分工的细化、新闻采集网的形成、新闻产品的标准化、新闻的产业化与科学管理体制的引入等。脱离了中产阶级职业群体的经济处境和劳动状况，当然就无法全面把握新闻专业主义的意识形态性。

最后，肯定性的叙事也忽视了文化保守力量对市场新闻业的口诛笔伐。因此难以理解新闻专业伦理的提出在很大程度上是新闻业者塑造自我认同，被动回应批评压力的结果。

本文将回到美国新闻业发展的历史背景，通过补足这些新闻史叙事框架之外的内容，赋予新闻专业主义新的内涵。

二 专业主义产生的历史原境

19世纪后半期美国持续的经济变革和社会变革使得新闻记者的社会角色和工作状态与大众新闻业初创时期有了质的变化。正如舒德森（M.

Schudson)所言,"新闻某种程度上是 19 世纪 30 年代的'发明',而记者则是 19 世纪八九十年代的'社会发明'"①。与此同时,按照内罗内(J. Nerone)的观察,"一种支配性的新闻业范型也在 19 世纪末 20 世纪初被职业记者所确立"②,此时的新闻业与其他行业一样,加入了遍及美国的专业主义运动。③ 由此,新闻记者作为一个有影响力和团体意识的都市中产阶级职业群体才真正登上了历史的舞台。

这一新闻记者群体产生和"独立意识"的形成过程刚好对应着美国社会的一场巨变。美国内战结束后,东部的大型工商企业和银行家开始成为美国经济的绝对主导力量。通过土地的国有化和重新拍卖,巨额资本迅速地攫取了西部土地资源,并依靠铁路、能源、林业、矿产等大型工业企业实现了"资本落地"。这一过程最核心的特征就是资本的集中和产业的垄断。美国内战前后的历史不是承接性的和进步性的,而是一种彻底的结构颠覆,托克维尔在 19 世纪三四十年代提出的"美国式民主"和"天然的平民社会"此时已经难觅踪迹。资本下乡、农民进城、工商业大都市的迅速膨胀、大型企业集团的垄断、科层制管理和工资劳动的兴起……19 世纪后期到一战前发生在美国的剧烈社会变动,使建立在经济自主性和劳动过程自主性基础上的"小业主共同体"的民主时代一去不复返了。

美国新闻业的发展在多个层面受到这种宏观社会变革的影响。由土地、资本集中和经济转型催生的产业集团化和城市化带来了广告与公共关系业的繁荣、传播技术的革新和劳动人口的增长,这些因素极大地改变了 19 世纪晚期美国新闻业的面貌。我们可以用"新闻的产业化"来形容这一过程。它表现在发行量和广告额的激增、新闻业资金门槛的提高、报业经营形成集团化管理和行业细分,等等。随着一座座报业大厦在纽

---

① [美]迈克尔·舒德森:《发掘新闻:美国报业的社会史》,陈昌凤、常江译,北京大学出版社 2009 年版,第 55—56 页。
② Nerone John, "The Historical Roots of the Normative Model of Journalism", Journalism, 2012. 0 (0), p. 2.
③ Cronin Mary M., "Trade Press Roles in Promoting Journalistic Professionalism: 1884 – 1917", Jounal of Mass Media Ethics, 1993, 8 (4), p. 227.

约和芝加哥等大都市拔地而起，此时的新闻业已经与19世纪30年代兴起的"便士报"不可同日而语，而新闻记者的构成和劳动状况也发生了根本性的改变。

美国社会中的中产阶级在总体上从自由劳动转向了工资劳动，这一变动极大地改变了美国社会中坚力量的心智。他们对劳动过程的把握能力和自我支配能力相应地下降，对体制的依附性则相应地增强。在美国传统的共和主义者看来，经济独立对于公民身份来说是必不可少的。靠雇主付工资维持生活的人，很可能缺少道德与政治上的独立性，因此很难被认定是自由公民。[①] 在这个意义上，19世纪晚期经济变革的一个重要影响是美国式民主基础的丧失，以及政治权力向大资产拥有者集中的趋势。

在新闻界，这样的趋势同样明显。在劳动过程中，具体的表现就是分工越发细化、科层制管理越发精致，塔奇曼（G. Tuchman）讲的新闻网络开始形成，即新闻生产出现了地理边界化、组织专门化和部门分工化。[②] 新闻记者按照各自不同的分工，被分派到新闻网络中的各个网格上，进行十分具体的工作。他们的行事规范不是对事件社会意义的整体观察和判断，而是按照"新闻价值"和"标准化的新闻采写规范"来确定自己选择和加工的信息能否顺利地刊登和售卖。这种产业分工和科学管理的一个直接结果是新闻记者丧失了对社会问题的综合判断意识，也丧失了对新闻生产的总体性把握和对自身地位的结构性认知。这使得他们无法从新闻商品生产的角度理解自己的工作，却转而提出一套伦理规范和"专业独立意识"。

这一过程中，一个非常明显的表现是知识分子对"脑力劳动"和"体力劳动"的区分，新闻编辑部的雇员认为他们从事着比印刷部门和发行部

---

① ［美］迈克尔·桑德尔：《民主的不满》，江苏人民出版社2008年版，第198页。
② ［美］盖伊·塔奇曼：《做新闻》，麻争旗等译，华夏出版社2008年版，第48—52页。

门的工作人员更为重要，且高人一等的工作。① 对专业技术门槛和行业荣誉感的强调首先来自经济利益的考量，记者们在行业杂志上抱怨他们与一般劳动者的工资没有拉开距离，没有体现出他们高人一等的职业地位。② 他们显然没有将从事新闻生产的印刷工和发行工当作同样被资本雇用的兄弟来看待，而是不断放大新闻生产分工所带来的社会地位差距。

这种劳动过程和经济地位的变化促成了专业主义的一个重要方面，而专业主义的另一个方面则由"进步主义"时代的特殊思想氛围造成。"社会达尔文主义"几乎是众所公认的这一时期美国社会最主流的意识形态。它由两个看似相互矛盾的方面构成，促成了新闻记者的所谓"客观"和"独立"意识。

社会达尔文主义的第一重内涵是优胜劣汰的进化法则。它鼓吹淘汰弱者，但是却假定整体竞争环境的公平。在一个资本高度集中、社会分层越发固化的时代，这种个人主义、个人奋斗的思想如此不合时宜，却恰好起到了稳定社会、麻痹公众的作用。用杜威的话说，"个体自我选择的理论恰恰是个人无足轻重时产生的"③。在实际的社会运动中，这种进化法则导致任何反对工业资本主义和市场法则的集体性抗争变得不再可能。在19世纪晚期，美国的工人罢工和农民起义事件层出不穷，而无论是保守的信息导向报纸，还是普利策和赫斯特的黄色新闻纸，都竭力渲染这些变革力量的暴力性和非理性。④ 在这个意义上，新闻媒体带有专业色彩的客观性恰好成为塔奇曼所说的"合法化工具"。⑤

社会达尔文主义的另一种观念并不把社会看成是个体构成的松散结构，而是将社会看作是一个不断进化的整体。这种观念认为，社会的进程应该

---

① Cronin Mary M., "Trade Press Roles in Promoting Journalistic Professionalism: 1884-1917", *Jounal of Mass Media Ethics*, 1993, 8 (4), p.227.
② Ibid..
③ [美]迈克尔·桑德尔:《民主的不满》，江苏人民出版社2008年版，第238页。
④ Rondinone Troy, *Great Industrial War: Framing Class Conflict in the Media, 1865-1950*, NJ: Rutgers University Press. 2009, p.61.
⑤ Tuchman Gaye, "Professionalism as an Agent of Legitimation", *Journal of Communication*, 1978.28 (2), pp.106-113, 193, 203-204.

被有计划地干预,建立一套规范的制度,让社会的各个组织协调运转。在城市化的过程中,大量不适应城市生活规则的移民涌入美国,而高层政治和资本家之间又广泛存在贪腐现象,他们常被中产阶级描绘成只贪图私利的权贵阶层。对中产阶级来说,真正能够承担起控制社会、干预历史进程和塑造规范制度的当然就是这群脑力劳动者自己。在这一背景下产生了新闻界著名的"扒粪运动",其中的记者多在没有形成科层分工的杂志社工作,尚能在一定程度上建立对社会问题的总体把握。然而,他们揭发政治和商业腐败,却并不是要改变社会形态和进程,而是希望建立一套透明规范的制度。正是在这个意义上,所谓的"进步主义运动",其实带有明显的保守色彩。例如,当最著名的扒粪记者塔贝尔认识到她的揭露性报道让公众开始将剥削、冷漠、欺凌、压制劳工看作是工业公司管理不可避免的结果,并将唯一希望指向摧毁这个工商业体系时,竟然转而开始写一些商业成就和商业发展的报道,摇身一变成为商业社会的赞颂者。① 同样,1906 年离开 *Mclure* 杂志的一群扒粪记者也转而创办了积极乐观向上的刊物。②

美国历史学家霍夫斯塔德(R. Hofstadter)这样概括扒粪记者的思想特质:首先,他们秉持一种特殊的"事实观"。在扒粪记者的眼里,那些把生活描绘成美好的作品被讽刺和耻笑。对他们来说,"事实"就是粗糙、肮脏、卑鄙和艰辛的,"事实"是隐藏着的、被忽视的、存在于后台的,"事实"是贿赂、回扣、特权和食品掺假。总之,"事实"是彻底无望的与理想世界脱钩的世界;其次,扒粪记者把各种社会问题的症结归结为对法律制度的广泛破坏,只要法规没问题,并被有效执行,那么一切都会好转;最后,扒粪记者承袭了从新教衍生出的广泛的社会责任论和对个人罪责的归咎。③

除了以上所列举的劳动状况和文化思潮的因素,新闻记者建构"专业

---

① Hofstadter Richard, *The Age of Reform*, NY: Vintage. 1960, p. 194.
② Ibid. .
③ Ibid. .

主义"的职业认同和荣誉感还有一层作用就是应对社会精英的口诛笔伐。在黄色新闻业时期，对报纸的批评声音铺天盖地。大量有影响力的知识分子攻击市场新闻业，指责媒体将文化当作生意、迎合低俗品位的做法不仅破坏了文化秩序，而且侵蚀了民主和公共利益。面对这种指责，新闻记者当然很沮丧，也急于为自己的职业正名。然而比记者们更着急的是媒体机构的所有者，他们不仅与记者一样迫切需要为行业正名，而且期望能够凭借记者提出的专业主义这块招牌获得社会的授权，垄断信息舆论的控制权，成为一股强大的政治经济力量。

这里面特别需要强调的是，要区分市场新闻业的两种参与者：一是作为职业群体化身的新闻记者等劳动力；二是作为资本化身的媒体机构。这种区分对于我们理解新闻专业主义的政治和经济影响至关重要。

在美国新闻业发展的历程中，记者行业内对于职业荣誉感和专业性的诉求，迅速地、近乎毫无保留地被媒体机构的所有者们所支持、吸纳、宣扬。普利策这位媒体大亨是其中最典型的代表。他不仅不断发言抬高新闻记者的职业地位，而且不遗余力地投资兴办新闻学院和新闻奖项。

如果没有媒体机构的鼓劲和宣传，专业独立不可能确立为一种广为认可的意识形态。而反过来看，如果没有新闻记者不断呼吁的专业主义这个金字招牌，媒体机构也不可能从社会中获得传播信息和引导舆论的独立授权，从而变成生产各种公共信息和舆论的庞大加工厂。一言以蔽之，凭借着在行业地位上的共识，媒体机构实际上篡夺了职业记者群体的专业主义诉求，变为媒体资本脱离社会控制、独立操控舆论的至关重要的合法性屏障。然而，在前文所分析的美国"新闻产业化"环境中，即在大规模、标准化、成体系的新闻生产网络中，记者的独立自主实际上只能是一个永远无法兑现的理想和被资本力量随意调用的意识形态。

小 结

从以上的历史分析，我们可以清楚地看到，很多构成新闻专业主义最重要的历史因素统统被主流的新闻史叙事排除在框架之外，这导致的一个结果是专业主义所要求的行业独立性被视为现代新闻业的唯一归宿和改造中国新闻实践的范本。然而，美国"进步主义"时代的社会史和新闻史告诉我们，新闻专业主义不仅是特定历史条件的产物，甚至是美国式民主凋敝、传统共和主义精神衰落和新闻生产性质转变的产物。专业主义的核心理念也并不是真实、客观、平衡等天然正确的伦理标准，而是行业独立的政治诉求。只有在特定的历史背景下，我们才能把握它的真正意涵。

回到中国的具体语境下，在"中国媒体属性和管理制度特殊而落后"这一认知前提下，职业新闻人群体很容易更片面地理解专业主义的内涵，构造一种政党控制和媒体独立的二元论。这种思维构成了一套诡辩术：一旦摆脱了国家，媒体就将获得独立，而且会更真实、更客观、更平衡。更有甚者，在巨大的利润刺激下，很多传媒业者和学者直接将融入市场和资本化看作媒体独立的前提。这种观念为媒体拥抱商品逻辑，融入市场机制，迎合资本力量提供了最有力的辩护。

在中国媒体商品化、市场化、资本化几十年的高潮过后，我们发现，媒体机构在表面上确实越发"独立"了，他们构成了中国社会政治舆论领域一个观念趋同、势力强大的权力场。媒体能够制造话题、炒作事件、左右舆论、设置议程，塑造众多关切社会民生的重大问题的讨论方向。任何知识和思想要在公众中传播，必须通过大众媒体这个中介，按照媒体市场特定的形式和观念来完成。然而，问题的关键在于，获得这种表面"独立性"的是媒体机构和传媒网络这些作为资本力量的存在，而不是记者和记者群体这个作为职业力量的存在。相比20世纪80年代的状况，在如今媒体社会影响力越发强大的同时，记者们却越来越像是巨大机器上的一个部件，很难再体现出有活力的多样化思维，他们只能按照媒体市场的需求和媒体机构内部的管理流程来完成自己的工作，对体制的依附性越来越强。

人们似乎恍然大悟，原来热炒了几十年的专业主义，最后获得独立成就的，并不是记者这个职业群体，而是被资本力量附身的媒体机构。这种情况倒是与美国的历史情况颇有几分相似，也是在专业主义这个问题上，最引人深思的现象。混淆职业属性和资本属性是如今理解新闻业的一个重要障碍，认清这一点，才是新闻记者最终获得"思想解放"，追求专业、独立和自由的出路。

（作者单位：清华大学新闻与传播学院）

（原载《新闻记者》2014年第2期）

美国新闻公评人制度：
新闻道德控制的幻象

单 波 陈俊妮

2003年5月11日，《纽约时报》在头版发表长达7000多字的内部调查报告，自揭"家丑"，披露刚离职的"名记"杰森·布莱尔（Layson Blair）在过去7个月里数十次伪造并抄袭新闻。在遭遇了152年报史上最严重的新闻造假丑闻之后，《纽约时报》不仅让执行主编豪厄尔·雷恩斯（Howell Raines）和编辑主任杰拉德·博伊德（Gerald Boyd）下台，而且开始检讨长期以来一直拒绝设立新闻公评人制度、过分相信记者以职业道德自律的做法，终于任命了其历史上第一位新闻公评人（news ombudsman）。从2003年12月1日起，一位名叫丹尼尔·奥克伦特（Daniel Okrent）的作家和杂志编辑开始履行其职责。与众不同的是，在纽约时报社内，奥克伦特的头衔是"公共编辑"（public editor），而非新闻公评人。令人奇怪的是，这家老字号报社一向以爱惜媒介公信力著称，为什么直到此时才跨入新闻公评人制度的门槛？而更使人难以捉摸的是，在世界上率先推行新闻道德规范的美国新闻界，至今只有38家媒体加入了新闻公评人制度。这不得不使人发问：作为提高媒介公信力、维护新闻自由的一种手段，新闻公评人制度为何在美国难以推行？或者说，新闻公评人制度在美国遭遇了怎样的困境？如何寻找新闻传媒的道德控制之路？这是本文试图探讨的问题。

一 新闻公评人的由来

"公评人",这个词的英文表述是"ombudsman"①,这个词最初是瑞典语,指被任命来处理公民对政府行为的投诉的公务员。这一公职于 1809 年在瑞典设立,作为调解公民与政府官员之间关系的政府代言人,公评人通常是独立、公允的,但只有劝告的职权。在美国,公评人这个词得到更广泛的运用,既指被私人组织赞助的任何团体,比如大公司和大学,也指被政府用来调查滥用职权投诉的机构。1969 年夏威夷成为全美首个任命公评人的州。

与政府行为中对公评人的采纳相比,新闻行业其实是稍稍走在了它的前面。早在 1913 年,纽约《世界报》就有一个"维护精确和公平的办事处"②。20 世纪 20 年代,普利策在该报聘请人员从事类似于新闻公评人的职能。"当有人写信、打电话或亲自到报社投诉《世界报》时,这些投诉信息会立即被送到一个设在报社外部的小办公室里,在那里会有有教养的工作人员处理这个情况。"这位工作人员是"上了年纪的绅士,穿着平静而保守,他会优雅而礼貌地接待投诉人,会严肃地倾听,做笔记,并确保'采取相应的措施'"③。应该说这是新闻公评人在美国报业的雏形。

20 世纪 40 年代,美国新闻自由委员会召集各路精英审查新闻媒介,敦促新闻界诚实地面对读者,积极展开批评与自我批评。1946 年 12 月,该委员会发表研究报告《自由而负责的新闻界》(*A Free and Responsible Press*),历数美国报业存在的问题,诸如美国报纸所有权过于集中、可资公众利用的报纸太有限、新闻生产不能满足公众和社会的需要、政府没能尽到管理媒介的职责等,认为交换消息和意见的自由市场被少数大财团控制

---

① "ombudsman"一词,大陆有学者译为"督导员"、"意见调查员",本文采用台湾学者彭怀恩的译法。
② Cassandra Tate, *What Do News Ombudsman Do? Columbia Journalism Review*,May/June 1984,pp. 37 - 41.
③ John Hohenberg, *A Crisis for the American Press*,New York:Columbia University Press,1978,p. 268.

是对民主政治的危害，提出以社会责任来规范新闻自由，在新闻业内部的自我约束过程中通向新闻自由。在某种程度上，这为新闻公评人的导入奠定了思想基础。

1967年，媒介批评家巴格迪坎（Ben H. Bagdikian）首次提出"新闻公评人"（news ombudsman）这个概念，他把这类人的职责定义为"出面替报社发言，为美国报纸最大限度地发挥公众利益的兴趣。"① 同年，《纽约时报》的版面助理编辑拉斯金（A. H. Raskin）发表文章《美国报界出了什么问题？》（What's Wrong with American Newspapers?），认为美国大多数出版商和编辑都有一种"根深蒂固的沾沾自喜"，"自以为是、自我满足、自我庆幸"成为大多数报社的特征。为了扭转这种状况，他建议在每个报社成立一个"内部意见部门来使报社的所有标准处于再检查之下，并在报社的日常运行中充当公众的保护者"。至于这个部门的领导者，"应该给予足够的独立性，能够成为读者的新闻公评人"②。同年6月，受拉斯金文章的启发，《信使报》（Courier-Journal）的主编依萨克斯（Norman Isaacs）宣布聘任赫彻罗德（John Herchenroeder）为新闻公评人③，从此，新闻公评人历史性地登上了美国新闻业的舞台。在这个舞台上，新闻公评人大都由经验丰富、薪水丰厚的老编辑老记者担任，他们大多有大报工作的经历，有大学文凭，有近20年的编辑经验和近10年的记者经验，能获得记者和公众的信任，能娴熟且公正地处理媒体与公众之间的关系。截至2003年年底，在美国有38家媒体聘用了新闻公评人，而且绝大多数都是报纸聘用的，在1993年全国广播公司设立新闻公评人之前，没有一家电视网设有此职。如果说美国的商业媒介系统是一片浩瀚的星空，那么，38位新闻公评人就是闪耀的星辰。我们之所以这样比喻，是因为新闻公评人制度内生于美国的

---

① T. Ben, H. Bagdikian, *The American Newspaper is neither Record, Mirror, Journal, Ledger, Bulletin, Telegram, Examiner, Register, Chronicle, Gazette, Observe, Monitor, Transcript nor Herald of the Day's Event*, Esquire, March 1967, pp. 124, 138, 142–44, 146.

② A. H. Raskin, "What's Wrong with American Newspapers? Public Accountability or Public Relations?" *The New York Times Magazine*, July 11, 1967, pp. 28, 83, 3, No. 2.

③ Onald T Mogavero, *The American Press News Ombudsman*, Journalism Quarterly, Winter, 1982, pp. 59, 580.

商业媒介系统，是作为这一系统的修正机制而存在的。

一般说来，媒介商业体系所体现的商业自由是要通过提高效率来获得利润，而媒介的民主政治功能所体现的言论自由与新闻自由则意在为公众提供民主话语空间。在媒介走向高度商业化和集团化的情况下，这两种自由在法律上产生了尖锐的矛盾，商业自由要求放松控制，以便追求更多的效率，而言论自由、新闻自由要求加强控制，以便遏制商业垄断给民主政治带来的不可避免的伤害。由于这一矛盾的存在，在资本主义媒介体制内，一方面，市场竞争产生着市场审查，那些掌握着媒介所有权和媒介资本的人决定着什么样的产品可以被大规模生产，满足什么样的需求可以实现资本效益的最大化；另一方面，政府放松控制，就产生"媒介寻租"的可能性，形成媒介垄断资本与权力的合作。不管怎样，资本主义媒介体制都无法真正满足公共利益，体现媒介的社会责任。于是，为了寻求自由与控制的平衡，一些媒介人士把目光投向了新闻公评人制度，以期形成对资本主义媒介体制的内在矛盾的修正。与此同时，对深谙实用主义、功利主义之道的美国人来说，媒介采取某种手段进行自我约束，并承担社会责任，是预防政府严厉管制的最佳手段。更为重要的是，在那些聘用新闻公评人的老板们眼里，新闻公评人的确与可信度、责任感等抽象的理念相关联，而这种关联最终都是落实到一个很现实的东西上，那就是资本效益。而对于新闻传媒而言，资本效益的实现不仅仅是经济运作的结果，还需要文化资本和社会资本的支撑，即取得象征性的文化风尚、趣味以及象征性的社会地位、社会认同、公信力，从而最大限度地囊括受众群，或争取到特定阶层的受众群，以此提高广告竞争力。在美国，新闻公评人制度无疑是媒体获取文化资本和社会资本的重要途径。

二 美国新闻公评人制度的运作现状与内在矛盾

虽然新闻公评人已被纳入制度之中，但是这项工作对大部分美国人来说还不那么清楚，而且每一家报纸对新闻公评人的要求都不相同。

美国历史上第一位新闻公评人赫彻罗德的工作主要是将读者的意见写成每日报告送给编辑。到 1970 年,《华盛顿邮报》第一任新闻公评人哈伍德（Richard Harwood）有了公开专栏。从此撰写专栏成为绝大多数新闻公评人的惯例，专栏逐渐成为他们发表意见、发挥影响、与公众联系的纽带。但是他们的专栏文章中道歉多于尖锐的批评，大量文章是解释记者工作的条件是如何困难。有些盯着高深且不着边际的问题，还有些专注于琐碎的事情。大部分倾向于解释而不是调查，而这种解释常常是带有这样的逻辑：我们这么做是因为这是我们做的方式，这是我们的政策。大致说来，新闻公评人主要有三个职能：倾听读者的意见、写内部批评公告以及发表每周专栏评论。一些调查显示，新闻公评人在美国发挥了独特的作用，诸如增强读者对新闻的信任感，帮助读者理解报社的复杂性，提供读者理解报社的途径，并体现出三个方面的功能，即外部功能（树立报社公众形象）、内部功能（对记者编辑工作进行监督）、内部评估（评价报社工作）。[①]

但是，新闻公评人制度的发展并不顺利，新闻学者托马斯（Maggie B. Thomas）曾在 1995 年对新闻公评人制度的持续性做过一次调查，结果显示，大部分曾聘任过新闻公评人的报社其实并没有将这一制度看作是报社的传统或是有效方式，所调查的报社中有 12 家只聘用过一次就取消了这个职位。其重要原因是存在一些反对的声音，一些人认为，新闻公评人不过是好看不中用的花瓶，他们在公众与记者编辑之间设置了一道官僚层，有限的新闻资金应该更好地花在记者和编辑身上。于是，从 1993 年到 2003 年，新闻公评人的队伍只由 36 人增加到了 38 人。[②]

对于一些想设立这一职位的老板来说，有两个难题：第一，许多新闻机构的规模都太小，没有能力保证一个全职的职位来处理读者的投诉，即使是在大的新闻公司，财政限制使得钱更容易花在增加记者和编辑上，而

[①] Surat Kapoor and Ralph Smith, *The Newspaper Ombudsman-A Progress Report*, Journalism Quarterly, Autumn, 1979.

[②] From Sandra Mims Rowe's speech, on the 1998 Philip M. Foisie Memorial Lecture, on May 12, 1998, at the Westgate Hotel, San Diego, Calif.

不是花在聘用新闻公评人上。第二，报社编辑强烈反对聘任新闻公评人。他们认为自己的报社没有问题，即使有问题也可以由他们自己来处理。不过，这些还只是小问题，新闻公评人制度在实施过程中的最大难题还在于这个职位并不具有法律或行政基础，它没有任何有保障的权力。新闻公评人通常都只是建议者，而不是一个纪律执行者，他们没有权力来要求或命令别人做任何事，更没有权力解雇或聘用其他记者，反而报社能够轻易解雇他们。这样，新闻公评人很难获得什么威信。内梅斯（Neil Nemeth）在调查《信使报》新闻公评人时发现，读者大多并不是将投诉写给新闻公评人，而是直接给相关的编辑和记者。新闻公评人很少收到这样的投诉，因为报社是一个"存在权力的地方"，包括更正和道歉的权力。投诉者认为，"如果新闻公评人没有权力处理这些事情，就算知道他们的态度与报社不一样又有什么用处呢？"①

更为尖锐的问题是，新闻公评人能够同时兼顾公众利益与报社利益吗？就角色定位上而言，人们常常把新闻公评人的工作归入公共关系的范畴，因而认为他们本质上是忠实于报社利益的，尽管大多数新闻公评人倾向于忠实于公众利益以及兼顾公众利益与报社利益。如果不改变身份上的依附状态，这种疑问是难以消除的。如果说新闻公评人是为公众利益服务的，那么公众又是怎样看待他们的呢？他们的存在是否让读者感受到了与以往不同的关怀，是否让读者对报纸的印象大为改观呢？一些美国学者的调查结果表明，新闻公评人在积极与消极两方面同时起作用。一方面，他们能使大多数投诉事实错误的读者感受到报社的关怀和尊重；另一方面，由于新闻公评人没有足够的权力改变管理层、编辑记者的意见，所以在某些投诉上，尤其是对报社政策或新闻判断的投诉上，新闻公评人显得软弱无力，而这种结果往往使读者感受到更大的伤害和愤怒，从而加重了对报社的反

---

① Neil Nemeth, *A News Ombudsman as Agent of Accountability*, Indiana University Press; Holding the Media Accountable, pp. 55–67, edited by David Pritchard, 2002.

感。① 与投诉事实的读者相比，投诉报社政策或新闻判断的读者更难得到满意的答复，这是因为对事实的更正可以有一些客观的标准，无论是读者还是报社都能够很容易地对错误达成一致的意见，而新闻政策和新闻判断包含有更深的问题，比如编辑方针、立场态度等，报社和读者很难在这些问题的"错误"上达成一致的意见，新闻公评人没有能力，也不认为应该对管理进行批评。在这种情况下，新闻公评人只能对报社进行有限的、挠痒式的监察，他不可能改变报社运行的方向，不可能满足读者对真正能实现他们的新闻自由的条件的渴望。

按照默格委拉（Mogavera）的观点，新闻公评人制度应该更能影响内部成员的行为，尤其是记者和编辑在新闻道德方面的表现，但是另一位美国学者普理查德（David Pritchard）的研究表明，有新闻公评人的报社记者并不比没有新闻公评人的报社记者更注意自己的道德表现，记者在处理道德冲突时是在高度个人化的基础上依情况而定，不受"外部权力机构"的影响，更不会因为新闻公评人的存在而改变。能够对他们产生影响的主要是新闻媒体的传统以及年龄、性别、政治观念、对自主性的认定程度等因素。② 正如迈耶（Philip Meyer）所言，"无形的规则能深深地嵌入报社的传统中，它们不需要被强化就能轻松地成为记者做事的条件反射"③。假如记者的道德观在很大程度上是他们所工作的报社的传统的产物，而这种报社传统又深深地植根于本土文化和历史之中，那么新闻公评人就很难对记者的道德问题产生影响。

1984年，运转了十几年的全国新闻评议会退出了美国新闻历史舞台，当时的评议会主席认为，新闻媒介之所以反对评议会，其根源在于新闻界从来不愿受任何外界团体的管束，深信能圆满地以自己的方式解决自身的

---

① Lames S. Ettema & Theodore L. Glasser, *Readers' Perceptions of Purpose of Newspaper Ombudsmen Prodram*, Journalism Quarterly, 1988.
② David Pritchard, *The Impact of Newspaper Ombudsmen on Journalists' Attitudes*, Journalism Quarterly, Spring, 1993.
③ *New York*: Longnan, 1987, pp. 24–25.

问题。① 本来，新闻评议会是高举新闻自由的大旗来进行道德控制的，到头来却反受新闻自由之害，如今，美国新闻公评人制度似乎也同样面临这种尴尬局面。

三 新闻公评人制度的问题与出路

美国新闻传媒的内在矛盾是，一方面，记者和编辑在传统上视自己为揭示和传播真相的人；另一方面，媒介的所有人、发行人、管理阶层则寻求在商业中的稳固地位和不断赚取利润。这种既要服务公众又要为其所有人赚取利润的双重角色，给新闻工作者带来了道德问题，制造了"贪欲和理想之间"的张力②。在这种情况下，既需要强制性的法律控制，也需要以自律、教化、规范为特点的道德控制，从而保证新闻传媒在社会体系中的良性运作。新闻道德规范、新闻评议会制度、新闻公评人制度等都是为道德控制而存在的，表现为道德控制的制度化。一般来说，道德控制的制度化作为一种道德约束、规范机制，就是通过公共规则的形式，把必须实施的道德目标、道德理想定型化、标准化，形成某种稳定的规范体系，使道德自律与他律相结合、道德自觉与外部驱动相结合，实现道德的社会整合。③ 这是一种体现公共意志的制度，它以个人的内在道德力量为前提，同时又对社会道德起导向功能、约束功能和维系功能。从这个意义上讲，以维护公共利益为目标的新闻公评人制度应该是具有生命力的。

然而，在美国，至少有三个因素影响了新闻公评人制度的生命力。首先，在商业逻辑和市场规则的强压下，涉及原则性的决策和报道时，媒体是很难考虑到新闻的公共性的。受雇于媒体的新闻公评人不可能在根本问题上从公共利益出发，更不可能动摇媒体的任何重要决策和报道，它与瑞典新闻公评人的原始意义相差甚远，这样的结果不仅让读者失望，也让他

---

① ［美］罗恩·史密斯：《新闻道德评价》，李青黎译，新华出版社2001年版，第28页。
② 同上书，第355页。
③ 饶涛、卢亮：《制度·制度伦理·伦理制度化》，载《武陵学刊》（社会科学）1999年第2期。

们自己感到无力。相比较而言，瑞典的新闻公评人并不属于某一个报社，而是属于所有瑞典报社。所有报社都遵守报纸发行人协会（Newspaper Publishers Association）颁布的统一道德规范，这个道德规范对于准确、隐私和答复权等问题有严格的标准，任何认为报社行为违反了这个道德规范的公民都可以对新闻公评人投诉，由他来进行调查、调解甚至是推荐瑞典新闻委员会来公布违规的报社。这个委员会由一名法官做主席，其成员都是从报纸发行人协会、全国新闻俱乐部、瑞典记者联合会以及公众中产生，其中公众代表占大多数。假如它判定报纸或杂志违规，违规的报纸或杂志就必须公开委员会的决定而且付出3000美元的罚金。而在美国，新闻界从来不愿受任何外界团体的管束，很难劝服所有日报都能签约遵守共同的约束。其次，美国媒体重法律轻道德，重法制轻伦理，往往以法律所保护的新闻自由掩盖非道德性的新闻行为，诸如诽谤、侵犯隐私等非道德行为都可能在"实际的恶意"原则下逃脱道德的追究。一些美国新闻工作者要么认为新闻道德会导致媒介的自我审查，从而无法报道真相，要么嘲笑新闻道德是"精神手淫"。这样一来，道德资源的匮乏就成了美国新闻界的重要问题，如有关调查显示：几乎一半的美国人认为记者不讲道德，一半以上的美国人认为记者滥用了宪法赋予他们的特权。[①] 而一旦新闻公评人制度失去媒介内在道德力量的支撑，失去公众的道德信任，就等于失去了它存在的前提。新闻公评人在角色定位上的矛盾便显示了其内在的道德危机。第三，政治家、资本家、记者和公众的权力关系不平衡使公共利益处于虚无缥缈之中，进而使新闻公评人制度常常失去道德目标，所谓的社会公平和正义难以在新闻传播过程中体现。实际的情况是，新闻公评人制度的运作并未改变这样一种状况：政治家、资本家掌握着对新闻传播过程的控制权，新闻记者得到了职业可信度，而普遍公众只换取了精神上的保障。

另外，新闻公评人制度既然称作制度，就必须具有统一规范。但是至今为止，新闻公评人并没有制度化的规范，在这种情况下，制度化成了摆

---

① ［美］罗恩·史密斯：《新闻道德评价》，李青黎译，新华出版社2001年版，第8、13页。

饰，各个新闻媒体按照各自的方式来处理新闻公评人的聘用、职权、工作方式，即使是全球新闻公评人组织（ONO）也没有对此作出反应。独立的新闻公评人个体很难受到制度的保护，而新闻公评人的整体水平和价值观念参差不齐也就成了必然。期待新闻公评人制度得到法律上的界定在美国似乎是不太可能的，因为它的出现也就是为了抵制外部法律干涉，只有作为新闻自律的手段才得到媒体企业的接受，也只有继续以法律外的形式发展才能得到他们的继续接受，一旦它转化为法律形式，也就违背了它的初衷。这在崇尚新闻自由的美国是不可能实现的。如果美国报业允许以法律形式来确立新闻公评人的独立价值，答应服从新闻公评人的决策，无疑是自断财路，这是控制新闻业的大财团绝对不允许的。美国报业的历史表明，报纸及其现代变种已越来越趋向满足那些自私的资助者的利益，与此同时媒介还在制造不朽的假象，仿佛新闻是为广大消费者服务的。期望新闻媒介发生戏剧性的逆转，指望它们嘲弄那些资助报业的大财阀，就是陷入了最狂热的乌托邦式幻想。

新闻公评人尴尬而模糊的处境，金元主义的社会制度和社会风范，以及由此而衍生的内环境和外环境，都决定了新闻公评人这种道德控制方式是十分有限的，但新闻的道德控制是永葆新闻生命力的重要保障，也是实现新闻自我监督的有效途径，新闻公评人作为新闻道德控制的方式之一，即使有再多的缺陷和模糊，也是有它存在的价值和意义，在美国新闻界普遍出现信任危机的背景下，它在一定程度上弥补了新闻传播的理性与道德，并因此能够缓解新闻传播权力与公众利益之间的矛盾，维持媒体价值目标与社会价值目标的互动关系。

制度的道德性是通过制度的革新、转型与超越使自身更趋合理化来实现的，美国的新闻公评人制度如果能革除媒介商业化、市场化的陋习，变革媒介道德环境，提升媒介内在的道德资源，超越新闻传播过程中的权力关系，确立新闻公评人服务于公共利益的道德目标，改善新闻公评人的组织结构，就会走出目前的困境，否则，难逃新闻评议会的失败命运。

据说《纽约时报》此番设立的"公共编辑"并非永久职务，它仅与奥克伦特签了一份为期18个月的合同,是否在报社内保留这一职务,还要看对这一职务的评估结果而定。看来,新闻公评人的未来并不明朗,而这似乎预示着美国新闻界要继续演绎新闻道德的幻象。

(作者单位:武汉大学新闻与传播学院)
(原载《新闻与传播评论》2014年)

从"雷诺兹特权"案浅析西方新闻的工具性

王丹妮

一 "雷诺兹特权"的起源

在1964年的"沙利文"案中,美国历史上首次提出了政府官员作为公众人物应该接受来自新闻媒体和社会的评论,即便这些评论是错误的,甚至带有诽谤的成分。一旦诽谤诉讼的原告被界定为公众人物,"沙利文原则"自动生效,公众人物必须证明媒体存在"实际恶意"[①]才能胜诉,由于举证难度很大,前者胜诉概率微乎其微。英国很长时间拒绝使用这一原则,直到1996年的"雷诺兹案"成为英国侵权法中的里程碑。其意义相当于美国的"沙利文案"。

1994年11月17日,爱尔兰总理艾伯特·雷诺兹在议会下院宣布辞职。11月20日,《星期日泰晤士报》英国版和爱尔兰版都刊登了长篇调查性报道。英国版题为《再见了,放高利贷的人》,占据几乎整版篇幅。爱尔兰版题为《为何一个撒谎的人难以证明其作为爱尔兰和平缔造者的重要性》,三个版的报道。对于英国版的报道,雷诺兹非常不满意,认为其中略去了

[①] 主审本案的美国联邦最高法院布伦南大法官对"实际恶意"的定义是:明知事实虚假或不计后果地漠视事实的真假。这与下文英国法官说的"恶意"含义是有不同的。

他在下议院对自己政策辩护的内容。看到这篇报道的人,会觉得他是一个爱尔兰和平的破坏者。1996年11月,雷诺兹的案子开始了初审。

被告提出的抗辩理由是"公共利益"。他们认为,关于雷诺兹的文章属于政治性报道,对于政治人物的报道关乎所有人的利益,所以享有"有限特权",不应该受到追究。

在与诽谤有关的法律中,有"绝对特权"与"有限特权"的说法。有些情况下,即使说出来的话未必客观准确,但是言论的权利要高于名誉权,比如法庭上律师、法官与证人的发言,这种言论自由的权利可以称为"绝对特权";大部分情况下,人们只能享有"有限特权",比如为了公共利益,即使新闻媒体有些内容不符合实际,也应该受到一定的保护。

不过,法庭并没有采纳被告的说法。在后面的上诉中,都进行了相同的判决。最核心的判断理由是《星期日泰晤士报》的英国版删减了必要的内容,导致了读者的误解。所以,即使这个报道有关公共利益,但还是不能推卸责任。

雷诺兹由此胜诉。不过法庭判决被告一方赔偿的金额只是象征性的1便士。为了这场胜利,雷诺兹要负担100万英镑的诉讼费,所以他只能算是惨胜。

二 "雷诺兹案"的意义与演进

"雷诺兹案"的象征性惩罚实际上是对媒体极大的鼓舞,称为"公共利益特权"(public interest privilege)[①]。这意味着新闻只要内容关乎公众利益,并且手法是负责任的,就可享有有限特权,即使内容涉及诽谤,也不用承担法律责任。从此"雷诺兹特权"这一原则在英国正式确立。

"雷诺兹案"把"有限特权"推广到与公共利益相关的新闻报道,比起传统诽谤法一味要求被告媒介承担严格责任来,是一个很大进步。如

---

① See Geoffrey Robertson and Andrew Nicol, *Media Law*, Fourth Edition, Penguin Books, 2005, p.128.

果新闻媒介没有被证实怀有恶意,新闻在报道读者极为关注的公众领域的信息时,只要进行了合理的审查,即使不透露消息来源,亦不会因此失去特权保护。受特权保护的两个前提是:一是报章有发表重要而可信的消息的责任,处理也是公平的;二是公众接受这些消息的兴趣也是合理的。如果满足上述两个条件,即使不能证明真伪,也仍然可以受到雷诺兹特权保护。

"雷诺兹案"审慎地推动了诽谤法向过错责任侵权方向发展,现在问题集中在编辑和记者的"主观过错",即是否专业和负责。①

2002年初,《华尔街日报》刊登了一篇报道,其中提到沙特阿拉伯中央银行曾经同意美国政府的要求,对当地一些企业的银行账户进行监控,以防恐怖分子受到资金援助。在报道中,提到了几家企业的名字。其中一家企业的老板贾米勒看到后,认为这篇报道构成了对自己的诽谤,并决定起诉《华尔街日报》。

2006年10月,英国上议院对诽谤案作出终审判决,纠正了初审和上诉时媒体两次败诉的局面。媒体以"雷诺兹特权"进行抗辩,五位大法官一致认为,涉讼新闻内容与公共利益有关,手法也是负责任的,裁定接纳媒体抗辩。大法官还申明"雷诺兹特权"的目的就是在于纠正诽谤法长久以来不利于传媒的弊端,强调在衡量媒体是否负责任时,不能机械套用"十条要求",即:①对当事人(诽谤案件的原告)指责的严重程度;②有关事项受到公众关注程度;③消息来源是否可靠;④发表前是否作过核实;⑤有关事项所处状态,例如是否正处于当局调查中;⑥发表的迫切性;⑦有没有请当事人回应;⑧有没有报道当事人的意见;⑨行文的格调;⑩报道发表的现实环境和时机。要从实际出发,更加具有弹性。② 这被认为是"雷诺兹特权"的新发展。

---

① See Geoffrey Robertson and Andrew Nicol,*Media Law*, Fourth Edition, Penguin Books, 2005, p. 133.
② See Jameel & Anor V. ,*Wall Street Journal Europe Sprl*, [2005] EWCA Civ 74.

三 西方新闻的工具性伴随的沉默的螺旋效应

沉默的螺旋效应即一个人自己的意见在很大程度上依赖他人的想法，或者更确切地表达为一个人对事物的看法非常依赖于对他人意见的理解。也就是说，当公众或者大众媒体广泛传播某些带有舆论强势的话语时，处于舆论弱势地位且带有区别观点的主体会因其害怕被孤立的风险而选择沉默，而正是这种对孤立的不可抗拒性加上西方强势媒体的特殊性，使得很多应该被播放的全方位的新闻信息没有表现出新闻本身应该具备的客观性和真实性，进而使新闻片面成为某些利益或政党群体的统治和传播工具，他们通过掌握媒介这种特殊的资源而实现资产阶级自身利益的最大效益化。

大众传播通过营造意见环境来影响和制约舆论，使某一产物趋同于合理。如引发美国社会骚乱的罗德尼·金事件，是西方新闻工具性上不可忽视的一件事，当洛杉矶电视台（KTLA）把 81 秒长度的现场录像视频剪辑为 68 秒的录像并投以电视画面时，颠覆性地实现了新闻事件的扭转，而当美国有线电视网（CNN）和三大电视网同 KTLA 一同重复循环播放时，其所产生的社会影响不仅引发了黑人和白人间的矛盾激化，更是引发整个社会甚至是当时美国总统布什对该事件的误读和愤怒。KTLA 包括三大电视网在内的大众传播媒体是知道事件真相的，而当他们共同为了特定利益而选择进行偏离事实的报道时，其所带来的让社会产生螺旋效应的强大影响不言而喻，其强势性的传播致使社会上没有人公开站在警察旁边，舆论的导向和旋转的螺旋，均顺遂着媒体的方向认定白人警察枪杀了一名黑人青年。

而"雷诺兹特权"对新闻媒体的保护，就像一个高效赦免牌一样，使得新闻媒体即使存在诽谤现象也可以以公共利益为解释，最大化地降低其责任分担。而当如此众多的事件罗列往复的时候，就会使得螺旋的频率越来越加大，螺旋的形成和效果越发迅速和明显，从而在特定条件下社会会形成某一段相对稳定和统一的意见气候。但值得注意的是，积极的意见是维持社会发展和稳定的有利因素，反之受工具性影响的消极意见也一定会给公众带来强大的负面影响。这就更加把新闻摆在了一个非常摇摆和特殊的位置上。

四 资本主义新闻观下"雷诺兹特权"的虚伪性

"雷诺兹特权"肯定了新闻媒体作为"第四权力"的地位，保护了媒体的舆论监督权。美国第 40 任总统里根在竞选总统时说："新闻自由是我们民主制度的柱石，是全体美国人的自由、公民权利和政治权利。"[①] 以英美为首的西方国家往往声称新闻记者是公正的"法官"，媒体报道不受限制，且报道客观、公正。但他们在实际操作过程中仍是束缚重重。西方国家对新闻媒体的所有权、经营管理权、新闻内容、记者活动范围、新闻的社会影响等都有严格而明确的限制，如不得明显危害国家安全、公众利益，不得煽动推翻本国现存政治制度等，并且要竭力向其他国家输出西方文化。

2014 年 3 月 1 日 21 时 16 分许，在中国云南昆明火车站，一群统一着装的暴徒蒙面持刀在火车站广场、售票厅等处砍杀无辜群众，事件共造成 31 人死亡，141 人受伤。昆明"3·1"事件已查明是阿不都热依木·库尔班为首的暴力恐怖团伙所为。该团伙共有 8 人（6 男 2 女），现场被公安机关击毙 4 人、击伤抓获 1 人（女）并判处无期徒刑，其余 3 人在 2015 年 3 月 24 日被依法执行死刑。这是一起由新疆分裂势力一手策划，有组织有预谋的恐怖分子实施的严重暴力恐怖事件。

而针对这起性质明确的恐怖袭击事件，西方主流媒体却集体失声。路透社将这起恐怖袭击与中国即将召开的全国两会挂钩，CNN 直接将这起袭击称为"政治事件"，报道称，"2010 年和 2012 年也发生了一些事件，但那些袭击发生在学校，并未表现出有何政治关联"。

与之对比的是 2013 年 5 月 22 日英国伦敦东南部格林尼治区的伍利奇

---

① 林珊：《里根背弃了关于新闻自由的诺言》，《国际新闻界》1981 年第 2 期。

当天下午发生的一起持刀杀人事件。当时两名男子先是开车将一名现役军人撞倒，然后用砍刀和切肉刀将受害男子当街砍杀。随后，美国官方宣布这是一起恐怖袭击事件。

西方主流媒体对以上两个事件的表述用语见表1。

表1　　　　　　　　西方主流媒体对于两个案件的表述用语

	伦敦"5·22"事件	昆明"3·1"事件
定性用词		
英国广播公司	恐怖袭击	持刀袭击
美国每日电讯报	恐怖主义	暴力
美国有线电视新闻网	恐怖主义	持刀砍杀
美国福克斯新闻网	恐怖袭击	维汉族冲突
描述用词		
英国广播公司	长久以来担心的袭击	事件
美国每日电讯报	真正的残暴、野蛮	持刀砍杀
美国有线电视新闻网	残暴行为	刺伤大众
美国福克斯新闻网	凶残谋杀	简陋的武器

西方主流媒体在昆明暴恐事件上的一致噤声，以及对待两起恐怖袭击案中用词的不同从一方面说明了西方国家在实际上否定了自己一直所宣扬的"雷诺兹特权"。尤其是从20世纪70年代中期开始，美国开始制定所谓"兼顾新闻界与政府利益的政策"，即战时新闻政策，逐步加紧了对美国新闻媒介的战时新闻控制。①

例如，美国著名的国际新闻记者、普利策新闻奖获得者——彼得·阿内特在接受伊拉克电视台采访时，说了一句"美国的战争计划已经失败"，便被美国国家地理电视台和美国全国广播公司解雇。这在国际上已经是一个公开的秘密，只是官方没有公开承认。这句话让阿内特在美国新闻界失

---

① 齐长明：《美国"战时新闻管制"析》，《人民日报》1999年7月8日。

去了立足之地。

美国"9·11"事件后,时任总统的小布什因瞻前顾后,迟迟没有返回遭到袭击的华盛顿,被《纽约时报》等美国媒体指责为贪生怕死、逃避责任,但那些指责总统的记者很快都陆续被媒体解雇。

按照"雷诺兹特权"的原则,这些记者都没有过错。不过,"控制信息的权力是控制社会的一个主要杠杆"[①],虽然政府没有对他们进行起诉,但是却从根本上掐断了他们发表公共言论的机会。美国社会学家托马斯·戴伊在《谁掌管美国》一书中指出,美国政府虽然没有直接控制新闻媒体,但全国的新闻报道活动都由少数几家大型传媒公司掌握,如美国电视观众接收的全国性新闻,百分之九十来自全国广播公司、美国广播公司及哥伦比亚广播公司,而近两千家日报则每天从美联社和合众社获取大部分全国性新闻。资本的趋利性决定了其新闻媒体无论如何也不可能摆脱资本和集团利益的束缚与制约。例如洛克菲勒家族,美国新闻学者承认:"洛克菲勒家族利用金钱得到了对新闻工具的控制,这个家族利用新闻工具得到了对舆论的控制,他们利用所控制的舆论得到了政治上的控制,他们又利用政治上的控制正在控制美国。"

因此真正的"雷诺兹特权"是要求媒体具有独特的新闻敏感,更要具有强烈的社会责任感。作为信息传播者的媒体,需要以客观公正的态度传播多种事实和意见。如果新闻媒体以"雷诺兹特权"作为屏障,有意无意地掩盖甚至歪曲事实,误导民众,侵犯他们的知情权,这最终将妨碍公民的新闻自由。

(作者单位:吉林大学文学院)

(原载《中国编辑》2015年第4期)

---

① [美]本·巴格迪坎:《传播媒介的垄断》,林珊等译,新华出版社1986年版。

"不死的上帝"在哪里?

——从美国大选看西方新闻报道"客观公正"的虚伪性

唐润华 文 建 张 宸 申 琰 陈 怡

一 主流媒体竞相选边站队,凸显"社会公器"外衣下媒体政治属性的实质

从党派媒体到大众媒体、从宣传工具到"社会公器"的转变一直是西方新闻界引以为傲的里程碑式的进步。然而,透过美国大选的实践不难发现,在"社会公器"的外衣之下,美国主流媒体具有很强的偏见和政治倾向性,是为一定利益集团服务的工具。

第一,媒体为两党候选人的背书率高、背书媒体数量对比悬殊是2016年大选报道最鲜明的特点。 2016年大选中,美国几乎所有的主流媒体都为民主党候选人希拉里背书,只有极少媒体支持共和党候选人特朗普。据统计,在大选前,在全美发行量排行前100的报纸中,有80家公开表明了对某一候选人的支持倾向,其中为希拉里背书的高达57家,支持特朗普的只有《拉斯维加斯评论报》和《佛罗里达联合时报》——这一数字甚至还不如支持自由党候选人约翰逊的4家。各种地方性或是其他影响力较小的报刊情况也是如此。19世纪以来,媒体背书就作为一个重要环节出现在了美国政治议程中,但以往的媒体背书相对平衡,并且随着时间推移,为候选人背书的媒体越来越少。2016年大选期间如此多媒体公开站队,可以说是

逆势而行。新加坡联合早报网发表评论文章《美媒标榜中立客观不复存在?》认为，主流媒体几乎一面倒地"挺希拉里，反特朗普"，这在美国选举史上可说前所未见，是一个"奇特"的现象。

第二，美国媒体虽然有一套为候选人背书的决策程序，并宣称背书不会影响其大选报道的专业性和中立性，但在实践中，这些程序并未起到"防火墙"作用。美国媒体为候选人背书的程序一般由编委会拍板，记者编辑不得参与决策，目的是保证其报道立场不受影响；同时，媒体的评论部和新闻部必须分开，记者不得干涉社论的观点，社论编辑也不得影响记者的报道。但在实践中这套制度并未发挥防火墙的作用。同在一个屋檐下，报社评论和新闻报道之间相互影响在所难免，编委会对记者编辑团队有形无形的影响更是剪不断。事实上，媒体评论立场与其新闻报道立场之间"相悖而行"的情况极为罕见，美国受众也没有感觉到二者间有显著差异。2012 年，《密尔沃基新闻哨兵报》宣布不再背书总统候选人，其社论编辑给出的理由是："读者无法区分我们的评论内容和新闻报道，这让我们丧失了一部分公信力。"乔治城大学公共政策学院助理教授拉德认为，因为 2016 年大选媒体纷纷选边站队，民众很难相信媒体的报道会是客观公正的。

第三，近年来美国主流媒体从业人员政治倾向明显，记者个人经历、经验和理念对新闻报道的客观性产生了重要影响。2014 年印第安纳大学的一项调查显示，自称为"民主党人"的记者和自称为"共和党人"的记者比例是 4∶1，而在华盛顿，给民主党投票的新闻记者占 90%。美国的主流媒体主要集中在美国东西海岸经济发达的大城市，新闻工作者多数明显偏向自由派。当然，美国媒体和新闻工作者都宣称新闻报道与自己的党派倾向性无关，在事实面前，这样的宣称是苍白无力的。

二 美国主流媒体充满政治倾向性，客观公正原则无迹可寻

2016 年美国大选中，主流媒体对两位总统候选人的报道完全是两个标

准、两个套路。对希拉里的报道大多是严肃叙事、正面为主，对特朗普的报道则以娱乐化和爆料为主。如此露骨并且不加掩饰的政治倾向性，让美国媒体一贯宣称的客观、公正、平衡的新闻理念形同虚设，也引发美国民众的不满。

第一，出于各种考虑，大多数主流媒体将希拉里当作"宠儿"，希望她能入主白宫，通过各种方式为其保驾护航。进入希拉里与特朗普对决阶段后，一些主流媒体用各种方式为希拉里站台。在大多数主流媒体的报道中，这是一场没有悬念的大选，希拉里必赢。《纽约时报》预测希拉里当选的概率为84%，《赫芬顿邮报》预测希拉里当选概率为98%，《时代》周刊的这一数据是85%。美国广播公司（ABC）和《华盛顿邮报》等主流媒体都预测，希拉里将获得过半数（270张以上）选举人票并取得胜利。[①] 这些预测新闻为希拉里提供了有力支持，也极大地损害了主流媒体客观性公正性。

还有的媒体与希拉里竞选团队紧密合作，甚至丧失底线。"维基解密"网站曝光的邮件显示，《纽约时报》记者马克·列伊博维奇曾将其对希拉里的人物专访稿给希拉里团队"审"，该稿经希拉里本人同意并删改后才刊登。《波士顿环球报》还涉嫌与希拉里团队相互勾结，其社论版编辑玛乔丽·普里查德在给希拉里竞选团队主席约翰·波德斯塔的电邮中写道："如果文章周二能发表会很不错，那时她正好在新罕布什尔州，结合周三发表的新闻稿，会给她很大的存在感。"[②]

第二，与极力支持希拉里相反，美国大多数主流媒体对特朗普则是坚决反对，将特朗普阻止在白宫之外成为众多主流媒体设置的隐形议程。调查显示，在美国三大广播公司（ABC、NBC和CBS）对特朗普的报道中，91%充满"敌意"。例如，在特朗普顺利锁定共和党总统候选人后，《华盛顿邮报》接连发表12篇社论痛批特朗普，称其政策愚蠢，

---

① 符祝慧：《〈联合早报〉：预测调查对象有误造成民调结果出现偏差》，2016年11月12日。
② 海洋：《"维基揭秘"再曝希拉里竞选黑料》，新华社专特稿，2016年10月12日。

是"暴力的煽动家",动摇了言论自由的精神。对于这样明显的倾向性,主流媒体毫不避讳。《纽约时报》评论版编辑维卡斯·巴贾吉在公开发言中说,"我们在支持候选人方面有一个非常明确的表态。我们没有羞于表达这一观点。唯一的问题有时是批评特朗普越多,这批评对他来说似乎越没有效果。读者都会有点视觉疲劳了……虽然很多时候我们看起来都像是在自说自话。这方面的报道中包含一个问题,那就是关于新闻报道的客观和平衡,但这个问题的答案是不确定的。新闻客观性要求媒体必须平等对待双方。但在这场大选中不适用……因此我们并没有'平等'地对待两位候选人"。

第三,主流媒体大选报道露骨的倾向性引起了美国民众的普遍关注和不满。2016年7月,美国皮尤研究中心所做的"现代新闻消费者"的调查表明,只有18%的大众非常信任全国性的新闻机构,而且74%的成年人认为新闻机构在报道政治和社会问题时有偏见。盖洛普公司10月进行的一项民调显示,52%的美国人认为,美国媒体偏颇并进行有利于民主党总统候选人希拉里的报道。据全球最大市场研究公司TNSUK在大选投票前的一项调查,绝大多数(80%)美国人认为,媒体在本届总统大选中对一位候选人的报道存在偏颇。同时,超过一半(59%)美国人表示,地方和全国性媒体的报道不客观。

三 对商业因素的考量左右报道决策,新闻客观性成为牺牲品

迫于激烈竞争,竞选广告、收视率、发行量、点击率等商业因素成为媒体大选报道的指挥棒,市场因素干扰甚至左右了媒体决策,影响了报道的客观公正性。这一现象在2016年美国大选中显得尤为突出。

第一,竞选广告被指成为隐形"指挥棒"。2016年,电视等主流媒体依然是竞选广告投放的重要渠道。根据广告咨询公司Borrell Associates在大选前预测,2016年美国大选季的政治广告总支出将达到114亿美元,其中

电视广告仍然占大多数。从大选期间的统计来看，美国电视媒体确实从大选中获得了丰厚广告收益，在大选辩论期间，CNN 每 30 秒的广告单价即达 20 万美元，相当于平日黄金档节目广告单价的 40 倍。如此丰厚巨大的利益诱惑，对内外交困的传统媒体而言，其重要性是不言而喻的。任何一家"成熟"的市场化媒体，都会千方百计地想获得最大的份额。而整个传媒行业则弥漫着把大选蛋糕"共同做大"的潜在共识。在这样一种氛围之下，主流媒体集体为在竞选广告投入上财大气粗的希拉里背书，而对"吝啬"的亿万富翁特朗普大加讨伐，或许就不是一种偶然或者简单的巧合了。当然，如果要进一步研究竞选广告究竟以哪些方式、在多大程度上对媒体报道产生了影响，还需要更加直接的证据，尤其是更多事件当事人的"爆料"。这就不难理解，为何有评论人士指出，这支指挥棒（竞选广告）可能会是永远"隐形"的。

第二，过度追求收视率导致报道"失衡"。有分析人士指出，特朗普和新闻媒体的关系虽然紧张，但他却成了电视媒体的宠儿，比任何人有更多机会上电视，这是因为特朗普集所有"政治不正确"于一身，常常语出惊人，其"异类"形象和"胡说八道"可以吸引更多电视观众。特朗普越是张狂，越是成为电视媒体的焦点人物。总是行事出格、充满争议的特朗普，正好是受收视率驱动的电视新闻最喜欢追逐的对象。对于这种相互利用、各取所需的相互依赖关系，CBS 电视网首席执行官莱斯利·莫文维斯的一席话说得明白无误："这（特朗普参选）或许对美国不好，但对本公司却特别好……抱歉，这样说很糟糕，但接着干，唐纳德，加油！"事实上，从 2015 年特朗普宣布参选开始，到 2016 年 7 月获得共和党提名为总统候选人，最后到 11 月 8 日的投票日，特朗普的一言一行，都获得三大电视网、福克斯新闻台和有线电视新闻网的大量报道。有统计表明，从 2016 年 1 月 1 日至 6 月 7 日，CNN、ABC 和 NBC 新闻投入了 432 分钟报道特朗普的丑闻，但只用 105 分钟报道了希拉里的丑闻。《纽约时报》的一篇报道指出，特朗普在选举期间获得的电视免费曝光，若换算成广告费用，相当于 20 亿美元。

第三，大选报道变成媒体的热门"生意"。在美国媒体生意经中，大选是最重要的题材之一。每逢大选年，媒体都能赚得盆满钵满，2016年也不例外。2016年，美国CNN、MSNBC、FOX等电视网络在大选期间收视率暴涨。在大选夜当晚，共有7140万人收看了电视直播，这一数据是美国电视史上第二高，在电视媒体收视率整体下滑的情况下实属罕见。大选期间，特别是CNN，2016年是其获得重大突破的一年。从总统竞选的开始到结束，它的网站每月独立访客增长了34%，美国本土的每月独立访问者数量达到了1.17亿。《纽约时报》和《华盛顿邮报》也实现了令人惊叹的成功：网站独立访客访问量均达到一个亿，《纽约时报》同比增长55%，而《华盛顿邮报》则为同比增长50%。它们在今年的突出表现超越了表现平平的《赫芬顿邮报》和BuzzFeed。同样，Fox网站访问量也实现明显增长，在大选期间增长达33%。

四 囿于"精英意识"，忽视草根意见，报道尽失客观平衡

美国媒体向来是美国国家利益和传统价值观的坚定捍卫者，尤其是主流媒体，一直有一种浓厚的"精英意识"，自以为代表和引领着公共舆论。在这次大选中，主流媒体的"精英意识"空前高昂，体现在报道中就是过度放大知识精英阶层的声音，忽视草根阶层的声音，未能全面完整地反映社会各阶层意见，有失客观和平衡。

第一，偏执于"政治正确"理念。作为候选人，特朗普的言行可谓惊世骇俗，屡屡践踏"政治正确"红线，这让大多数主流媒体不能接受、无法容忍，因此特朗普被大多数媒体抛弃。在这些媒体看来，这样一个异端是绝对没有可能当选的，也不应该当选，由此完全投注在希拉里身上。《纽约时报》的选后社论反思，"唐纳德·特朗普异乎寻常的不依惯例的行为致使我们及其他新闻媒体低估了他在美国选民

中的支持吗?"①

第二,过度放大知识精英阶层的声音。大多数知识精英不接受特朗普,并确信希拉里必赢。美国主流媒体对这种声音进行了连篇累牍的报道。2016年11月2日,《华尔街日报》刊登了包括8位诺奖得主在内的370位经济学家的公开信,呼吁"不要选特朗普"。这封公开信典型地反映了众多知识精英的反特朗普立场,他们企图通过媒体阻止特朗普。作为权威消息来源,这一报道产生了深刻影响。跟踪报道美国大选两年的英国《金融时报》记者丹·罗伯茨说,在华盛顿和纽约,我遇到的人中很少认为希拉里有败选的可能。华盛顿的专家学者论调千篇一律,从一开始他们就跟我说,质疑希拉里不能当选是幼稚的,不断被告知这一点让人难堪。

第三,忽视底层民众的意见。德国杜塞尔多夫海因里希—海涅大学媒体和传播学教授格哈德·沃维指出,此次美国大选结果显示,美国大多数媒体失去了与国人的联系,"记者们生活在象牙塔里"。他强调,记者们在工作地点上就已经被屏蔽在民众之外,打交道的尽是同类,听到的只是自己的回声,没有倾听和反映那些感到被误解或被抛弃的底层人民的心声。主流媒体在更广泛地接触选民、准确反映舆论和民意方面存在严重疏漏。《新闻周刊》的一篇报道《蓝领白人的美国梦》称,"在刚刚过去的美国大选中,特朗普获得蓝领白人选票比希拉里高出40%……那些工人阶级白人选民可能并不值得希拉里注意,但是特朗普却重点关注他们"。而主流媒体却像希拉里一样忽视了这个群体,同时忽视了很多民众对政治精英和现状的不满。《纽约时报》执行主编迪恩·巴奎特在大选结束后这样反思该报的报道:"如果要我说记者和新闻界的错误的话,那就是我们必须走出去,去到全国各地去,和那些与我们平素的采访对象不一样的人交流,并在这些方面作出大幅改善。如果你恰好是设在纽约的新闻机构的话,则尤

---

① 马特·佩顿:《特朗普获胜后,〈纽约时报〉承诺要"更准确地报道世界新闻"》,《参考消息》2016年11月15日。

其如此，要去提醒自己，纽约不是真实的世界。"①

五 对舆论环境变化迟钝麻木，对民意判断失准加剧主观成见

2016年的美国大选是在传媒生态和舆论环境发生重大变革的背景下进行的。基于互联网的各种新媒体尤其是社交媒体的迅猛发展，不仅改变了传媒生态，也改变了舆论环境。民意的形成和传播机制、表达方式和传播渠道等都出现了以往无法想象的变化，社交媒体甚至还出现了明显的"反智""反权威"趋势，这在客观上为准确判断选民态度、科学反映选情增加了技术难度。美国主流媒体虽然对此予以了足够重视，但在判断民意方面，仍然主要沿用传统思路和方法，未能敏锐而准确地觉察和把握住新媒体对选情的微妙影响，因而不但失去了对其过于明显的倾向性纠偏的机会，反而加剧了其主观成见。

其一，对舆论环境的变化反应迟钝。随着"沉默的大多数"越来越多发声，网络舆情的重要性进一步提升，社交媒体成为2016年选民讨论各参选人的重要平台，但主流媒体对这一变化认识不足。

其二，对社交媒体对选情的影响作用认识不足。虽然主流媒体排斥和抨击特朗普，但社交媒体却有很多预示大选走向的迹象，不过傲慢的主流媒体对社交媒体的影响认识不足，这些预示被有意无意地忽视了。

其三，对民调数据的报道陷入"选择性"偏见。尽管有不少分析认为，是"不靠谱"的民调误导了主流媒体，但从最终结果看，希拉里的直接选票总数超过特朗普23万张，特朗普的胜选得益于美国选举人团竞选制度，因此并不能说此前各类民调都不靠谱。反而值得反思的是，媒体对民调结果的报道为何如此惊人的一致？有分析人士指出，主流媒体深受先入

---

① 马特·佩顿：《特朗普获胜后，〈纽约时报〉承诺要"更准确地报道世界新闻"》，《参考消息》2016年11月15日。

为主政治倾向的影响，忽略了对自己的假设不利的证据。结果，本应辅助媒体了解民意民情的民调和数据模式，在美国主流媒体这里却变成了大选叙事的一部分，变成了印证自己主观立场的工具。

(作者单位：新华社国家高端智库传播战略研究中心)

(原载《中国记者》2017年第2期)

新闻专业主义的现实困境及其在中国生发的社会土壤
——以 BBC 为例

常 江

根植于西方社会与文化土壤中的新闻专业主义（journalistic professionalism）正在获取全球性的影响力。国际新闻从业者联盟（IFJ）在其官方网站上，将新闻专业主义归纳为如下一些基本概念：真实（truthfulness）、准确（accuracy）、客观（objectivity）、公正/公平（impartiality/fairness）与公共责任（public accountability），等等。① 对意识形态和历史文化因素的摒除使得这些概念带有了某种普世性色彩。在中国，亦有为数众多的媒体从业者和学者为上述理念的推广而呼喊，主张将新闻记者变成一个纯粹的"职业"。

国内新闻业对西方新闻专业主义的关注，在一定程度上折射出当下社会剧烈转型的过程中新闻从业者对自身角色想象与认同的某种焦虑。一方面，中国的政治制度和文化传统确实为新闻记者赋予了较多"非职业"的色彩——记者不但是信息记录者与阐释者，还是执政党的喉舌、肩负着

---

① "Status of Journalists and Journalism Ethics: IFJ Principles," http://www.ifj.org/en/articles/status-of-journalists-and-journalism-ethics-ifj-principles.

"兼济天下"使命的知识分子，以及匡扶正义的"媒体法官"。这些来自官方和民间的期许，使中国的新闻从业者承担着"难以承受之重"。在这种情况下，在西方具有深厚根基的新闻专业主义，几乎成为唯一可以参考和借鉴的"稳定"的体系。

然而，新闻媒体是深深嵌入社会结构之中的，它的变迁不能脱离独特的文化土壤存在。当中国的新闻记者毫不犹豫地将西方的新闻专业主义视作化解身份危机的良药时，西方社会的民众其实也在不断反思这一主义的种种缺陷和困境。以享誉全球的英国广播公司（BBC）为例，或可令读者管中窥豹，更为理性地看待这一现象。

BBC是英国久负盛名的公共广播电视系统，以庄重的风格和对专业性的坚持赢得广泛尊重。但纵观最近十年来BBC面临的一些形象危机事件，不难发现大多与其所奉行的专业主义理念有关。

从业者不恰当的行为和言论

2004年，英国王太后去世，BBC记者皮特·西森斯在进行现场报道时，竟系着红色的领带。在事发当天，这名记者即前往王宫，采访王太后的侄女玛格丽特·罗德，并一连提出了一系列问题：王太后死前什么样子？女王陪在王太后身边吗？她是不是很痛苦？……正因失去至亲而悲痛万分的罗德夫人当场拒绝了这个记者的所有提问。此后，英国王室成员在多个场合指责BBC记者有失礼仪，没有体现出对死者的关怀和对王室的尊重。而面对王室和大批民众的指责，BBC态度强硬，称这样的报道方式是董事会投票表决的结果，也是英国主流民意的反映，记者只是在依从专业性守则工作。而一些研究者和观察家则认为，这一状况表现出BBC的决策者错误地判断了民众对君主立宪政体未来走向的看法。

从业者言论的政治不正确问题，也使BBC时常为民众诟病。源于专业主义中的公平原则，公共广播与电视须为多方观点提供平等的表达空间，然而在实际操作中，却时常因尺度过大而"走火"。例如，2004年初

BBC 主持人罗伯特·吉尔罗伊—希尔克公开发表言论，用"阿拉伯人"指代伊斯兰教原教旨主义激进分子，称"难道让我们钦佩阿拉伯人当人体炸弹、让别人缺胳膊少腿，或是赞赏他们压制妇女？"此举遭到英国种族平等委员会和英国穆斯林委员会的猛烈抨击，并报了警。类似的事件，还有 2010 年 BBC 女主播朱蒂·史碧尔公开在一档节目中调侃"中国人吃猫肉"而遭华人社群投诉，不得不公开道歉；2011 年 BBC 著名主持人杰里米·克拉克森在节目中嘲弄印度人不讲卫生，也遭到不少观众的投诉。

专业主义的存在旨在于新闻媒体与其他社会系统之间设立屏障，以确保新闻业运行的独立性。但过于生硬的割裂也难免陷入教条主义的窠臼。毕竟新闻的内容广涉言论、观念、意见与思想，新闻从业者的身份可以纯粹，但其言行产生的社会影响，却是专业主义无法化解的。

误报性侵案件

2012 年 11 月 10 日，BBC 总裁乔治·恩特维尔斯宣布辞职，起因是著名栏目《新闻之夜》的一则不实报道，这则报道错误地指出前保守党议员麦卡尔平涉嫌性侵害儿童。及至辞职这一天，恩特维尔斯担任 BBC 总裁仅 54 天，成为 BBC 历史上在任时间最短的总裁。

节目中，一位名叫史蒂夫·梅沙姆的受害者称这名保守党政客曾于 20 世纪 90 年代在威尔士的一家福利院对他进行性侵犯。警方在调查中让他看了一张照片，而他被错误地告知这个人就是麦卡尔平。后来，梅沙姆看到了另外一张照片，才意识到性侵者其实另有其人。随即，他发表了一份声明，向麦卡尔平表示"诚挚的歉意"。他说，在 BBC 找他做节目的时候，记者并未向他出示麦卡尔平的照片来核实。麦卡尔平也发表了一份措辞激烈的声明，对这个"完全错误并且严重诽谤"的报道表示强烈谴责，律师则建议他起诉《新闻之夜》。

我们无法用单纯的"专业失误"来解释这一误报事件。罗宾·埃特肯在《我们能信任 BBC 吗?》一书中,即通过大量历史事实阐述了 BBC 的决策者和从业者在政治立场上偏向工党,对于保守党政客的负面信息则多做夸大与渲染。曾任保守党新闻通讯处处长的查尔斯·利文顿甚至公开表示"新工党已经钻进了 BBC 的脑子里,该公司已经不能确保作为一个社会公共服务机构的应尽的义务",并声称一些 BBC 记者有着"赤裸裸的左翼偏见"。对此,BBC 当然是严词否认的。[1] 这件在英国乃至国际社会引起广泛争议的丑闻,不但使不少英国民众对 BBC 所秉持的专业主义理念产生怀疑,更昭示了党派偏向在日常新闻操作中的难以避免。

包庇前员工性侵丑闻

近年来 BBC 面临的最严峻的形象危机,莫过于已经离世的著名主持人吉米·萨维尔生前对未成年人的性侵事件被曝光,而 BBC 高层则被指责对此纵容包庇。

萨维尔被发现曾在过去半个世纪中对 300 多人实施性侵,其中不少受害者在案发时还不满 16 岁,最小的只有 7 岁。自英国警方于 2012 年 10 月 19 日正式启动对萨维尔性侵案的刑事调查以来,已有 450 多名潜在受害人报案,其中已成立 200 多项性侵指控。而陆续披露的一些文件显示,早在 20 世纪 70 年代初期,BBC 的管理层就注意到了萨维尔行为的异常,并有公司中层就此向上级报告,但最终这些报告都被束之高阁。萨维尔去世后,《新闻之夜》栏目的调查记者发现了这位已故著名主播不为人知的阴暗面,在对其进行调查之后,制作出一期有关其"涉嫌性侵少女"的节目。但是,这期节目却在播出前的最后时刻,被时任编辑里彭从节目单上撤下。随后,里彭在博客上如此为自己辩护:"……萨维尔已经去世了,无法为自己辩护……"——这也是来自新闻专业主义的话语。

更有指控声称,BBC 内部"性侵文化"由来已久。一些受害者在接受

---

[1] Aitken R., *Can We Trust the BBC*? Continuum International Publishing Group Ltd., 2007.

调查时也透露,在萨维尔名声大噪的 20 世纪 70 年代和 80 年代里,BBC 内部性侵成风,在当时环境中,性侵犯行为被认为是一件"有趣的事情"。BBC 两名前女员工指证,1977 年时,她们曾被当时的明星主播戴夫·特拉维斯带到工作室里进行侵犯,当时其中一人才 17 岁。今年 10 月 22 日,50 岁的 BBC 男记者拉塞尔·乔斯林自杀身亡。自杀前,乔斯林曾表示自己无法忍受一名女同事的性骚扰,而此事并未引起 BBC 高层的重视。据英国《每日邮报》报道,乔斯林曾于 2007 年拒绝了这名女主播的性暗示,此后他便收到很多辱骂性的电话留言。乔斯林的父亲退休前曾是一名警员,他给 BBC 打去电话希望此事得到解决,而一名发言人仅表示"公司会调查此事"。乔斯林的父亲认为 BBC 对乔斯林的死负有责任。

这一丑闻对 BBC 的公信力构成了巨大的冲击。据英国《每日邮报》报道,由 BBC 旗下广播五台所收集的最新民调数据显示,近半数 BBC 观众"不再信任"这家媒体。调查显示,47% 的观众认为 BBC "不值得信任",只有 45% 的观众认为其"可信赖"。仅在 3 年前,对 BBC 持信赖态度的观众还有 62%。

尽管我们不能草率地将这一道德丑闻的发生归咎于新闻专业主义理念对从业者个人道德要求的放弃,也不能就此认定个别从业者的道德沦丧可以简单放大至整个 BBC,但一个具有全球影响力且受人尊敬的媒体机构,竟对从业者如此恶劣的失格行为作出如此冷漠的反应,也不能不令人反思以冷峻、独立为主要诉求的新闻专业主义,是否缺少了与社会道德指标的结合。

中国新闻记者的身份政治

任何一种主义,都无法脱离具体的历史文化土壤存在。BBC 在过去 10 年的诸多"遭遇",都折射出新闻专业主义在历史发展的过程中面临的种种挑战和困境。如果报纸的新闻专业主义根植于"便士报"时期英美的社会土壤,那么公共广播电视的新闻专业主义则来自 BBC 创立初期的历史文化。如今，无论制度环境还是媒介环境，均发生了巨大的变化，而专业主义则演变为一种一成不变的、教条式的"原教旨主义"。公平原则可能使某些有意或无意的言论在某些语境下对某些群体、某些人构成巨大的伤害，与社会系统的极端疏离则使新闻业成为没有人情味的道德洼地。这些困境，源于新闻专业主义在发展的过程中，逐渐脱离其赖以生存的社会土壤，成为游离于社会结构之外的乌托邦式的"想象共同体"。作为新闻从业者的"人"和作为社会人的"人"日渐分裂，最终导致的将是整个行业公信力的动摇。

在中国，情况更是微妙。试图脱离社会土壤，而将新闻记者预设为纯粹的"专业"，就算不是完全不可能，也绝非引入一套现成的体系便可一蹴而就的工程。在当下中国，至少有三套迥异于西方社会的话语对新闻记者的职业身份产生着根深蒂固的影响。

首先，便是儒家文化的道德传统话语。新闻记者从诞生之日起，便被赋予了强烈的文化精英色彩。这从早期报刊和早期电视的内容及风格便可一窥究竟——前者往往带有显著的启蒙和训教意识，而后者则大有将中国人的日常生活美学化的企图。[①] 新闻记者往往被公众寄予崇高的道德期望，他们在社会变迁中"理应"扮演的角色也微妙且复杂。这一有别于英美文化语境的文化身份，在美国学者 Judy Polumbaum 和中国记者熊蕾对中国新闻从业者做出的一系列访谈中，有十分清晰的呈现。[②] 在某种程度上，对于中国新闻业的普通受众而言，记者的"正义感"有时比"专业性"来得更加重要。

其次，是主流政治意识形态的话语。国有传媒体制下的新闻记者，无论在理念上还是在实际生活中，均有着"国家宣传干部"的身份预设。能否扮演好执政党的耳目喉舌，在相当大的程度上决定了一个新闻从业者在体制内受到认可的程度。

---

① 常江：《现代性的基因：解读 20 世纪 80 年代的中国电视文化》，《新闻春秋》2013 年第 1 期。
② Polumbaum J. & Xiong L., *China Ink*: *The Changing Face of Chinese Journalism*, Roman & Little field Publishers Inc., 2008.

最后，是商业主义的话语。中国新闻业的市场化和商品化，已达到相当深的程度。但需要指出的是，中国新闻业的商业主义与英美有着截然不同的土壤。国家作为媒体的所有者和直接资助者，依然在通过财政拨款维护着象征性的经济权威，这一象征性的力量固然旨在强化对传媒施以控制的合法性，却也确保了无论传播技术与媒介环境如何变化，媒体不会因商业失败而倒闭，记者也不会因入不敷出而被迫去职。在相当大的程度上，这为具有文化精英和执政党喉舌双重身份的新闻记者，又增添了一重经济上的安全感。

在上述三套话语的交错作用下，于中国的新闻记者而言，"专业主义"就算不是可有可无，也绝非头等重要的信条。在实际操作中，中国新闻记者的自律和他律机制在很大程度上是较为含糊的行业规范、随机应变的行为守则以及宽严相济的事后追惩制彼此混杂的产物。来自西方的新闻专业主义参与到各个环节中，却不具备显著性。

结　语

本文无意梳理上述话语体系下中国新闻从业者身份中的合理与不合理的元素，只想表达一个合乎常识与逻辑的基本观点：最契合某种社会形态的某种"主义"，一定是从这一社会内部生发出来的，外来的经验固然可以在一些情况下提供不无裨益的镜鉴，但终究难逃"道器之辨"的老生常谈。相关的教训，即使在并不久远的中国现当代史中，也是不胜枚举的。

最后，需要申明的是，在很多方面，BBC 依然是全世界范围内最值得尊敬的新闻媒体之一，它在过去 90 年的发展中设立的一系列规则与典范，将令全世界的新闻机构和新闻从业者获益。本文以 BBC 为例，旨在探讨一种初衷甚好的"主义"或"理念"在时空变迁中如何因走向自我封闭而对整个行业构成威胁，落脚点仍在于强调新闻媒体与社会结构的紧密结合。实践上的结合，重要性自不待言；观念上的结合，也是不应放弃的追求。

中国语境下的理想的新闻业,至少在目前的社会条件下,应是自由与责任、专业精神与人文关怀、信息生产与正义匡扶的集合体。毕竟,勾勒一个乌托邦很是省心省力,但文化的制约和公众的期望却是实实在在的。

(作者单位:中国人民大学新闻学院)

(原载《新闻爱好者》2013年第8期)

西方新闻专业主义的逻辑悖论及其启思[*]

刘文辉

中西方在对彼此新闻景观的"互看"里,"新闻专业主义"成为最为权重的比较语法。西方不仅自恃"新闻专业主义"的理论原发性,对中国新闻实践鼎力妖魔化,而且正在努力寻求新闻改革的中国也对理论原创的西方新闻世界表现出虔诚的膜拜与驯服。不难理解,在跨文化传播的现代性语境中,由于西方"新闻专业主义"的先发性赋予其的文化强势,使其在中西新闻文化碰撞中具有不容置疑的文化领导力。这种文化领导力导致中国把新闻专业主义奉为"绝对价值",进而表征为极具后殖民性的"媒介帝国主义",正如加拿大华裔新闻传播学者赵月枝所言,"新自由主义全球化和网络的兴起不仅成就了跨国垄断资本媒体内容的全球化,而且成就了美国媒体制度和自由主义媒体理念的全球霸权"①。其实,新闻专业主义是在西方语境下各种社会因素交错互动的复杂博弈中形成的理论模型,是一定政治制度、历史、文化条件下的产物,自然不具有超历史、超民族国家的普世性。

可是,中国新闻界却是整体上对其理论通约性表现出偏执性迷信。尽

---

* 本文是国家社科基金项目"新媒体时代主流媒体新闻学提升影响力研究"(15BXW004)的阶段性成果。

① 赵月枝:《为什么今天我们对西方新闻客观性失望?》,《新闻大学》2008年第2期。

管学界不断对其理论的语境性、意识形态性以及局限性展开批判与反思,然而新闻专业主义的"西方原则"依旧释放出巨大的询唤能量。由此,对其进行理论祛魅,仍是一项颇有价值的批判建构,只有让其显现出最为本真的原相,中国新闻界才能抛弃西方原则的迷信,理性面对自己的新闻实践语境,重构新闻专业主义的中国想象。

一 理论逻辑的悖论

新闻专业主义的理论核心是客观新闻学,即坚持新闻真实的客观性。新闻专业主义认为媒介是一个没有任何偏向的工具,媒介具有自主机制。①因为自主,所以可以自觉地采取公正客观的立场,不偏不倚地进行报道,从而拥有真实性。这种真实性是与客观性一致的真实性,也就是新闻真实与客观真实的同一性和符合性。的确,真实是新闻的生命。人们普遍要求新闻真实必须等同于客观真实,否则新闻就丧失了安身立命的根本。不过,新闻专业主义的这种真实观,混淆了认识论与存在论的界限。

在哲学向度内,新闻真实是认识论的真实,客观真实是存在论的真实。新闻真实归属于意识、思维、主体、主观、认识、思想等;客观真实则归属于存在、物质、客体、客观、实践、实际等。显然,客观真实是存在论意义上的真实;新闻真实是认识论意义上的真实。存在论意义上的客观真实只是新闻真实的逻辑起点,客观真实必须经过新闻报道主体的主观性认知活动,才能上升到认识论意义上的新闻真实。可见,新闻真实既是一个主观范畴,也是一个客观范畴。

新闻专业主义承认新闻真实无法规避主观性的侵扰,不过它自信地认为,通过确立"客观、中立、平衡、不私、不党"的报道准则以及规范化的客观报道形式等"客观性法则",从而可以有效使"新闻真实"实现对

---

① 黄旦:《新闻专业主义的建构与消解——对西方大众传播者研究历史的解读》,《新闻与传播研究》2002 年第 2 期。

个人偏见、情感和观点的过滤，形成对"客观真实"的客观"构造"和"解释"。值得注意的是，从"客观性法则"中我们不难看出其难以调和的主客观矛盾：一方面新闻从业者的理性和主体意识需用于分辨和排除新闻采集过程中的主观干扰；另一方面，用来防止新闻从业者主观性介入的操作步骤，亦是由主观认定为客观的和科学的。①

如果新闻专业主义仅是把对"新闻真实的客观性"，崇尚为新闻职业追求的最高理想与神圣尺度，作为一种"新闻学的真实"无可厚非，然而，它坚信经过一套客观性法则，就可实现新闻真实与客观真实的通约跨界，其理论的难以自足性，从19世纪末一直到20世纪六七十年代，就不断遭受来自西方社会理论与实践的持续发难。如解释性报道、新闻主义、鼓吹新闻、调查性报道、精确新闻学、服务新闻学、公共新闻学等，它们各领风骚十数载，不断挑战新闻的客观性法则。②

的确，新闻真实既存活在客观事实里，又存活于作为人的主观范畴的意识里。马克思、恩格斯指出："意识一开始就是社会的产物，而且只要人们存在着，它就仍然是这种产物。"③然而新闻专业主义的真实观把"新闻真实"等同于"客观真实"，不仅混淆了"认识论上的真实"与"存在论上的真实"，而且刻意剔除了新闻真实中所蕴含的意识存在，其所体现的也正是受到马克思批判的直观认识论原则。马克思认为："从前的一切唯物主义——包括费尔巴哈的唯物主义——的主要缺点是：对对象、现实、感性，只是从客体的或者直观的形式去理解，而不是把它们当作人的感性活动，当作实践去理解。"④针对西方哲学长期以来主客二分的传统思维模式，马克思在实践的层面上建立了主体和客体既对立又统一的关系，认为"主体"在本质上并非个体内在的抽象属性，而是社会关系的总和。"客体"也不是非历史的自然物，而是被人的社会性活动改造了的世界的一个

---

① 陆晔：《美国新闻业"客观性法则"的历史演进》，《新闻大学》1994年第1期。
② Everette E. Dennis & John C., *Merrill Media Debates Great Issues for the Digital Age*, Wadsworth Group, 2002, pp. 126 - 127.
③ 《马克思恩格斯选集》第1卷，人民出版社1995年版，第81页。
④ 同上书，第58页。

部分。

新闻专业主义的真实观企图通过客观性法则过滤人的主观意识的理论渊源,可以追溯到胡塞尔的现象学。胡塞尔的现象学提出了"回到事实本身"的认识论前提,其具体方法则是首先对先前知识进行悬置和加括,然后通过意向性过程对事物进行现象学还原,在主体间性中达成对真理的认识。然而人不可能在一个悬置和加括的状态下来认识世界。胡塞尔作为一个哲学家,终究无法完成将先验自我与现实世界的打通与融合。后来由他的学生舒茨,通过将胡塞尔现象学立足的先验自我的理论根基给置成全部生活世界的经验,由此使现象学与社会学进行融通,才使胡塞尔的现象学从云端回到了大地。博格和鲁曼在《现实的社会建构》中,进一步延伸和修正了舒茨的观点,他们认为人们不只是建构着生活的世界,而在这一建构中,主观的建构也被客观化了。[①] 也就是建构的方式、手段、程序因为逐渐被人们认识和接受,进而被转化为制度化、组织化的知识,并反过来成为建构生活世界的客观基础和依据。

可见新闻专业主义真实观的客观性法则,其过滤主观性的技术性设计只能是一种理想的图景,根本无法实现主观与客观的二分,新闻真实与客观真实实现通约的同一性与符合性,也就只能是理论的乌托邦。

同样,与现象学关系密切的解释学也证伪了新闻专业主义的客观性法则。解释学的发展有一个从方法论解释学向本体论解释学转向的过程,这个过程是由海德格尔和伽达默尔完成的。他们认为理解不是一个方法论问题,而是一个本体论问题,"理解不是人对世界的认识方法,而是人在世界的存在方式;理解的目的不是寻求外在于己的知识,而是为了把握内在于人的世界。"[②] 解释学提出了"理解的历史性"问题,也就是说理解总是有理解的前结构,这种前结构就是人的一种偏见,一种视界。由此,历史的真实对于我们来说就不是一种客观的外在的真实,而是一种历史理解的

---

① Berger P. & Luckman T., *The Social Construction of Reality: A Treatise in the Sociology of Knowledge*, New York: Doubleday, 1996.
② 李彬:《符号透视:传播内容的本位诠释》,复旦大学出版社2003年版,第245页。

真实。

　　这里,"理解的历史性"主要指在理解之前就已经存在的社会历史因素以及由社会实践决定的价值观。"理解的历史性"建构了一个具有特殊性和局限性的文化传统。这种"文化传统"对于传播主体来说,是一个先验的存在,同时作为一种文化基因深深地烙刻在传播主体的意识中。当传播主体带着这种"文化传统"参与新闻叙事时,"这些参加者的看法看起来是客观的,描述它们的陈述听起来是客观的,因为这些看法和陈述根本没有提到参加者及其提出的传统。它们实际上是主观的,因为它们依赖于所选择的传统,依赖于参加者对该传统的利用"①。虽然作为新闻传播主体在观察客观事实时,努力排斥主观性的在场,企图用纯粹客观的新闻叙事建构新闻真实,可是,作为历史性存在的"文化传统",已经在隐蔽地发挥作用。

　　这种隐蔽的主观在场是一种无法抹去的客观存在,影响传播主体的叙事行为和叙事结果,这样被叙述出来的"新闻真实",就不可能没有伽达默尔哲学解释学的"偏见"发生。难怪李普曼说,"在我们观察世界以前,已有人告诉我们世界是什么样的了。"②

二　实践逻辑的悖论

　　如果说客观性新闻学是新闻专业主义的理论内核,那么价值中立性则是客观性新闻学的根本支撑。新闻专业主义认为只要坚持新闻报道中的价值中立性,就能保证新闻客观性。然而问题的关键是新闻报道中的价值中立性是否可能？事实上,在西方新闻专业主义近百年的新闻实践中,新闻专业主义价值中立的"应然"总是以悖论的"实然"姿态出现。法国著名社会学家布尔迪厄认为,我们研究中经常犯的一个错误,就是把从实践活

---

① [美]保罗·法伊尔阿本德:《自由社会中的科学》,兰征译,上海译文出版社1990年版,第21页。
② [美]李普曼:《舆论学》,林珊译,华夏出版社1989年版,第57页。

动中归纳出来的理论模型当作实践活动的真正原理。他提出一个区别于"理论逻辑"的"实践逻辑"的假设。"实践社会学在面对实践状态的社会现象的时候，要找到的就是实践中的逻辑，然后通过实践逻辑的解读，来对我们感兴趣的问题进行解释。"① 在这里，揭开新闻专业主义实践逻辑悖论的现实雾霭要回到布尔迪厄的场域理论。

布尔迪厄认为，"在高度分化的社会里，社会世界是由具有相对自主性的社会小世界构成的，这些社会小世界就是具有自身逻辑和必然性的客观关系的空间，而这些小世界自身特有的逻辑和必然性也不可化约成支配其他场域运作的那些逻辑和必然性"。在他看来，这些"社会小世界"就是各种不同的"场域"。"新闻场"就是来源于布尔迪厄学术系统中的最为关键的"场域"概念。布尔迪厄指出，新闻场域是一个"非常低度自治"却"非常高度他治"的场域②。

新闻场作为面向大众的开放性世俗场域，本身的价值立场、舆论导向，对形塑大众具有润物细无声的涵化力量，在民意成为国家政治根基的现代性语境下，政治场必然要通过各种各样或明或暗的手段，实现对新闻场的操纵与控制；同时，由于新闻场生存的市场性，处在经济场强大覆盖下的新闻场，其运行规制必然难以独善其身。新闻专业主义作为新闻场的理想原则，其所形成的历史逻辑与实践逻辑已经彰明，新闻场与政治场、经济场之间就是一部错综复杂、犬牙交错、持续不绝争夺独立性的斗争历史。诚然，在锲而不舍的争夺中，新闻场的主体性内涵不断得到加强和丰富，但其根本的被决定性格局并没有发生改变，这就出现了新闻场上新闻专业主义旗帜的高高飘扬，而旗帜下的新闻实践景观却是伤痕累累的悖论呈现。

新闻场中这种实践逻辑的悖论，首先通过对传播主体的构成进行透视就可揭开其中的必然性。杨保军认为新闻传播主体构成是双重的：一是新闻媒体（资产）的所有者、经营者和管理者；二是直接从事新闻传播活动

---

① 孙立平：《实践社会学与市场转型过程分析》，《中国社会科学》2002 年第 5 期。
② Jenkins R., "Pierre Bourdieu", in Ritzer G. (ed.), *Encyclopedia of Social Theory* (Vol.1), London: Sage, 2005, pp. 66、33.

的人——记者和编辑。前者称为"高位主体";后者称为"本位主体"。高位传播主体不仅是新闻传播主体总体目标的设计者、确立者以及新闻传播活动规范的主要制定者,而且还是新闻业务活动的指导者和监督者。尽管本位主体是新闻产品制造的主要承担者,但必须围绕高位主体设计的总体目标与活动规范,在接受指导和监督的情势下进行生产。①

虽然新闻传播的高位主体置身于新闻场中,新闻专业伦理的"软道理"在道德上规约着其对新闻传播活动规范的制定,然而毕竟媒体作为企业,生存才是其"硬道理",为了争取政府政策支持以及经营环境的宽松和市场的注意力,高位主体的媒体管理策略根本无法完全拒绝同政治场和经济场的合作与融通。正如布尔迪厄在场域理论中所描述的那样,"一个场就是一个结构的社会空间,一个实力场——有统治者和被统治者,有在此空间起作用的恒定的、持久的不平等关系——同时,也是一个改变或保存这一实力场而进行斗争的战场。"② 换言之,高位主体、本位主体所在的新闻场只是一个被统治者,政治场与经济场才是真正的统治者,场域中不平等的斗争关系不仅制约着高位主体,也在模塑着本位主体。

媒体的高位主体作为企业的所有者、管理者和经营者,美国自由主义政治制度是其经济利益的前提保证,他们对新闻专业主义价值中立性、新闻客观性原则的坚守,不仅具有意识形态的自觉性,而且具有利益导向的必然性。尽管作为本位主体的记者、编辑在新闻生产活动中拥有更为自主的选择,但是由于西方主流意识形态作为一种"常识"已经内化为他们的思想底色,同时也为了获取高位主体的赏识,实现个人利益的最大化,他们基本上都不会僭越政治场对新闻场的潜规则。正如华裔传播学者赵月枝所言,"西方媒体的报道是受国家利益、主流意识形态、商业利益以及记者作为中产社会阶层自身的社会利益和文化认同等因素影响的。在西方主流意识形态和议会政治框架内,客观性是存在的,但超越国家利益、超越

---

① 杨保军:《新闻活动论》,中国人民大学出版社2006年版,第116—130页。
② [法]皮埃尔·布尔迪厄:《关于电视》,许钧译,辽宁教育出版社2000年版,第46页。

意识形态的客观性是没有的"①。由此，根植于西方政治制度框架中的新闻中立性与客观性只能是"表面客观性"。这种"表面客观性"在媒体与政府的关系中演绎得最为生动。比如在总统、会议以及各种政治场合下，记者经常会提一些充满敌意的或批评性的问题，最为常见的是在政治选举新闻中对政治人物进行"丑化"的报道，还有针对各自政治团队的竞选策略、政治宣传的一些细枝末节问题进行技术层面攻击。有时，媒体为了显示新闻报道的中立性与客观性，白宫和记者互不信任，政治家玩弄巧妙的媒介控制技巧，记者玩世不恭，玩弄"搞定你"式的报道。②

其实这种互掐互扭的相互合作充斥在每天的新闻报道中，其被班尼特称之为"仪式化的对立主义"。在仪式化的对立中，两者完全投入冲突的角色中，他们表面上冲突，暗地里却达成共识。③ 在他们双方上演的"博弈"游戏中，媒体获得了独立于政治的专业威望，政府赢得了不干涉新闻自由的政治声誉。这些都不过是"表面客观性"。事实上，对"表面客观性"的遵守，往往使媒体被动成为官方声音的传声筒。特别是20世纪80年代新自由主义意识形态占主导地位以来，随着美国垄断资本对媒体控制的强化和政策放松对媒体的管制权（如里根时代废除了作为客观性核心要求的广播电视"公共准则"），以及美国对外政策中出现了更明显的霸权倾向，美国主流媒体在报道中大有连最基本的表面客观性也不顾的新发展。④ 这种新发展在伊拉克战争报道中尤为醒目。

政治场对新闻场的操纵与作用导致的新闻报道价值中立性的失守，不仅是表现在战争新闻中，而是出现了蔓延的趋势。特别是"9·11"事件之后"美国主流社会价值体系的右翼化，甚至基督教原教旨主义化，使北美主流新闻的客观独立原则受到前所未有的挑战"。最让世人错愕的是西方媒体在对2008年中国西藏骚乱以及奥运传圣火递过程中所遭受阻挠的扭

---

① 赵月枝：《为什么今天我们对西方新闻客观性失望？》，《新闻大学》2008年第2期。
② 杨逍等：《白宫与美媒体战火再起〈纽约时报〉领衔应战》，《环球时报》2006年7月4日。
③ [美] W. 兰斯·班尼特：《新闻：政治的幻象》，杨晓红、王家全译，当代中国出版社2005年版，第247—250页。
④ 赵月枝：《为什么今天我们对西方新闻客观性失望？》，《新闻大学》2008年第2期。

曲报道，使其自诩的新闻专业主义价值中立的虚伪性在全世界人民面前暴露无遗。

如果说新闻专业原则在面对政治场的控制与渗透，其所表现的悖逆具有"无奈"与"无意"的双重性，那么面对经济场所表现的归附与合作，其所出现的疏离则是资本逐利本质的有意所为。一个有趣的事实是，媒体得以摆脱对政治和经济的依附，成为一门专业进而形成专业理念，是以媒体的商业化和市场化获得实现的，然而媒体过度的商业化和市场化却又使媒体的专业理念渐行渐远，"专业原则"只是媒体的一种"仪式化策略"，并被作为"信誉资本"占取道德高地，实现其市场"交易伦理"的合法化。媒体的过度商业化和市场化，随着20世纪80年代以来媒体竞争的日益加剧，已经成为一种全球景观。尤其在西方，新闻媒介与其他非新闻媒介公司的联合加速。无限扩张之后媒体的"商业原则"，覆盖了媒体的"专业原则"。商业原则促使媒体千方百计地降低新闻支出，形成在新闻来源上主要依靠政府的新闻发布会。美国政治传播学者班尼特指出，媒介乐于接受政府的"喂养"，因为媒介藉此可以降低收集新闻信息的成本，又可以避免获罪于政府，以免影响媒介今后的新闻来源，也可以和政府搞好关系以争取有利于连锁公司产业发展的政策。[①] 正如上文所论述的那样，为了保证政府新闻源的客观性权威，媒体往往采取"仪式化的对立主义"，巧妙维护政府及其官员所提供新闻源的客观性。

同时，媒体的企业利润主要来源于广告商的赞助，利益关系形成了媒体与广告商之间在新闻报道上的合谋关系，媒体专业原则经常要让位于广告商的利益原则。政治经济学认为，"新闻机构从根本上反映了其赞助商——更广义地说，经济体制及其所支持的意识或二者整体的需要"[②]。媒体承认他们在很多时候要屈从于特定的赞助商或广告商的压力，战争期间也不例外。受众既是媒体的"客户"和"消费者"，也是媒体的"产品"，

---

① [美]班尼特：《新闻：政治的幻象》，杨晓红、王家全译，当代中国出版社2005年版，第159页。
② [英]苏珊·L.卡拉瑟斯：《西方传媒与战争》，张毓强等译，新华出版社2002年版，第22页。

媒体为了自身的利益最大化，就会为了广告的收益而迎合受众的需要。正如美国记者兼传播学者道格·恩德伍德所说："今天，懂市场的报纸都按照'给读者他们想看的'原则进行规划和包装；报纸的内容按照读者调查的结果进行改变。新闻编辑室也被那些已经分不清市场法则和新闻宗旨的新闻经理们改组了。"① 媒体不是按照新闻价值生产新闻，而是依照新闻产品如何才能吸引更多受众的市场原则进行生产。

可见，由于新闻场与政治场和经济场之间恒定的、持久的不平等关系，导致新闻场所坚守的新闻专业主义，更像一个具有浓厚乌托邦色彩的话语神话，其伦理意义要大于实践意义。

三 悖论的启思

新闻专业主义的"西方原则"崇拜在东西方文化碰撞中，仅是东方对西方理论整体崇拜的一个侧面，这种崇拜不仅是跨国媒体集团在全球"入侵"所造成的文化殖民的结果，更多源于东方弱势文化对西方强势文化的自觉信服。通过以上的分析，不仅可以深刻认识到新闻专业主义作为"绝对价值"的虚妄性，而且悖论所带来的反思不应是把洗澡水和孩子一并倒掉，否则只会从一种蒙昧发展成另外一种蒙昧。

第一，从新闻专业主义西方历史的生成衍变路轨中，可以清楚认识新闻专业主义只是新闻业获取专业自治，赢得专业话语权的一种手段，专业理念只是媒体生存的一种策略原则。因此，应该清醒地认识到新闻专业主义是在西方特定语境中产生的具有特定性的专业规制，随着历史语境的变迁，它在原发的美国也越来越走向衰微，就是对整个西方而言，它也不具有普适性。丹尼尔·哈林和保罗·曼奇尼通过对欧洲和北美的 18 个民主国家进行研究发现，这些国家与地区存在有别于美国的新闻专业主义，其中

---

① Dong Underwood, *When MABS Rule the Newsroom* (New York: Columbia University, 1933), p. xii.

在世界上的绝大多数国家，党派主义、导向主义超过了新闻专业主义。①因此，要打破新闻专业主义具有超历史的普适性理论迷信。

第二，不能因为新闻专业主义价值中立的虚妄性而对其进行全盘否定，而要采取"拿来主义"的学习态度。新闻专业主义的价值理性是虚妄的，可是它的工具理性却是其合理内核。所谓合理内核就是新闻专业主义中同价值理性相区别的具有操作规制的"客观、真实、平衡、及时"等工具性规范。新闻实践证明，无论中外，无论坚持何种新闻专业立场，从事新闻报道的基本上都会承认这些共通的准则。

第三，新闻专业主义理论逻辑和实践逻辑的悖论表明，新闻专业主义只是"新闻学的真实"，而非"新闻的真实"，它是从历史逻辑和实践逻辑中总结出的理论模型，并不是新闻现实的映像，只是理想的幻象。不过，恰恰就是这种"理想的幻象"给新闻实践升起了一面信仰的旗帜，它一定程度有效约束着政治场、经济场与新闻场之间的复杂关系，使新闻在"离心"与"向心"的持续对峙中，总是有朝圣的方向。

第四，新闻专业主义初衷就是脱离党派主义获取专业性，这两个看似水火不相容的"主义"其实具有通约性。"参与性"一直是党派新闻主义的通行证，并由此广受诟病，而"参与性"缺失一直是专业新闻主义引以为荣的利器。可是在西方传播学者罗森看来，正是由于"参与性"的缺失，记者试图把自己与所处的政治、社会和文化语境剥离开来，做到与社会现实的"疏离"，正是这种"疏离"的虚妄性，貌似崇高实则导致"政治冷漠症"和"软新闻"的兴盛。②同时，党派新闻主义和专业新闻主义均高度依赖官方信源——即政府高官和一小部分专家学者。这都证明了党派主义与新闻主义的通约性。由此西方社会妖魔中国新闻的党派主义依据也就失去了自足性。可见，党派主义不是中国践行新闻专业主义的路障，

---

① D. Hallin & P. Mancini, *Comparing Media Systems Beyond the Western World*, Cambridge: Cambridge University Press, 2012, pp. 278 – 290.

② Jay Rosen, "Imagining Public Journalism: An Editor and a Scholar Reflect on the Birth of an Idea," *Roy W. Howard Public Lecture* (Bloomington Indiana U), No. 5, April 13, 1995, 15.

而是建构中国新闻专业主义的可资提供滋养的前提。

第五，应该看到新闻专业主义作为一种职业理想原则，不仅是西方媒体要努力践行的行业准则，也是当下中国新闻传播越来越靠紧的策略选择，它的合理内核与操作规制，对于业已全面处在新媒体笼罩下的中国新闻业而言，也是中国传统主流媒体重建舆论权威与话语中心的有效路径。如果说在大众传媒时代新闻专业主义作为一种价值参照，其话语实践的迫切性还没有完全提到议事日程的话，那么在新媒体全面浸透的时代，由于大众传媒建构的官方舆论场的衰微以及网络建构的民间舆论场的崛起，新闻专业主义作为两个舆论场争夺受众的价值选择和话语策略，已经上升到无法规避的醒目位置。因此，如何摄取西方新闻专业主义中具有东西方通约价值的"重叠共识"（罗尔斯语）[1]，在"反思平衡"（罗尔斯语）[2]中融会中国新闻传统与当下中国的现代性质素，建构具有"中国式"的新闻专业主义理论模型，已经成为中国新闻未来指向十分当紧的使命。

（作者单位：华侨大学海峡传媒研究中心）
（原载《南京社会科学》2005年第11期）

---

[1] ［美］约翰·罗尔斯：《政治自由主义》，万俊人译，译林出版社2002年版，第408—419页。
[2] 同上。

警惕西方新闻观的侵蚀

曹仁义

改革开放以来，伴随经济全球化的进程，西方的一些理论观点进入我国。这些理论观点有的体现了人类的共同智慧，被相关领域结合我国国情加以运用，有助于全面深化改革。但是，必须看到，西方特别是美国的许多理论观点并不具有"普世价值"，是不可以在我国推行的，例如西方新闻观。虽然西方大众传播学中关于重视新闻价值、重视受众和社会评价等观点，对我国新闻界有启发，有的已写入我国新闻教科书。但是，统领新闻媒体的总的指导思想——西方新闻观，是不能侵蚀我国新闻界的。

西方新闻观如何表述？网上有这样一段话——西方新闻观：媒体不受政府干涉。政府不得收买、控制媒体。政府唯一要做的是保护新闻自由。媒体对政府有监督权。媒体是行政、立法、司法以外的国家第四势力，是自由意见市场，是社会公器。媒体客观反映现实，让人们对外部世界形成独立见解。

据了解，改革开放以来，我国一些高等院校的新闻专业，就是依据上述西方新闻观，仿效美国新闻学设置课程的。

大家知道，我国新闻事业的性质叫"党的新闻事业"或"党的新闻舆论工作"。某大学新闻教授亲口告诉我，他们早已不讲新闻的这个性质了。我问他："那讲什么呢？"他说："讲'第四势力''社会公器'。"把新闻事业如此定性，就等于说新闻媒体独立于行政、立法、司法之外，是谁都不能管又谁都可以用的"公器"。事实上，在任何一个有法制的国家，就不可能有法律管不了的部门和人事。在任何一个体制健全的国家，新闻媒体都逃脱不了被管辖。当年美国发动伊拉克战争时，采访这次战争的记者并不是媒体独立派的，而是由美军司令部专门挑选的。被选中的 12 名记者经培训后领取一本守则，其中规定：新闻发稿必须依据美军司令部新闻发布会。你看，媒体被管得多严，哪里是什么独立的"第四势力"！这次美国大选，《纽约时报》专门偏袒希拉里·克林顿，每次辩论会前这家媒体把自己了解到的选民要问的问题早早告诉她，以便她做好回答准备。特朗普当选后去《纽约时报》座谈，他坦言："你们报纸最糟糕，我曾说，不看《纽约时报》可以多活 20 年。"事实说明，在有阶级有政党的当今社会，新闻媒体都有政治倾向性，称新闻媒体为独立的"公器"，只能是骗人的理论。受了这种教育的新闻专业毕业生，妄自尊大，自我感觉是"无冕之王"，到了新闻单位，如不"回炉再造"，根本无法工作。我所在的中央电台，就曾面对过这样的毕业生。台里为此制定了新同志入台再教育机制，专门摄制了由专家学者讲述马克思主义新闻观的电视片，作为新同志入台后必看的教材。

  那位新闻专业教授还跟我说，我国新闻课早年必讲的两条原则——真实性原则、党性原则，他们学校也不讲了，代之以客观原则、良知原则。我知道，"客观""良知"是美国新闻界喜欢说的两个词，进而将它们定为工作原则。意思是，只要事情是"客观"的，不必管政治意义、社会影响，是否伤害国家、大众利益，均可报道。"良知原则"就是采写、发表报道，不必思虑为哪个政党、政府服务，不必思考与任何官方保持一致，只要符合自己的良知就行。

  大千世界，人类社会，各式各样的事情分分秒秒都在发生，媒体不可能全都报道，必然有所选择。各媒体都认可的选择依据是新闻价值。可是，各媒体对新闻价值认识并不相同。同一件事，这家认为有新闻价值，那家认为没新闻价值。这是因为各媒体的价值观不同。这样一来，即使都认为新闻价值很强的同一件事，发表出来，各媒体的价值取向也不一样。1991

年12月25日，苏联宣告解体。全世界的媒体都认为此事新闻价值很大。次日，美联社和我国新华社都发了苏联解体的消息。两家通讯社消息的导语都是两句话，其第一句完全一样："昨天晚上，苏联国旗从莫斯科红场上空徐徐降落。"而第二句，便各自展示自己的价值观。美联社的第二句是："苏联各加盟共和国从此走上了民主、自由的道路。"新华社的第二句是："列宁缔造的第一个社会主义国家就此完结。"两相对照，你就会发现，美联社把美国自恃为"普世价值"的美式"民主、自由"嵌入消息中；而新华社的一句"列宁缔造第一个社会主义国家就此完结"，则充满了对苏联解体的惋惜之情。同一新闻事实，两家通讯社的报道却体现了不同的倾向。

至于"良知"原则，更是虚伪的。人都是社会的人。任何个人的良知，都和他所在社会的公益公德联系在一起，不可能有超阶级超政党超社会的纯生物良知。

这次美国大选，纽约一家电视台的记者街头采访市民了解对大选的反映。从画面看，他专找说不好英语的华人老头老太太，让观众看到这些老年人的囧样。这样的采访执行的是什么"良知"原则！分明是在展示美国社会的种族歧视。1993年我作为中国新闻代表团一员访问美国，在与《华尔街日报》总编座谈时，我曾问："你们报纸可不可以刊登与政府观点不同的文章？"总编答："不可以。观点上必须与美国政府一致。"这哪里是听从个人"良知"，分明是服从政府意志。可见，新闻报道要遵守"良知"原则，是骗人的鬼话。

受过上述新闻理论教育的学生，有不少已经毕业，到新闻界参加工作。他们发现，工作需要的理论知识和他们学的对不上。于是许多新闻单位让老同志传、帮、带，结合工作给他们讲我们党的新闻理论，使他们逐渐能独立工作。

习近平同志在新闻舆论工作座谈会上指出："媒体竞争关键是人才竞争，媒体优势核心是人才优势。要加快培养造就一支政治坚定、业务精湛、作风优良、党和人民放心的新闻舆论工作队伍。"落实总书记的要求，一是新闻院校要彻底抛弃西方新闻观教育，严格按马克思主义新闻观设置课程；二是新闻媒体要开展新闻观教育，新闻人要树立马克思主义新闻观，警惕西方新闻观侵蚀。

马克思主义新闻观是我国新闻舆论工作的定盘星。新闻界开展多年的"三项教育"，首要一条就是马克思主义新闻观教育。三年前，北京市有关部门聘我为"三项教育"专家。当时，我在北京电台内部刊物《宣传业务》上连载讲述马克思主义新闻观的系列文章。由此，受聘后我的主要任务就是为北京各新闻单位讲授马克思主义新闻观。

"铁打的营盘流水的兵。"新闻单位人员更迭年年进行。马克思主义新闻观教育必须持续不断。尤其是马克思主义新闻观的核心内容——党性原则，必须随时让新同志了解。

习近平同志在新闻舆论工作座谈会上指出，新闻舆论工作者"必须把政治方向摆在第一位，牢牢坚持党性原则"。新闻工作党性原则是1905年列宁在《党的组织和党的出版物》一文中提出的。列宁说，党的出版物如报纸是党的事业的一部分，是党的机器上齿轮和螺丝钉，必须自觉传播党的方针政策。这是出版物的党性所在。从那时起，全世界无产阶级新闻事业都执行列宁提出的这个党性原则。在我国，共产党领导的新闻事业更是如此。

在新的时代条件下，新闻舆论工作党性原则的内涵有哪些呢？依据习总书记在新闻舆论工作座谈会上的阐述，有如下几点：

一是坚持党对新闻舆论工作的领导；

二是新闻舆论媒体要体现党的意志、反映党的主张；

三是新闻舆论媒体要维护党中央权威、维护党的团结，做到爱党、护党、为党；

四是要有看齐意识，在思想上、政治上、行动上同党中央保持高度一致；

五是坚持党性和人民性相统一，把党的理论和路线方针政策变成人民群众的自觉行动，及时把人民群众创造的经验和面临的实际情况反映出来。

可以说，我国各种媒体都姓"党"，接受党的领导。所以，我国媒体人都要遵循党性原则，按照上述五点要求，积极并有创造性地为党工作。

至于客观原则同样是掩饰政治目的的骗人原则。这一原则规定，记者只能把发生的事实记录下来，做到"纯客观""不党不私""不偏不倚"。很明显，这种看似"冠冕堂皇"的要求，任何一个媒体记者都做不到。首先，记者面对事实要选择，选择就要有标准。不同媒体有不同标准，这就是价值取向和立场。还有叙述事实的角度和遣词造句，都必然流露出记者的情感。怎么可能做到"纯客观"呢！在我们的新闻理论中也有"客观"这个概念。老一辈革命家刘少奇说得好，新闻报道"必须是客观的、真实的、公正的、全面的，同时必须是有立场的"。我们不回避"立场"二字。

马克思主义政党的本质特征之一就是，做什么事，依据什么原则，都公开表明。什么"良知"、什么"客观"、什么"公器"、什么"第四势力"让这些虚伪的理论远离我们吧！

习近平同志多次指出，我们要坚定四个自信：道路自信、制度自信、理论自信、文化自信。这"理论自信"中应包括我国的新闻理论。我们新闻舆论工作者要自信地按照中国特色社会主义新闻理论，爱岗敬业，努力工作。

（作者单位：中央人民广播电台）

（原载《中国广播电视学刊》2017年第3期）

三

美国总统与记者的角斗

刘建明

在某些国人眼里,西方记者是崇高的"第四权力",总统稍有过错就遭到言弹攻击,或将其轰下台。所以有人说:"屡屡被记者'折磨'的总统们虽心有怨言,却懂得尊重记者的权利。"[①] 但美国总统同记者角斗的种种事实表明,总统对记者有时却毫不客气,"第四权力"不得不屈服于总统的淫威。在美国以至整个西方世界,记者同国家首脑实际是相互利用、彼此掣肘的关系,记者岂有"折磨"总统的能量!?

一 总统与记者的交锋

美国记者确有"曝光"和"揭丑"总统的传统,自诩社会的"瞭望者"和"守望者",但他们面对总统的斥责却常常俯首帖耳。20世纪30年代,罗斯福总统不允许记者有任何形式的冒犯,如果哪个记者把他惹恼了,轻者严厉训斥,重者惩罚不怠,只是手段极其巧妙、隐蔽。他认为记者是一群毫无教养的文人,对他们提出的问题不满意,就直截了当地顶回去:"这是个未经确定的问题,请不要盘问。"

在白宫新闻发布厅,穷追不舍的记者多次被罗斯福戴上高高的纸帽示

---

① 博文:《美国总统为什么害怕记者》(http://www.360doc.com/content,2010-08-23)。

众:"戴上你的傻瓜纸帽,站到墙角去!"第二次世界大战期间,《纽约每日新闻》报的一位专栏记者把罗斯福惹火了;当众被"授予"纳粹铁十字勋章,让他站在记者前丢丑。受到体罚的记者,没有一个敢于抵制这奇耻大辱,都乖乖地接受总统的训斥。

艾森豪威尔总统不喜欢新闻发布会,从不认真听取记者提问,也不正面回答他们的问题,而是旁若无人地自己讲个没完。艾森豪威尔的新闻秘书詹姆斯·哈格蒂在公布一盘总统记者会录音带时说:"我很高兴把讲话录音直接发到电台、电视台和新闻制片社。让有偏见的记者见鬼去吧;我们将直接面对人民,让他们确切听到总统的话,而不用去看记者们有偏见的报道。"①

1960年肯尼迪总统曾直言不讳地对记者说:"你们的文章我读得越多,越不喜欢。"他不喜欢记者还有个原因,即肯尼迪夫人杰奎琳·肯尼迪的每日开销一直是记者们关注的话题,报刊连篇渲染她大把花钱,引起总统夫妇的反感。肯尼迪遇刺身亡后,约翰逊总统成为新闻发布会绝对的主宰,他只对他认可的记者发布新闻,对不喜欢的记者根本视而不见,凡因报道得罪了他的记者,别指望有提问的机会。

尼克松最讨厌记者,1968年他进入白宫不久就拟定了一个记者黑名单,把报刊分为"友好""中立"或"不友好"三类,以不友好的记者为敌,几乎废止了记者招待会(每年平均只发布七次)。② 1972年美国执行编辑协会华盛顿新闻委员抱怨说:"尼克松总统已经快要在他的任期内把总统新闻发布会给扼杀了。"白宫新闻发言人斯皮尔认为,新闻发布会是"总统和媒体间最不受控制的交锋"③。美国新闻学者威廉·波特(William E. Porter)在《攻击媒体:尼克松时代》一书中说,尼克松政府"快速地对媒体进行多层次的攻击,这些攻击组织得力、强度大、范围广,将尼克

---

① Martha Joynt Kumarr, *Portraying the President*: *The White House and the Media and Managing*, University Press, 1981, p. 57.

② John Anthony Maltese, *Spin Control*: *The White House Office of Communications and the Management of Presidential News*, 1994, p. 48.

③ Joseph C. Spear, *Presidents and the Press*: *The Nixon Legacy*, 1986, pp. 79 – 80.

松政府的媒体政策与其前任政府区别开来"[1]。每届美国总统都同记者发生过冲突，记者遭到总统或新闻发言人打压的事情时而发生，各届政府的区别只是程度与手法不同而已。

美国其他高官对记者有时也毫不客气，但他们与总统不是同一个"重量级"，为此不得不付出代价。2007年麦金尼担任议员时，曾与国会的一个警卫发生肢体冲突，正当她为这件事到众议院作解释时，她的私人保镖又和记者发生了冲撞。当时来自亚特兰大的记者斯科特紧跟麦金尼身后，追问有关这次事件的进展。麦金尼的保镖却对斯科特粗口相向，对其推推搡搡，威胁要把斯科特"送进监狱"。麦金尼的保镖动粗，引起美国各大媒体的关注，纷纷大肆炒作"女议员保镖打记者"，事情越闹越大。在2008年中期选举中，连任6届的资深众议员麦金尼最终丢掉了议席。[2]

二 总统与记者的敌意

在白宫办公厅主任H. R. 霍尔德曼（H. R. Haldeman）的帮助下，尼克松建立了一套影响新闻报道的操作系统，对媒体全天候地进行监视。其中包括：隔绝，不让媒体接触总统；安抚，主动向记者提供新闻，不让媒体四处专营探听，但隐瞒关键信息；回避，严格审查消息来源，竭力封锁对政府不利的信息。尼克松认为，媒体感兴趣的是事件的戏剧性，在记者看来"政府的麻烦才是新闻"[3]，这就决定了他对媒体的不信任。他第一届任期（1969—1972）的新闻发言撰稿人威廉·赛费尔（William Safire）曾说："我听过尼克松说'媒体是（我们的）敌人'不下十次。"[4]尼克松在1971年的备忘录中写道，他出席了最近一次新闻界晚餐会，"记者的表现比平

---

[1] William E. Porter, *Assault on the Media: the Nixon Years*, Ann Arbor: University of Michigan Press, 1976, p. 3.
[2] 《美欧官员动怒方式迥异》，《国际先驱导报》2010年3月22日。
[3] David L. Paletz and Robert M. Entman, *Media Power Politics*, 1982, p. 17.
[4] Melvin Small, *The Presidency of Richard Nixon*, Lawrence: University Press of Kansas, 1999, pp. 11 - 12.

常还坏","这证实了我的理论,那就是对他们采取轻视的态度是一个长期有效的策略"。①

里根入主白宫,意识到媒体的价值与记者的权利,不像尼克松那样压制媒体,记者们也为里根的幽默和机智所迷倒。在遇刺时,里根对记者说的"亲爱的,我忘记躲了"这种沉着冷静、蔑视暗杀的气概,赢得媒体的赞誉,但他在背后却对记者非常嫉恨,一旦记者给他出什么难题,他总是想办法刁难。《华盛顿邮报》记者坎农曾是里根的老朋友,当里根认为这位记者的文章对他有些不敬,就下令说:"在白宫内,谁也不要跟坎农说'早上好'。"②

克林顿曾经邀请白宫记者参加在南草坪举行的午餐会,《商务日报》记者史派瑞问克林顿:"你何时准备召开下一次正式记者会?美国人民有很多至今没有答案的问题要问。"接着,史派瑞毫无顾忌地提出几个令克林顿非常反感的问题,克林顿被激怒了,粗暴地反诘说:"我不喜欢你用这种指控的口气提问!……在全美国,你是第一个问我这些问题的,没有任何人提出过这样的问题。"克林顿与史派瑞针锋相对地争论了十多分钟,两眼一翻,做出不屑一顾的样子。此后,史派瑞不再被邀请参加白宫的发布会。白宫新闻发言人蔑视地告诉他:"我们唯一的遗憾就是邀请了你,我们不会再犯这种错误。"③

2000 年美国总统大选前小布什在波士顿接受电视采访,记者安迪·希勒突然问道:"您能说出俄罗斯车臣共和国总统是谁吗?"小布什有点为难地回答:"不知道。"记者又问:"您能说出巴基斯坦掌权的那位将军的名字吗?"小布什立即反问:"那么你能说出墨西哥外长的名字吗?"记者漫不经心地答道:"我不知道!我不想参加总统竞选,所以没有必要知道。"小布什反击道:"作为一个知名记者,你不知道墨西哥外长,也是不合格

---

① 靖洪:《组织晚宴讨好媒体 美总统接受"笑话大审判"》,《北京青年报》2005 年 3 月 13 日。
② 黄友义:《白宫新闻发布厅里的故事》,《对外大传播》2006 年第 5 期。
③ 宋国城:《白宫记者不好当》,《南国早报》2009 年 10 月 26 日。

的。"此言一出，这位记者无法再纠缠了。①

作为赫斯特报业的专栏作家海伦·托马斯先后经历了肯尼迪、约翰逊、尼克松、福特、卡特、里根、老布什、克林顿、小布什、奥巴马10任总统，据说这个女人走近时，总统们就会发抖。"她有刀子似的舌头和利剑般的智慧。"《华盛顿邮报》这样评价她。海伦自己则说："他们全都不喜欢我们。从来没有总统喜欢记者的。如果你想受欢迎，就不要干这行。"②小布什"封杀"了海伦整整3年，直到2006年她才得到一次当面向总统发问的机会。

2008年12月14日美国总统布什访问伊拉克，与伊拉克总理马利基共同举行记者招待会。布什对记者发表讲话说："我们还有很多事情要做。这场战争没有结束。"马利基正在点叫第一个记者提问时，一名男子突然站起来，用阿拉伯语厉声大喊了几句，随后朝布什扔鞋子，布什马上低头躲开。这位记者身手敏捷，又扔去一只，第二只鞋子从布什头上飞过。这个人是巴格达一家电视台的记者，名叫蒙塔兹·扎伊迪。记者招待会顿时一片混乱，安保人员向扎伊迪冲过去，将其扑倒。扎伊迪的一只手臂被打折，肋骨被打断，安全人员将他拖出新闻发布会现场，地上留下一串血迹。该场景被当地各电视台不断播放。巴格达一家报纸的记者阿德尔·哈米德说："作为同行，我很理解扎伊迪的做法。这表达出我们对布什政府在伊拉克一系列的失败和过错而导致成千上万伊拉克平民死亡的愤慨。"不过，哈米德并不赞同扎伊迪的做法，认为此举"非常不成熟、不专业，给自己的职业抹了黑"。

2012年6月15日，奥巴马在白宫玫瑰花园就美国停止遣返部分年轻非法移民的新政策发表演讲，美国新闻网站《每日通话》记者尼尔·蒙罗数度打断奥巴马的讲话，高声向奥巴马发问："为什么你偏爱外国人胜过美国人？"奥巴马对突然袭击颇为不悦，告诫说："对不起，先生，现

---

① 川江柚：《面对刁难，沉着应变——论辩中如何化险为夷》，《演讲与口才》2007年第7期。
② 江玮：《白宫记者斗了美国总统上百年》，《环球人物》2010年第5期。

在不是提问的时间。"记者毫不退让,立即反诘:"不,你必须回答问题。"

奥巴马的脸色越发难看,拒绝回答蒙罗的问题:"我正在讲话时不会回答问题。"过了几分钟后,奥巴马的讲话再次被打断,他已被激怒:"我不是要和你吵架,我正在回答你的问题。"他解释说,之所以停止遣返部分年轻非法移民,是因为"这对美国人民来说是正确的事"。对于这次交锋,《每日通话》总编辑塔克·卡尔森发表声明捍卫自己的记者说:"记者的工作就是问问题并得到答案……政治家们往往不愿意告诉我们,但一个好记者却能够获得故事(所需的信息),我们对尼尔·蒙罗感到自豪。"①

三 记者将总统置于困境

美国白宫新闻发布厅有时也会像法庭一样,100多位记者不友善的质问如同狂轰滥炸,让总统不知所措。在"水门事件"中,记者们对尼克松的提问令他无法忍受,此后连续5个月没再召开一场记者招待会,但他的新闻发言人兹格勒仍得每天回答记者的提问,最终受不了这份苦差,不得不躲起来。

作为美国历史上年纪最大的总统,70多岁的里根不仅不善于回答记者的问题,还记不住记者的名字,新闻办公室帮他想了很多办法,决定给记者安排固定座位。几大电视网和通讯社的知名记者坐在前排,新闻官员事先告诉里根,应该让坐在第几排第几个座位上的记者提问,因为这几个记者会提"友好"的问题。每次新闻发布会开始后,里根面带笑容,从容地对着某位记者一指,点叫与问答就顺利完成了。但这种方法有时也不灵,有一次,赫斯特报系的一个资深记者鲍勃被安排到一个特定的位子,到新闻发布会时,不知何故他缺席了,那个位子就被另一名记者占了。里根照

---

① 中新社华盛顿2012年6月15日报道:奥巴马讲话被打断与记者发生罕见短暂"交锋"。

样用手一指，冲着那个座位的记者叫道："鲍勃，请提问。"大家顺着他指的方向看去，电视镜头也对准了那位记者，但不是鲍勃，那人没有应声。信心十足的里根指着那个记者，抬高嗓门说："我叫你呢，鲍勃·托马斯先生。"立刻引起记者们一阵大笑。①

有一次，里根不知道该如何回答记者的问题，支吾好一阵没说出一句话，十分窘迫。他的夫人南希此时用小车推出一个蛋糕，对记者们高声喊道："该吃蛋糕了！该吃蛋糕了！"帮里根解了围。还有一次，在他家乡的农场门口，记者就美苏关系问题发问，里根一时语塞，站在他身边的南希悄悄提醒他："我们会采取一切可以采取的措施应对苏联。"里根马上对这位记者大声重复了夫人这句话。可是，这一切却被放在脚下的一个麦克风录了下来。事后，媒体就南希干涉政务发表了许多评论，里根的处境十分狼狈。

里根的新闻发言人斯皮克斯讨厌那些"不友好"的记者，每次记者招待会前几分钟，他都会请白宫卫队用闭路电视扫描已就座的记者，告诉里根哪些人在黑名单之内，有什么特征。他还故意把几个常提讨好性或平庸问题的记者安排在一处，当里根被难题压得不知所措时，便转向那一边。由于这种做法太明显，被人在报纸上加以讽刺，受到"特殊安排"的那些记者也感到脸上发烧。

当克林顿与白宫实习生莱温斯基的性丑闻披露出来后，克林顿曾一口咬定与莱温斯基没有私通。一次，他陪同到访的英国首相布莱尔举行新闻发布会，想极力避开爱提尖锐问题的记者。但有位好事者抢先站起来问道："总统先生，莱温斯基小姐本是一个普通人，但是因为你，她的一生都将改变。你对此有何感想？"克林顿异常难堪，随口便说："那很好，很好。"引起记者们哄堂大笑。

2012年7月6日奥巴马在白宫后院草坪接受60多个国家的媒体采访。当有记者问，美国为什么邀请俄罗斯参加太平洋军演，而不邀请中国？奥

---

① 黄友义：《美国白宫新闻发布厅里的故事》，《对外大传播》2005年第10期。

巴马说，美俄从未发生过战争，阿拉斯加是俄国人卖给我们的，我们是生意上的伙伴儿。（掌声）我们邀请的是国家的军队，美国民主党没有自己的军队，我们不知道应该邀请中国哪支军队参加才好，否则会介入中国内政！

有些评论认为，这个讲话是对俄罗斯的讽刺和对中国的攻击。一篇短评指出，蒋介石接任国民党总裁后把军权牢牢掌握在手里，始终是国民党军队总司令。美国半个多世纪以来都没停止过对国民党军队的支持，从没对党管军队提出质疑，为什么对中国共产党掌管军队就说三道四？他的回答表面看带有调侃之意，实际是对中国体制的攻击。奥巴马是代表民主党执政的，他既是美国总统又是美军总司令，又是民主党领袖。美国军队四处耀武扬威体现的是民主党的意志。面对这样的评论，奥巴马无言以对。

据中国之声"新闻纵横"栏目2011年4月22日报道，4月18日美国总统奥巴马在白宫接受了多家地方电视台的采访，来自得克萨斯州达拉斯市的记者布拉德·沃森提出的尖锐问题是："在您看来，您为什么不受得克萨斯人民欢迎呢？"这是指奥巴马在2008年的大选中，在该州输给了约翰·麦凯恩11个百分点。奥巴马听到这个问题一时语塞，想了一下说："如果你是想告诉我，得克萨斯州是一个保守的州，那么你无疑是正确的。"在采访结束时，奥巴马一边将麦克风摘下，一边警告记者："下次采访时，你让我把话说完好不好？"

种种事实说明，西方记者没有什么特权，只能在政府的规制下采访报道，最大限度地将总统或高官一时置于困境。参加白宫新闻发布会的记者除了需要出示新闻机构证明外，还要有白宫签发的记者证。在记者和总统及新闻发言人之间发生冲突时，记者常常拿出新闻自由的条款施压，维护自己的权利。但总统和新闻发言人则满不在乎，有时抛出谎言应付记者，有时给记者点下马威。白宫新闻秘书曾警告记者："美国人需要管住自己的嘴。"小布什也曾向记者挑战说："有时候你们不喜欢我作出的决定，有时候我也不喜欢你们对我的决定的描述方式。但无论如何，我们之间的这种关系是国家进程中非常重要的一部分。"[1] 在美国，记者有权向政府高官提出任何问题，以致监督他们的私生活，但这种权利是有限的，常常遭到权势阶层的蔑视。二者的对抗与妥协，是西方国家制度中的一种常态性机制。

（作者单位：清华大学新闻与传播学院）

（原载《新闻爱好者》2013 年第 5 期）

---

[1] 黄倩：《海外政要们的公关术不只是形象工程》，《方圆》2013 年第 1 期。

再塑新闻魂

——浅谈马克思主义新闻观及其科学与价值

李 彬

马克思主义新闻观是中国新闻业的灵魂。它既是理论，更是关乎国家发展、人民福祉的政治，也是业界学界人人皆知，而又似乎常常"被风干了挂在墙上"的招贴。从历史与现实的角度重新审视马克思主义新闻观的科学与价值，正本清源，守正出新，对于新闻工作及其研究无不关系重大。下面从四个方面谈谈自己的一些初步认识。

一 当下问题：失序与失魂

当下触目所见的问题当属"失序"，可谓乱象丛生。先看几个案例。

首先是《新闻记者》杂志评选的年度十大假新闻。2000年，《新闻记者》策划评选年度十大假新闻，希望通过这种方式对日益泛滥的虚假报道产生一种制约。没想到，评选之后，一切照旧。于是，第二年又评了一次，还是一如既往。结果，就这么一年一年评下来，评出的虚假新闻千奇百怪，如新浪网的"千年木乃伊出土后怀孕"等。评到第八个年头，杂志编辑部无奈叹息，艰苦卓绝的抗日战争八年都打赢了，而杜绝假新闻还遥遥无望。

再看一个新近的典型案例，《财经》杂志的假新闻事件。2016年情人节，《财经》一篇报道《春节纪事：一个病情加重的东北村庄》，引起社会关注与舆论热议。报道反映的一系列农村问题令人惊愕，如"村妇密谋组团'约炮'"。这篇报道开宗明义写道:"我要写的故乡杂记却显得些许残酷和悲戚,可惜这并非杜撰虚构,而是真实的写照。"然而,新华社记者去东北了解情况时,却发现这篇报道纯属杜撰虚构。这比假新闻更令人震惊。因为,《财经》自诩专业媒体,一向以《纽约时报》等为楷模,在海内外声名卓著,竟刊发如此赤裸裸的假新闻。更令人惊愕的还在于,出现这一丑闻,媒体没有反思,主编没有辞职,记者没有受到处理。《财经》道歉信中反而曲意回护与辩解,说刊物由于把关不严,发了一篇随笔。什么,随笔?《财经》何时改为文学期刊了?即便是随笔,也不能不讲事实,胡编乱造。作为对比,看看《财经》引为楷模的《纽约时报》怎么处理类似问题——2003年,《纽约时报》曝出记者的系列造假丑闻,举世震惊,总编辑与执行总编辑宣布辞职,记者永不续用。[①]如果说,上述案例仅关乎职业道德的话,那么下面的案例就涉及政治价值了。2013年,《新快报》记者陈永洲涉嫌违法,被警方带走。当天《新快报》编了一个耸人听闻的版面——"请放人,敝报虽小,穷骨头还是有那么两根的",俨然一副为民请命、铁骨铮铮的架势。尤其触目惊心的是,"请放人"三个大字通贯版面,占据头版中心,大得几乎覆盖整个版面的三分之一,仿佛"黑奴吁天录"。然而,事实表明,陈永洲确实涉嫌违法,警方不过是依法行事,该报后来不得不发了一则不起眼的致歉声明:"受人指使收人钱财,发布大量失实报道。"类似案例还有2013年《南方周末》新年献词事件,什么"中国梦""宪政梦""自由梦"云云,一度还被海内外媒体炒成沸沸扬扬的热点事件。习近平2015年在全国党校工作会议上的讲话格外令人深思:"有的人奉西方理论、西方话语为金科玉律,不知不觉成了西方资本主义意识形态的吹鼓手。"

最后看一个更令人深思的案例,2013年央视报道曼德拉逝世的新闻。以上案例要么出自商业化的动机,要么出自政治化的取向,而这个案例则

[①] 2016年4月22日,国家新闻出版广电总局通报了对《财经》等15家媒体发布虚假报道的查办情况,依法吊销《财经》涉事记者的新闻记者证,并将其列入新闻采编不良从业行为记录,对《财经》以及未经核实而转载这一虚假新闻的相关媒体作出行政处罚,并追究相关人员责任。

纯属中央主流媒体出于加强其国际传播能力的动机。作为一代政治领袖，曼德拉去世自然是重要的国际新闻，央视第一时间做了大规模报道，新闻频道从早到晚滚动播报，时间及时，信息充足。那么还有什么问题呢？问题在于央视的报道丧失了中国对这一新闻以及相关背景的解读，成为西方媒体及其话语的传声筒。换言之，我们看到的是中央电视台的曼德拉逝世报道，实际上接受的是西方的一套政治宣传。对此，年轻学者王维佳写了一篇影响广泛的文章《中国媒体曼德拉逝世报道的问题》，令人悚然而惊，豁然而醒。文章指出，央视报道曼德拉，无视20世纪六七十年代反帝反殖的时代潮流与正义力量，无视社会主义国家特别是新中国，毛泽东、周恩来等对亚非拉人民反抗斗争的大力支持，将曼德拉塑造成个人英雄，信奉一套西方自由民主宽容理念，仿佛通过个人魅力就化解了种族冲突，这种形象与话语恰恰是欧美刻意塑造的。事实上，曼德拉当年曾经积极从事革命斗争，组织武装暴动，不幸被捕入狱，为南非当局提供曼德拉行踪情报的正是美国中情局。曼德拉入狱后，与世隔绝几十年，同后来的历史进程基本隔绝了。而央视的报道却遵循西方媒体的口吻，按照欧美刻意扭曲的曼德拉形象，讲述了一个西方乐观其成的曼德拉神话，失去了自己的政治立场与政治判断。正如王维佳文章所言："所有的报道中，曼德拉的革命生涯基本上孤立于那个特定的历史背景，也孤立于所有国际力量，这样的报道不是真实客观的，它基本上等于是一场政治宣传。中国的媒体积极主动地参与了欧美主流新闻媒体所主导的一场声势浩大的全球政治宣传。"此事还有一个下文，同样让人哭笑不得——王维佳的文章发表后引起业界学界关注，有识之士也开始反思，不料时隔一年，某所名校联合名流，搞了一个年度电视节目评选，名列第一的竟是央视报道曼德拉，而获奖理由则是不足为奇的"与国际接轨"！

　　以上是一些失序的案例，而背后根源则是这里要谈的核心问题："失魂"。

　　"失序"背后是"失魂"，魂儿没了，魂儿丢了。那么，什么是魂儿？毛泽东在《关于正确处理人民内部矛盾的问题》一文中说过："没有正确的政治观点就等于没有灵魂。"我们看看欧美记者，无论报道什么新闻，往往体现着鲜明的政治立场、政治价值、政治观点，也就是他们的新闻魂。习近平在新闻舆论工作座谈会上更是一语中的："新闻观就是新闻舆论工作的灵魂。"在我看来，习近平这篇讲话的灵魂正在于此。当然，他讲的新闻观不是别的什么新闻观，而是"马克思主义新闻观"，马克思主义新闻观是中国新闻工作者的灵魂。失去这个灵魂，就好像一个人失魂落魄，势必导致以上乱象丛生的问题。

关于失魂，当代诗人昌耀在平生最后一首长诗《一个中国诗人在俄罗斯》中，写下一段耐人寻味的诗句："这个世界充斥了太多神仙的说教，而我们已经很难听到英特纳雄耐尔的歌谣。"何谓神仙的说教？举个例子，某位曾经暴得大名的央视记者，在一篇访谈中侃侃而谈新闻的核心就是一个"知"："记者只是观察、记录、认识这个世界，而不是去干预……"这位据说不去干预而只是"知"的记者，却在2015年两会前夕，与境内外势力合纵连横，策划了一个满城风雨的大动作，借环保话题做了一把捅破天的文章，看来所谓"知"也是自欺欺人。当然，诸如此类的新闻观不必特别介意，倒是学界业界的"流行曲"更有影响力，试举几例。一是信息论，信息时代，传播共享，新闻只是提供信息。一是专业论，所谓专业主义、新闻专业主义，客观中立，不偏不倚云云。一是公器论，新闻媒体属于社会公器，公器自然公用。最后最流行的是自由论，记者是"无冕之王"，媒体是"第四等级"。诸如此类的理论早已成为业界学界暗流涌动的新闻观，同马克思主义新闻观不说是圆凿方枘，格格不入，至少也是分道扬镳，渐行渐远。

这就是所谓"失魂"问题。对此，北京大学潘维教授尖锐指出：自上而下的价值观混乱和媒体从业人员的价值观混乱互为因果，已经危及国本。芝加哥大学终身教授赵鼎新在《社会与政治运动讲义》里，也一针见血地挑明：国家精英和媒体精英缺乏意识形态性的价值认同，他们之间只有利益认同，而基于利益的认同显然很不牢固，一旦经济出现问题，政治出现变故，那么这些记者包括体制内的得益者，就会毫无心理障碍地站到对立面,为政治危机添砖加瓦。想想苏东解体不正是如此吗。

二 现代中国:为什么选择马克思主义

以上从失序到失魂,谈了一些触目可见的现象和问题。下面谈谈怎样再塑新闻魂。鉴古知今,我们先从历史的角度谈起。

中国现代新闻业曾经形成三种主要形态,三种形态又对应着三种主义,三种主义实际上代表着三种不同的道路。第一种是自由主义与私营报业,像《申报》《大公报》《新闻报》等。第二种是保守主义与党国报业,如国民党的《中央日报》《扫荡报》及中央社等。第三种是延续至今的马克思主义与革命报业、人民报业。

先看自由主义。清华大学胡伟希教授撰文谈到,近代中国的主题是独立与富强,反帝反封建,而对于广大劳苦大众来说,这一主题一点儿也不深奥,相反十分浅显,无非是一个生存权利与基本温饱的问题。萧红的名著《呼兰河传》里有一段朴实文字:"他们不知道光明在哪里,可是他们实实在在地感得到寒凉就在他们的身上……(他们)只希望吃饱了,穿暖了。但也吃不饱,也穿不暖。"面对这个问题,自由主义的方略要么是与列强军阀当权者合作,实际上是助纣为虐;要么是同他们讲道理,说白了是与虎谋皮。他们想以此解决中国的危局,不仅没有发生效果,反而使他们失去了广大民众。美国学者格里德对胡适的总括性评价,也适用于现代自由主义文人与道路:"胡适的价值标准和思想抱负表明,他对于他的人民的'社会愿望'或他们生活的'实际条件'几乎完全没有什么真正的认识。"

思想史学者何晓明将现代中国的自由主义喻为"不结果实的精神之花",他在对比了三种主义、三条道路后指出:激进主义以其昂扬的气势、痛快彻底的解决问题方式以及英雄主义的精神感召力量,比较容易赢得苦难民众的认可。保守主义迎合了社会大众既想改变现状,又怕打破坛坛罐罐的普遍心理,从而在历史遗产格外丰厚的中国拥有宽广的社会基础。唯独自由主义,先天不足,后天失调,既缺乏与中国传统文化的接榫机理,又生不逢时,加之自由知识分子一贯的精英做派和鄙视民众的贵族心理,与几万万民众的"悲惨经验之间几乎存在着无限的差距",自然与大众相疏远,相隔膜,他们的主张也就无法得到历史的青睐和社会的采纳。结果,自由主义终究只能在精英知识分子中流行,在教授的沙龙、太太的客厅、文人的书斋中高谈阔论,而无法成为激励社会各阶层,尤其是劳苦大众争取自身解放的思想旗帜。

海外传播学者李金铨讲到"文人论政"时,也谈到类似看法:自由主义知识分子及其报刊,凭借良心和理念讲话,针砭时弊,只有抽象想法,没有具体主张和运动策略,他们的社会地位高高在上,他们关注的民主、言论自由、宪政对那些为温饱而挣扎的普通百姓来说未免陈义太高。

结果,自由主义及其报业的命运,最后就像徐志摩诗中写到的:

> 我不知道风
> 是在哪一个方向吹——
> 我是在梦中,
> 在梦的悲哀里心碎!

下面再看马克思主义和保守主义。也以两个代表人物及其代表作为例,前者是毛泽东及其《新民主主义论》(1940),后者是蒋介石及其《中国之命运》(1943)。抗战后期问世的《中国之命运》堪称保守主义的政治宣言,蒋介石由此不仅失去民心,而且也失去曾经对其寄予厚望的自由知识分子。因为这些知识分子经过"五四"洗礼,自由、民主、科学等现代意识深入骨髓,而《中国之命运》却想开历史倒车,退回到仁义礼智的儒家传统。毛泽东的《新民主主义论》则充满生机勃勃的现代精神、现代意识,如一把光明的火炬照亮黑箱子的中国,最终成为人民民主新中国的奠基石。而历史也由此给出答案:马克思主义赢得中国。

那么,现代中国为什么选择马克思主义,而不是其他主义?天津师范大学徐大同教授有一篇文章，题为《中国人民拒绝自由主义，接受共产主义的文化基因》，从文化基因的角度对此作了独到剖析。文章讲到，中国人民拒绝西方自由主义，接受共产主义有多方面原因，其中文化基因是一个重要方面。在中国文化基因中，也有一套自由观。这种自由观简单说就是我行我素，不要任何干涉。这种意识同西方自由观很不一样，后者是在资本主义文明基础上，形成的以私有财产为基础，以个人权利为诉求，负有相应社会责任的政治价值观。而中国传统的自由观，则是不要任何束缚，天马行空。最早的一例，就是上古歌谣《击壤歌》，表现一位农夫耕田之余，悠然吟唱的心声："日出而作，日入而息。凿井而饮，耕田而食。帝力于我何有哉！"他是何等自由自在，天王老子也管不着。这种自由自在的意识，在几千年隐逸文化中更是不绝如缕：采菊东篱下，悠然见南山。永忆江湖归白发，欲回天地入扁舟。这样一脉自由散漫的传统，到近代列强入侵，积贫积弱之际就成为致命的问题了。孙中山先生就曾指出，中国社会的主要问题不是专制，不是缺乏自由，而是自由过度，一盘散沙。所以，现代中国拒绝自由主义就是势所必然了。

同样，现代中国选择共产主义，也是文化基因使然。中国的文化基因有脉连绵不绝的大同思想，而大同思想与共产主义心心相印，息息相通。如同器官移植，外来的共产主义同中国的社会肌体若合一契，源远流长的大同思想成为中国人民接受共产主义的文化基因。关于大同，儒家典籍《礼记·礼运》篇有段经典文字："大道之行也，天下为公。选贤与能，讲信修睦，故人不独亲其亲，不独子其子，使老有所终，壮有所用，幼有所长，鳏寡孤独废疾者皆有所养……是谓大同。"这段话凝练地表达了中国文化一脉源远流长的意识，即有福同享，有难同当，天下为公，四海一家，也就是一种原始共产主义思想。这种大同意识在历代农民起义中成为一种强大的感召力量，如唐末黄巢自号"均平大将军"，北宋钟相、杨幺起义的"等贵贱，均贫富"，太平天国的《天朝田亩制度》以及耕者有其田等。康有为的《大同书》，孙中山的天下为公，均为大同思想的近代范本。孙中山说过，三民主义的民生主义就是社会主义，又名共产主义，即是大同主义。作为一种深入骨髓的文化基因，大同思想自然使中国人更容易接受社会主义。

北京大学强世功教授在《中国香港》一书里说：中国选择马克思主义，与其说是出于民族主义或国家主义的现实动机，不如说是基于国际主义和天下大同的古典理想，这是共产党与国民党、新中国与旧中国的根本区别。过去讲十月革命一声炮响，给我们送来了马克思主义，只有马克思主义才能救中国。而强世功教授指出，中国人民信奉马克思主义不只是为了自己的翻身解放，独立自由，在这一救国救民的现实背后还有更深刻的一面，那就是马克思主义与中国古典大同理想一脉相通，中国人民信仰马克思主义也是基于心目中还憧憬着一个天下为公的世界。

改革开放后，邓小平反复强调：我们干的是社会主义事业，最终目的是实现共产主义。这一点，我希望宣传方面任何时候都不要忽略。我们搞四个现代化，是搞社会主义的四个现代化，不是搞别的现代化。1989年政治风波后，他同新一届中央领导集体谈话时又明确指出，如果我们不坚持社会主义，最终发展起来也不过成为一个附庸国，而且就连想要发展起来也不容易。1992年在南方谈话中，邓小平再次重申：不坚持社会主义，不改革开放，不发展经济，不改善人民生活，只能是死路一条。这段话前些年一度被断章取义炒作一番，所谓不改革就死路一条云云。事实上，邓小平的思路一以贯之，用他的话说，"改革是社会主义制度的自我完善"，而不是其他，不坚持社会主义的改革才是死路一条，就像苏联戈尔巴乔夫的改革最终导致亡党亡国。所以，十八大后启动全面改革的三中全会公报提出，"全面深化改革的总目标，是完善和发展中国特色社会主义制度，推进国家治理体系和治理能力现代化"。习近平还用两句话简明扼要地说明：改革开放的旗帜必须高高举起，中国特色社会主义道路的正确方向必须牢牢坚持。

三 实事求是：新闻魂的科学内涵

前面回顾了现代中国的三种报业、三种主义、三条道路，最后万水朝东归结到马克思主义与革命报业，共产党新中国的新闻业就是革命报业的历史延续。下面再通过革命报业的理论与实践，谈谈我们的新闻魂。

革命报业在新闻史上属于重头戏，人们耳熟能详，大略说来从建党前后开始萌芽形成，《新青年》《向导》《热血日报》等均为先驱，经过北伐战争、土地革命、抗日救亡运动，一步步成长壮大，到延安时代总其大成，走向成熟。其中，延安整风以及《解放日报》改版更是一个里程碑，不仅形成了新中国新闻业一系列传统、精神、机制等，而且牢固确立了马克思主义新闻观的指导思想，为共产党新中国的新闻业注入了鲜活的生命和灵魂。

关于革命报业以及《解放日报》改版，可用两个关键词概括，即实事求是与群众路线。这一认识来自历史性文献《关于建国以来党的若干历史问题的决议》。决议中对毛泽东思想的概括有三个关键词：实事求是，群众路线，独立自主。2013年毛泽东诞辰120周年时，习近平在纪念讲话中再次重申了这三个关键词，并围绕这三个关键词做文章。可以说，实事求是、群众路线、独立自主既是毛泽东思想的活的灵魂，也是共产党新中国的活的灵魂。这里，我们也用这三个关键词追溯《解放日报》改版和共产党新中国的新闻魂。不过，我们把独立自主作为一种总体性追求，共产党的革命路线，新中国的建设路线，改革开放的发展路线，无不体现了独立自主的追求，常说的"中国特色"也可谓独立自主的宣示与诉求。从革命报业到新中国新闻业，同样贯穿了这种独立自主的意识，从而使新中国新闻业在世界新闻业中独树一帜。而这一追求与意识，集中体现为实事求是与群众路线。所以，下面重点讲实事求是和群众路线，而独立自主则融入实事求是与群众路线之中，就不单独谈了。

先看实事求是。

马克思在《好报刊和坏报刊》一文中，写下一段经典精辟的论述："谁是根据事实来描写事实，而谁是根据希望来描写事实呢？"这句话区分了两种基本的新闻观：一是唯物论的；一是唯心论的。唯物论的新闻观自然是根据事实描写事实，唯心论的新闻观则根据希望描写事实，也就是根据记者头脑中的想象描写事实，报道新闻，就像《财经》记者的东北农村报道，美国媒体配合美国政府的伊拉克战争而想象的"大规模杀伤性武器"。毛泽东在国共第一次合作期间，出任国民党中宣部代部长，创办了《政治周报》，撰写了发刊词，其中写道：

> 敌人说："广东共产。"我们说："请看事实。"敌人说："广东内讧。"我们说："请看事实。"敌人说："广州政府勾联俄国丧权辱国。"我们说："请看事实。"敌人说："广州政府治下水深火热民不聊生。"我们说："请看事实。"
>
> 《政治周报》的体裁，十分之九是实际事实之叙述，只有十分之一是对于反革命派宣传的辩论。

周恩来对实事求是的表述更是精辟：尊重事实才能尊重真理。如果连基本事实都不尊重，那么何谈尊重真理呢。邓小平说得同样干脆：拿事实来。延安《解放日报》改版期间，陆定一发表了一篇文章《我们对于新闻学的基本观点》。文章要点有两个：一是新闻的实事求是；一是新闻的群众路线。关于实事求是，他写道：

> 唯物论者认为，新闻的本源乃是物质的东西，乃是事实，就是人类在与自然斗争中和在社会斗争中所发生的事实。因此，新闻的定义，就是新近发生的事实的报道。
>
> 新闻的本源是事实，新闻是事实的报道，事实是第一性的，新闻是第二性的，事实在先，新闻（报道）在后，这是唯物论者的观点。

因此，唯物主义的新闻工作者，必须尊重事实，无论在采访中，在编辑中，都要力求尊重客观的事实。

陆定一的文章是《解放日报》改版的一个标志。以此为契机，解放区新闻界展开大规模的马克思主义新闻观教育，其中最突出的就是《晋绥日报》发起的"反客里空运动"，对新闻记者确立实事求是意识，老老实实做新闻产生了深远影响。有两个小故事，可以略见一斑。

新华社原社长穆青，毕业于鲁迅艺术学院，本想从事文学创作，结果分到《解放日报》，干了一辈子新闻。穆青当记者之初，遇见一件事，让他铭记终生，直到晚年接受记者访谈时还念念不忘。当时，博古派他去采访一个苏联专家的报告会，他写了报道，拿给社长博古，博古一看，脸色就沉下来了，问穆青去现场了吗？你看报道是怎么写的：会场上自始至终掌声不断。博古说，如果大家一直拍巴掌，那么专家还怎么做报告？这就是陆定一文章里说到的"老老实实主义"。

无独有偶。清华大学新闻学院已故老院长、《人民日报》原总编辑范敬宜，也有过类似经历。他年轻时跟穆青一样同属文学青年，文采风流，妙笔生花。20世纪50年代，他在《东北日报》当记者。一次，他去采访乌兰诺娃。乌兰诺娃是世界著名的芭蕾舞大师，习近平在文艺工作座谈会上的讲话中，提到一批古今中外的文学艺术家，其中有乌兰诺娃。范敬宜采访后，写了一篇可想而知的优美报道。然而，当他拿给总编辑，心里兀自得意时，不料总编辑批了八个字，让他刻骨铭心——涂粉太厚，未必是美。这里，同样体现了一种老老实实的新闻观。

范敬宜20多年前，还写了一首打油诗，善意批评当时新闻界一些不良作风：朝辞宾馆彩云间，百里方圆一日还，群众声音听不到，小车已过万重山。这是20多年前的情况，现在一些记者恐怕连宾馆小车都省了，蹲在写字楼，看看微信，玩玩手机，网上扒拉扒拉就可以捣鼓一篇"新闻"了。甚至还有专家学者为此鼓吹，说什么互联网时代采访都过时了，用电子邮件、视频连线，再看看网上评论，搞些大数据，就可以生产新闻了。还说什么"只需采，不需访"，就是说不必深入新闻现场，只需像客里空趴在后方掩体，就可以编排前线的战地报道了。范敬宜的高徒、人民日报浙江分社社长王慧敏，2016年在《新闻战线》发表文章《不改初衷》，批评这种脱离实际、脱离群众的做派："不少记者走出校门便跨进了现代化设施齐全的编采大楼，风刮不着雨淋不着，了解社会靠的是网络。即便下去采访，也是星级宾馆听汇报，隔着玻璃看庄稼，围着饭桌话沧桑。"他认为，记者就是把新闻现场作为战场的战士。

关于实事求是问题，最后还需强调一点，我们所说的唯物论是辩证唯物论，不是机械唯物论。什么叫机械唯物论？举个例子，网络上林林总总的东西，东一下，西一下，鸡一嘴，鸭一嘴，即便桩桩件件都是事实，人物、时间、地点、事件等全都确凿无疑，也不叫实事求是，而是典型的机械唯物论。这种所谓事实堆积得越多，真实世界的面貌反而越模糊，越让人恍兮惚兮，云里雾里。什么叫辩证唯物论？也举一例。刚刚获得美国艺术与科学院院士的北京大学李零教授，在《鸟儿歌唱——二十世纪猛回头》里谈道："改革开放，前提是中美接近。中美接近的前提是中苏交恶。没有中苏交恶，就没有中美接近，没有中美接近，就没有改革开放，一环扣一环。""没有毛泽东的这一招，哪有邓小平的改革开放？"只有在联系的、辩证的、总体的意义上把握事实，才能趋近真实世界及其本质，这就是辩证唯物论。对此，列宁有段话说得好："社会生活现象极其复杂，随时都可以找到任何数量的例子或个别的材料来证实任何一个论点。如果不是从整体上、不是从联系中去掌握事实，如果事实是零碎的和随意挑出来的，那么它们就只能是一种儿戏，或者连儿戏也不如。"

习近平在新闻舆论工作座谈会上的讲话，同样体现了辩证唯物论的新闻观："真实性是新闻的生命。要根据事实来描述事实，既准确报道个别事实，又从宏观上把握和反映事件或事物的全貌。"这也是王慧敏等人民记者的共识："只有把握了宏观真实与微观真实的统一，才能抓住事物的本质，才能秉持新闻真实性的原则。"

四 群众路线：新闻魂的价值内涵

1942年3月31日《解放日报》改版前夕，毛泽东在中央办公厅召开的改版座谈会上，上来第一句话就是："共产党的路线，就是人民的路线。"延安时期，他对新闻界有个题词：深入群众，不尚空谈。走进清凉山的延安新闻博物馆，一眼就能看到这个题词。经过延安整风和《解放日报》改版，革命报业形成一整套体现马克思"人民报刊"思想的新闻传统，概括起来就是两句话：全党办报、群众办报。

这两句话看似寻常，深究起来却大有文章，其中恰恰蕴含着一整套独立自主的专业内涵与价值追求。清华一位博士生正在对此进行深入探讨，并提出一个概念"业余"。何谓"业余"？业余是针对时下流行的专业及其主义而言的。按照专业主义的逻辑，新闻是一门专业，有一道专业门槛，需要经过专业训练，普通百姓显然与之无缘。而共产党新中国的新闻传统正在于打破这种专业壁垒，把新闻当作全党的事业、全体人民的事业，为人民所分享，为人民所参与。在新闻传播中，群众不再是被动的看客或所谓"受众"，而是积极主动介入其中的主人或"主体"。

全党办报、群众办报的一个典范，是延安时期一份有中国气派、中国作风、为老百姓所喜闻乐见的《边区群众报》。《边区群众报》的创办者周文（1907—1952），是左翼新文化运动的代表，文艺大众化、群众化、民族化的先驱，25岁参加革命，26岁入党，曾任"左联"党团成员，作品获得鲁迅先生赏识。1940年来到延安，在毛泽东的窑洞中就大众化问题作了深入交谈，然后在毛泽东支持下，筹办大众读物社，创办《边区群众报》，调胡绩伟任主编，胡绩伟改革开放后出任人民日报社社长。周文在《大众化工作研究》序言中，谈了大众读物社及其创办的《边区群众报》，指出这一大众化新闻传播网络形成了如下有机环节。

首先是大众化的报纸。《边区群众报》通俗易懂，生动活泼，略识几个字都能看得懂，即使不识字也能听得懂。其次是大众化的新闻通讯网，报纸不仅是几个专业记者在忙活,而且更有一批工农兵通讯员,遍布各行各业,提供丰富的报道内容,广泛传达人民心声。最后是大众化的读报组,报纸发到基层后,还组织老百姓,由识文断字的人念给大家听。所以,这份报纸与群众的日常生活深度融合,成为全党办报、群众办报的一面旗帜。《边区群众报》创刊六周年时,习仲勋写来贺信,称赞它为群众服务,当得起"群众报"的光荣称号。1950年,37岁的习仲勋出任中宣部部长,毛泽东向胡乔木、周扬等副部长介绍他是"活的马克思主义者"。习仲勋在1951年西北区报纸工作会议上的讲话,就是活的马克思主义的一个典范。仅看这篇共产党新闻经典的标题,就不难体会新中国的新闻魂——《新闻工作就是群众工作》。这种新闻观在林林总总的西方新闻教科书中自然看不到,在时下流行"去政治化"的新闻学与新闻业中也是难觅踪迹,而这正是马克思主义及其人民报刊的灵魂。按照马克思的著名观点:报刊按其使命来说,是社会的捍卫者,是对作威作福当权者的孜孜不倦的揭露者,是无处不在的耳目,是热情维护自己自由的人民精神的千呼万应的喉舌。

在大革命时代的《政治周报》发刊词中,毛泽东开宗明义写道,为什么出版《政治周报》?为了使中华民族得到解放,为了实现人民的统治,为了使人民得到经济的幸福。也就是说,为什么办报,为什么发展新闻业,不是为了专业主义的客观中立、不偏不倚,更不是为了一个所谓"知",而是为了人民当家做主。重庆谈判期间,有一次毛泽东应《大公报》总编辑王芸生邀请,去报社访问参观,道别时,王芸生请他留下墨宝,毛泽东挥笔写下"为人民服务"。新闻工作就是为人民服务,新闻记者就是为人民服务,而不是为人民币服务,为种种利益集团服务。

陆定一在《我们对于新闻学的基本观点》一文中谈了两个要点:一是实事求是;一是群众路线。他说,怎样才能做到实事求是,得到真实的新闻呢?他的回答是:只有为人民服务的报纸,与人民有密切联系的报纸,才能得到真实的新闻。他还特别提到,这种报纸,不但有自己的专业的记者,而且,更重要的是它有广大的与人民血肉相连的非专业的记者。正如王维佳在一篇新近发表的文章中就此阐发的：

> 在传播实践中，从事新闻工作的知识分子面向劳工、走向基层、服务大众，与社会底层相结合，由此形成的"群众路线"传统是党办媒体中最重要的政治特色。
>
> 在抗日战争时期的延安，"群众路线"凭借组织工作的完善而得到进一步发展。编辑和记者不但被要求走向基层去采访，还被要求到基层参加生产劳动，并加强自己的"思想改造"。更引人注目的是，当时共产党报刊普遍实行通讯员制度，数以万计遍布基层的报纸通讯员为党办的这些新闻媒体提供了大量群众新闻，打破了新闻职业的分工边界，推动了新闻的大众化。这种所谓"群众办报"的理念，"把专业的新闻工作者与非专业的新闻工作者结合起来"，相比新闻专业主义，显然更具有民主进步色彩。①

既然新闻工作是为人民服务，那么，新闻记者就必须时刻勉励自己做人民的公仆，千万要有群众的观点，不要有"报阀"的观点。陆定一的这番话当下更有现实针对性，是俯首甘为孺子牛，做人民的公仆，还是高高在上，做颐指气使的"报阀"，已经成为业界学界不得不面对、不得不回答的一个根本的问题、原则的问题。看看如今还有多少人真心实意甘做人民的公仆，又有多少人处心积虑想做炙手可热的"报阀"？从一些新闻名流的王婆卖瓜中，从纷纷攘攘的传媒领袖大讲堂、传媒领袖讲习班中，人们不难发现公仆意识越来越淡，"报阀"意识越来越浓。延安整风期间，毛泽东在文艺座谈会上谈到一个关键问题——为什么人。他说：为什么人的问题，是一个根本的问题，原则的问题。习近平2014年在文艺工作座谈会上的讲话再次重申这一点，他说社会主义文艺从根本上讲就是人民的文艺。延伸一下，也可以说社会主义新闻根本上讲就是人民的新闻。为什么

---

① 王维佳：《"党管媒体"理念的历史生成与现实挑战》，《经济导报》2006年第4期。

共产党、新中国的新闻业如此注重人民，为什么如此强调人民主体？说到底，这是由共产党、新中国的根本性质所决定的，既然共产党是马克思主义政党，奉行全心全意为人民服务的宗旨，既然共和国是工人阶级领导的、以工农联盟为基础的人民民主国家，奉行人民当家做主的政治价值，那么全党办报、群众办报就是题中应有之义，由此形成党性与人民性水乳交融的生命纽带。说到党性与人民性问题，如今正反两方往往陷入非此即彼的本质化思路。为什么说党性和人民性有机统一，通行的一套话语恐怕难让新闻记者与学子入脑入心，心悦诚服。一次，我同几位研究生、博士生聊天，谈及这个话题，请他们谈谈各自看法。于是，大家滚瓜烂熟复述了一通理论。我说，这么说政治上无疑是正确的，问题是道理上似乎还难以让人信服，恐怕你们自己也未必真心相信吧。马克思有句名言："理论只要说服人，就能掌握群众；而理论只要彻底，就能说服人。"我试着说说这个问题，看看能不能达到彻底的程度，说明党性与人民性是有机统一，密不可分的。

一方面，没有先进的政党及其党性，就没有人民及其人民性。有人说，人民是永恒的，是永远正确的，而党是一个历史性产物，常常犯错误，所以人民性高于党性。如果不加深究的话，这套逻辑听起来仿佛振振有词。其实，没有先进政党及其党性，哪有人民及其人民性，没有现代意义的政党，哪有人民这一政治主体。这里，首先需要明确一点，人民是一个现代政治概念。现代国家无论什么国体政体，均以人民作为立国之本，从资产阶级的人民主权到社会主义的人民主体无不如此。人民这一政治主体与政治概念，追根溯源同文艺复兴、启蒙运动所召唤的价值相关，如自由、民主、人权，如人人生而平等。按照现代这套政治价值，国家是属于人民的，权力是人民赋予的，政府是人民授权的，就像林肯《葛底斯堡演讲词》的著名表述：民有、民治、民享。总之，人民是一个现代政治概念，而不是一个从古及今，天然如此的东西。

有人或许会问：古代难道没有人民么？孟子不是讲"民为贵，君为轻"，魏徵不是也讲"民如水，君如舟"，故民可载舟，亦可覆舟么？其实,此民非彼民,古代所谓民以及民本思想,同现代政治意义上的人民格格不入。当官不为民做主,不如回家卖红薯的那个民,不过是马克思形象概括的一个个土豆,一麻袋的土豆搁在一起还是土豆,故需大人先生为其做主。也就是说,古代的所谓民,是没有政治意识、独立意识和主体意识的小民、草民,是马克思说的人的依附关系中的附庸,同现代意义上独立自主的政治主体风马牛不相及。当然,现代社会的人民虽然摆脱了人的依附关系,又陷于物的依附关系,沦为物化体系的附庸。

相对于现代政治意义上的人民,传统中国的民就像鲁迅笔下的祥林嫂、孔乙己、闰土,平日里逆来顺受,听天由命,一旦小日子实在过不下去,就揭竿而起,杀进东京,夺了鸟位,然后一切又恢复老样儿。将成千上万微不足道的小民草民,召唤为独立、自由、平等的现代政治主体,成为创造历史的主人,正是有赖先进政党及其现代理念的启蒙。如五四运动、《新青年》、新文化运动、李大钊、陈独秀、瞿秋白等先驱,通过他们发起的文化革命,推动的文化运动,一步步召唤起老百姓的主体意识,借用毛泽东的诗句:唤起工农千百万,同心干。哈佛—燕京学社社长裴宜理教授,对共产党领导的安源罢工进行了专题研究,发现中国革命的一大贡献是把人的尊严带给了底层。安源罢工有句口号"从前是牛马,现在要做人",这正是现代政治的核心理念。特别是在革命报业的风雨进程中,《新青年》《共产党》《劳动界》《劳动者》等一大批进步报刊,"都开始大量关注劳工问题,他们不仅用通俗易懂的语言向工人传播共产主义理念,而且展开与工人生存状况和抵抗运动相关的调查,更可贵的是,这些媒体都开辟专栏让工人发表自己的作品,表达自己的思想。在农村,用同样的方式,中国共产党负责组织农民运动的机构主办了中国历史上最早的一批农民报刊,宣传农民革命的墙报、传单、标语、漫画等宣传品更是到处可见"。[①]

由此可见,没有先进政党——共产党,没有先进理念——马克思主义以及现代的自由、民主、平等,不是先进政党运用这些先进理念去启蒙,

---

① 王维佳:《"党管媒体"理念的历史生成与现实挑战》,《经济导报》2006 年第 4 期。

去召唤，怎么可能有千千万万觉醒的现代政治主体——人民？低眉顺眼的祥林嫂怎么可能成为自立自强的吴琼花、李双双？所以说，没有先进政党及其党性，就没有创造新政治的主体人民及其人民性，就像《娘子军连歌》所唱的：共产主义真，党是领路人。

另一方面，我们又说，没有人民以及人民性，先进政党及其党性也就无所依托，失去意义，成为无源之水，无本之木。由此说来，没有人民以及人民性，也就无所谓党性了。《共产党宣言》有段名言："代替那存在着阶级和阶级对立的资产阶级旧社会的，将是这样一个联合体，在那里，每个人的自由发展是一切人的自由发展的条件。"如果离开了人民，离开了每个人自由而全面的发展，既摆脱人的依附关系，又摆脱物的依附关系，那么要共产党干什么？要马克思主义、《共产党宣言》干什么？同样，李大钊、陈独秀、瞿秋白、毛泽东还忙活什么？千千万万共产党人前赴后继，抛头颅、洒热血，又为了什么？说到底，他们的一切所作所为，他们的追求、奋斗与梦想点点滴滴不都是为了人民吗？对此，毛泽东讲过一番通俗而深刻的道理：共产党人好比种子，人民好比土地，我们到了一个地方，就要同那里的人民结合起来，在人民中间生根、开花，结果。这个说法既形象，又深刻，共产党人好比是种子，没有这个种子，也就什么东西都长不出来，故没有党性就没有人民性；而只有种子，没有土地，没有人民，那么再好的种子，也只是优良品种而已，同样什么东西也长不出来。可见，没有现代政党及其先进理念，就没有人民这一政治主体以及人民性；而没有人民以及人民性，先进政党及其党性也就失去任何意义。所以，党性与人民性是有机统一的。

问题是，当下正如王维佳所言，一套美国的所谓"专业主义"新闻观及其价值观广泛渗透于中国新闻教育和新闻实践，正在逐步对"群众路线"和"党性原则"进行改头换面。而一旦离开"群众路线"和"党性原则"的相互统一，新闻业的"党性和人民性相统一"也就失去合法性基础：

仅用"党性原则"和"党管媒体"来概括中国共产党的宣传理念是有失偏颇的,"群众路线"是这个革命政党宣传理念中更原始、也更根本的核心部分,这是传播领域"党性和人民性相统一"的灵魂所在。

让"党性原则"获得合法性的关键,是"党性和人民性的统一",是怎样为"党性原则"找回"群众路线"这个灵魂和活力源泉。

2012年,胡锦涛在党的十八大政治报告中谈了未来中国道路的"八个坚持",其中第一个就是必须坚持人民主体。2015年开启"十三五"规划、实现全面小康的十八届五中全会公报,又讲了六个坚持,其中第一个同样是坚持人民主体地位。习近平在新闻舆论工作座谈会上的讲话专门谈道:新闻记者要不断解决好"为了谁、依靠谁、我是谁"这个根本问题。

结　语

今天的话题是重塑新闻魂。什么是我们的新闻魂,一言以蔽之就是马克思主义新闻观。关于马克思主义及其新闻观,我的理解有两点——科学与价值。一方面,马克思主义是一套博大精深的科学体系,特别是剩余价值理论和唯物史观更是震古烁今,深刻揭示了人类社会的基本规律。故新千年之际,马克思被西方评为千年第一思想家。与此同时,仅讲马克思主义是科学体系还远远不够,因为任何科学都有缺陷,任何科学理论早晚都可能被新的理论所超越,如同爱因斯坦体系超越牛顿体系。所以,仅仅承认马克思主义是伟大的科学还远远不够,同时还应看到马克思主义更是一套伟大的价值,是为天下人谋福祉的思想体系,犹如释迦牟尼、穆罕默德、耶稣基督、孔子、老子等圣人及其向往的美好世界,而这一价值显然是永恒的。只要人类社会存在一天,人人平等,相亲相爱,四海一家,天下为公,就永远是人类向往的美好理想,马克思主义作为伟大的价值体系也就永远不会过时。与此相应,就马克思主义新闻观而言,同样是科学与价值的有机统一，事实判断与价值判断的有机统一。科学性体现于实事求是，尊重事实，尊重真理，既注重微观事实的准确无误，又强调宏观事实的完整把握。价值性体现于为人民服务，最终为了每个人的自由而全面的发展。

人民，只有人民，才是创造世界历史的动力，这一认识论与价值论已经深深印在人民共和国的历史上。中南海的正门影壁上，镌刻着毛泽东的手书"为人民服务"，清华园的心脏"工字厅"同样悬挂着"为人民服务"的匾额。新华社记者穆青将"勿忘人民"作为座右铭。《人民日报》记者范敬宜在一首词里，用诗的语言表达了同样情感："念白云深处千万家，情难抑。"中央电视台年轻记者何盈，以《新疆塔县皮里村蹲点日记》获得中国新闻奖一等奖，她的新闻理想是"做一个裤腿上永远沾着泥巴的记者"。清华园有处景观，大礼堂西侧苍松翠柏间，矗立着闻一多先生塑像，后边的影壁上镌刻着他的两句手书，上一句是"诗人主要的天赋是爱"。如果只有这一句，那么一切诗人都会这么说，不足为奇，而只有说出下一句，才无愧是伟大的诗人闻一多："爱他的祖国，爱他的人民。"

（作者单位：清华大学新闻与传播学院）

（原载《新闻记者》2016年第6期（总第400期））

"去政治化""去意识形态化"的神话
——美国媒体价值观传播的历史脉络与实践经验

史安斌　廖鲽尔

长期以来,西方新闻界奉"言论自由、采编独立"为圭臬,标榜"去政治化""去意识形态化""无价值观"(或称"价值中立",value-free)的原则,向公众提供"客观、公正、平衡"的报道。这一套带有强烈乌托邦色彩的说辞借助于肇始自20世纪80年代的经济与文化全球化大潮,在世界范围内得到了广泛传播,并获得了普遍认同。实际上,这种"去政治化"和"去意识形态化"的理念恰恰是一种最为鲜明的政治和意识形态,标榜"无价值观"或"价值观中立"则是开展价值观传播的有效手段。

对于包括美国在内的西方国家来说,其特定媒介体制的构建和运行并非"空中楼阁"般独立存在,而是由其政治制度、社会结构及文化价值观的演进长期塑造出来的。[1] 从传播政治经济学的视角来看,媒介的信息传播活动本身即是意义的一种社会交易,其结果往往是某种特定社会关系的界定与构建。传播不再仅仅局限于数据或信息的传输,而是一种"组成某种关系的意义的社会生产"。[2] 由此可见,西方媒体自称的"去政治化"本身恰恰是一个"再政治化的意义交换"的过程。在这轮标榜"去政治化"

---

[1] Hallin D. C. & Mancini P., *Comparing Media Systems: Three Models of Media and Politics*, New York: Cambridge University Press, 2004.

[2] [加]文森特·莫斯可:《传播政治经济学》,胡春阳、黄红宇、姚建华译,上海译文出版社2013年版,第8页。

的思潮中，媒介作为与公众沟通、社会启蒙、政治运作不可分割的重要领域，在维系和传播核心价值观中发挥着不容忽视的作用。本文以美国媒体为主要研究对象，梳理和分析西方媒体维系与传播核心价值观的历史脉络和实践经验。

核心价值观的维系：美国媒体与文化传播的重要使命

20世纪70年代末以来，新自由主义成为西方社会的主流意识形态，主张个人权益至上、市场万能，反对国家干预，为市场经济向文化、政治等其他社会领域的全面渗透提供了一种"合理的""去政治化的""自然生成的"表象。在这样的经济社会图景之下，虽然美国媒体一再宣称自己"去政治化""无价值观"，实际却始终未能摆脱其所承担的维系与传播核心价值观的使命。同一时期，美国学者赫伯特·甘斯（Herbert J. Gans）在媒介社会学的经典之作《什么在决定新闻》（Deciding What's News）中，通过对两大电视网晚间新闻节目和主流新闻周刊的内容分析，将美国新闻媒体所维系与传播的核心价值观（书中称为"恒久价值"）归纳为以下八类：民族优越感、利他的民主、负责任的资本主义、小城镇田园主义、个人主义、温和主义、社会秩序与国家领导权等。①甘斯以翔实的数据和雄辩的分析阐明，正是美国主流社会秉持的核心价值观决定了新闻的内容和框架，从而破解了新闻专业主义所构建的不受任何价值观影响的"客观性神话"。

换言之，号称"客观、公正、平衡"的美国媒体实质上仍然是传播其核心价值观的主要载体，他们正是以这些"美国价值观"来解读和评判国内和国际事务，在新闻生产的过程中维系和夯实这些核心价值观，并使之"恒久化"，代代相传下去，并输出到全球其他国家和地区。

---

① ［美］赫伯特·甘斯：《什么在决定新闻》，石琳、李红涛译，北京大学出版社2009年版，第52—65页。

值得注意的是,这些核心价值观深深植根于美国的历史传统和社会共识之中,不因政治社会的变迁和媒介形态的演进而发生剧烈变动。换言之,无论是哪个党派或领导人当政,无论是传统媒体还是新媒体当道,价值观传播的核心内容大体相近,其基本走势相对稳定,不会出现忽左忽右、忽而保守忽而激进的"翻烧饼"现象。

近期这方面的典型例子是美国媒体争做"正面新闻"的现象。这一潮流的出现是由于社交媒体的兴起所导致的"坏新闻疲劳症"的泛滥。由于社交媒体热衷于传递天灾人祸等负面信息,并对传统媒体造成了时效性上的压力。一方面,记者和编辑对处理层出不穷的"负面新闻"感到身心俱疲;另一方面,读者对媒体竞相展开连篇累牍的负面报道也日久生厌。[①]为纠正这一媒体价值观传播中的"失衡"趋势,自2012年以来,一些颇具影响的美国传统媒体和新媒体机构纷纷开设"好消息""欢乐新闻"等刊载正面报道的专栏或页面,其中尤以美国广播公司(ABC)、美国有线电视新闻网(CNN)和《赫芬顿邮报》(*Huffington Post*)的做法最具代表性。

作为三大全国性电视网之一,ABC推出的"美国坚强"(America Strong)系列节目,节目制作精良,并在其网站上设立专区加以推广。其报道题材和内容大多贴近平民生活,聚焦于具有独立自强、积极向上精神的重症患者、残障人士、贫弱群体,关注美国本土出现的诸多饱含"正能量"的"公民英雄"。在报道形式上,"美国坚强"网络专区运用文字、图片和音视频等多媒体手段进行多角度、全方位的立体展示,宣扬自由、独立、进取、爱国等主流核心价值观。而"CNN英雄"(CNN Heroes)则是美国有线电视新闻网(CNN)于2007年打造的品牌节目,目前已成为美国观众的年度"精神大餐"。该节目于每年秋季通过全国提名与投票的方式选出全美的年度英雄人物,最终的获奖者一般都是在人道救助、社区慈善、环境保护等公益领域作出过杰出贡献的人士。

---

① 史安斌、廖鲽尔:《西方媒体争做"好新闻"的启示——新媒体语境下"正面报道"的社会功能与商业价值》,《青年记者》2014年第34期。

作为目前最具影响力的网络媒体之一，新闻博客聚合网站赫芬顿邮报的浏览量早已超过了《纽约时报》等传统主流媒体。该网站在推行"正面报道"上亦不甘落后。在其栏目设置上，"好消息"与时政、财经、体育等传统报道题材并列。"好消息"的内容主要来源于知名博客和脸谱（Facebook）、红迪（Reddit）、优兔（YouTube）等社交媒体。打开"好消息"栏目首页，受众所看到的不再是严肃、刻板的传统新闻条目，而是更加符合青年网民接受习惯的新闻话题（或称"互联网米姆"）：例如"让你更快乐的十一种方式""25年后小伙通过谷歌地图成功寻母"，等等。

在上文提及的甘斯的经典研究中，他把"社会秩序和国家领导权"置于其他各种价值观之上，其主要原因是美国新闻媒体机构不是意识形态的"鼓动者"，而是主流价值观的"维系者"。这一点与同属西方阵营的欧洲媒体形成了鲜明对比。

对2015年1月爆发的法国时事讽刺媒体《查理周刊》风波的不同态度，就是美国媒体维系其核心价值观的典型案例。美国媒体在报道和评论这一事件时，一方面肯定其在保护言论自由上的积极意义，旗帜鲜明地谴责恐怖主义行径；另一方面，美国主流媒体牢牢把握"温和主义"和"社会秩序和国家领导权"等核心价值观。首先，美国主流媒体与奥巴马政府保持了高度的默契，在这一事件上自始至终秉承了"温和主义"立场。1月11日，法国总统奥朗德发起了声援《查理周刊》的大游行，几乎所有西方国家的领导人都应邀出席，但奥巴马却选择"因故推辞"。值得注意的是，《纽约时报》等美国主流媒体也没有以团体名义加入欧洲媒体发起的以"我是查理"为主题的声援活动，仅允许记者和编辑以个人身份参加。

其次，美国主流媒体在对该事件的报道和评论中严格按照自身的价值观进行判断和取舍。1月14日，当遭遇恐怖袭击后的新一期《查理周刊》面世时，《纽约时报》总编辑迪恩·巴奎特（Dean Baquet）在咨询了多位资深国际新闻记者和编辑之后，决定不转载其封面内容。在该报发表的评论《我不是查理》中，专栏作家大卫·布鲁克斯（David Brooks）道出了个中缘由:"从 20 年前到现在,倘若他们在美国任何一个校园出版此类讽刺报纸,绝对撑不过 30 秒。学生和教师群体会指责他们发表仇恨言论,管理机构则会削减资金,甚至于勒令其关门。"

值得关注的是,《查理周刊》风波和数十名青年移民参与"伊斯兰国"等恐怖组织的事实促使一些欧洲国家重新反思其所推行的"保护多元文化、淡化国家认同"的立场,尤其是他们的媒体和学校在价值观传播上的失误。在大量来自伊斯兰国家移民涌入的情况下,欧洲国家坚持的这一立场及其媒体、学校在价值观传播上的"不作为",导致了"激进主义"代替"温和主义","社会秩序和国家领导权"的核心价值观受到了威胁,今天统一的"欧罗巴"有演变成明天四分五裂的"欧拉伯"的危险。例如,德国总理默克尔公开承认,"多元文化"在德国已经失败;多位英国政府官员呼吁媒体和学校重新加强对"英国性"(British-ness)认同的传播。

核心价值观的传播:"软包装"与"硬内核"的巧妙融合

从新闻传播史的角度来看,高度政治化和意识形态化的"国际传播"(international communication)作为冷战时代的产物,早已被一个更具包容性和广泛性的概念——"全球传播"(global communication)——所取代。诚然,"全球传播"的理论广厦与实践意涵本质上缘起于各国"硬实力"和"软实力"在信息传播场域的竞合与博弈,对此概念的讨论亦无法回避自 20 世纪 80 年代以来对全球传播格局产生广泛影响的新自由主义(neoliberalism)思潮。

相比古典自由主义,新自由主义(也称"原教旨自由主义")是一种对市场和资本更加自由放任的意识形态。著名语言学家、麻省理工学院荣誉退休教授诺姆·乔姆斯基(Noam Chomsky)在专著《新自由主义和全球秩序》中,把新自由主义界定为"在亚当·斯密古典自由主义基础上建立起来的一套以市场为导向的新的理论体系,包含一系列有关全球秩序和主张贸易自由化、市场定价、消除通货膨胀和私有化观点的理论和思想体系"①。进入20世纪90年代,新自由主义作为西方社会资本主义演进的时新阶段被赋予了鲜明特质——包括私有化、放松管制、自由化、市场全球化等。② 1990年,"华盛顿共识"的确立为新自由主义在世界范围内引领"美国主导的全球一体化战略"最终奠定了政策与法理根基,标志着新自由主义完成从学术思想领域到政治经济领域的纵深迁移。从批判传播学的视角看,以美国主导的西方国际传播系统一面大力鼓吹这套意识形态价值,同时其本身也被这套理论学说及其政治经济纲领所建构,包括大规模的广播电视放松管制、国营媒体的商业化、传播内容的娱乐化等。③

作为全球传播的重要组成部分,以美国为中心的西方价值观倚乘新自由主义的时代"东风",通过各种手段渗入当代世界政治、经济、文化和日常生活的方方面面。冷战结束后,美国作为不停推销自己"全球社会"模式的"孤独的超级大国"之地位得到确立。④ 至此,美国不再仅仅是一个地缘政治的空间概念,而转化成为一个文化/心理空间。在全球化时代,这个抽象意义上的"美国"无处不在,在美国以外的世界各地,在各种社会结构和心态中,很少有哪个国家和民族可以完全独立于这个"美国"中心的历史和文化空间之外而存在。

实现这种"美式全球化"(Americanization)的重要手段之一,是依靠媒体来塑造和传播其核心价值观。从概念和理论上来界定,全球传播是指文化产品、价值观念、意识形态和行为模式在全球范围内做跨越民族—国家边界的共时性流动。这一过程仍然受到"符号化权力"(symbolic power)的操控,其本质是"软包装、硬内核"——以媒体文化作为外包装,意识形态和价值观念作为核心。换言之,美国不仅是在政治、经济、军事等领域对全球进行强制性的"征服"(coercion),更为重要的是利用媒体与文

---

① [美]诺姆·乔姆斯基:《新自由主义与全球秩序》,徐海铭、季海宏译,江苏人民出版社2000年版,第3—4页。
② Harvey D., *A brief history of neoliberalism*, New York: Oxford University Press, 2005.
③ 赵月枝:《传播与社会:政治经济与文化分析》,中国传媒大学出版社2011年版,第113—123页。
④ [法]阿芒·马特拉:《传播的世界化》,朱振明译,中国传媒大学出版社2007年版,第126页。

化产品等塑造和传播其核心价值观,在全球范围内制造"共识"(consent),进而达到"说服"世界的目的。

所谓"软包装"是指利用媒体文化的各种载体打造出的"奇观"——例如迪斯尼、麦当劳和NBA构成的"全球文化"。① "硬内核"是指由美国核心价值观构成的"神话"。用美国总统肯尼迪的话来说,"真理最大的敌人不是谎言,而是神话:前者是有意编造的,虚构的,因而是站不住脚的;而后者是符合现实的、持久的和有说服力的"。可以说,美国媒体并不是依靠编造一些虚幻的谎言来蒙骗世人(虽然有时在伊拉克战争等特定条件下也会使用),但其终极目的还是制造一些不容置疑的"神话",来说服全球各国的"意见领袖"和普通民众,让他们服膺于美国主导的文化和意识形态霸权。

风靡全球的职业篮球联赛(NBA)是美国推行的以"软包装、硬内核"为特征的价值观传播的一个范例。职业篮球着力展示的是超级明星的个人魅力和"绝活"——无论是电视塑造的"乔丹奇观"还是引发社交媒体病毒式传播的"林来疯"(即华裔球员林书豪一夜成名的奇迹)。它无疑是电视体育节目最理想的形式之一,也是社交媒体营造"话题"的重要来源。NBA的赛事节奏快,充满了奇观式的才艺展示——激烈冲撞、满场飞奔、芭蕾舞般的投篮动作,再加上无处不在的慢镜头重放和视频点播,使篮球成了在电视和互联网上最适宜传播的运动项目。2015年2月刚刚卸任、曾执掌NBA长达30年的总裁大卫·斯特恩(David Stern)在一次演说中宣称:"体育正成为电视最重要的节目来源。"由于体育比赛大多能熔原创性、时效性、娱乐性、观赏性和戏剧性于一炉,因此也就成为现场直播节目的主要内容之一。他还指出,体育也促进了有线电视的普及和电视技术的发展。在全球范围内,以NBA为代表的体育产业成为美国最主要的出口"商品"之一,也是对外输出和传播美国偶像、产品和价值理念的"公

---

① [美]道格拉斯·凯尔纳:《媒体奇观:当代美国社会文化透视》,史安斌译,清华大学出版社2009年版。

共外交"的重要手段之一。

从表面上看，NBA不涉及国际事务和政治意识形态，易于被来自不同国家和文化背景的受众所接受，连美国的"敌对国家"朝鲜、古巴等国都不乏疯狂追捧的球迷。从本质上看，NBA蕴含了个人主义、自由主义、消费主义、物质主义、多元文化主义等价值观"硬核"，并且通过"软包装"得以塑造和传播，这恰恰是体现"去政治化"的政治的典型案例。

NBA的价值观传播首先是借助于强大的"明星效应"。迈克尔·乔丹、加索尔、姚明、勒布朗·詹姆斯、林书豪等一代又一代来自各种不同文化背景的NBA明星，不再仅仅是职业体育选手，而是被融入美国主导的全球传播体系，自觉或不自觉地充当了美国核心价值观的代言人。以乔丹为例，他传奇般的空中大灌篮动作——在空中飞行，再把球扣入篮筐中——成为跨国商业和娱乐集团传递美式消费主义和个人成功哲学的"符号资本"。耐克公司利用"air"一词在英文中具有"空中"和"空气"的双重含义，把握时机，推出了充气运动鞋和乔丹穿着这种鞋大力灌篮的广告片，并把这种鞋命名为"空中飞人乔丹鞋"，暗示着任何人都可以像乔丹那样随心所欲，无所不能——这当然是在使用了耐克产品的前提下。

价值观传播是媒体文化的"软包装"与政治意识形态"硬内核"的巧妙融合。NBA也不例外。20世纪90年代是美国黑白种族矛盾再度激化的"多事之秋"，美国社会日益坚固的"玻璃金字塔"让身处底层的少数族裔看不到向上流动的希望。这一矛盾的总爆发是洛杉矶一名黑人青年罗德尼·金（Rodney King）遭白人警察暴打，法庭却宣判警察无罪而引发一场大规模的种族骚乱。"乔丹神话"在这个时候适时推出，被媒体渲染为来自贫民区的黑人青年经过个人奋斗实现"美国梦"的典型，从而成为缓和阶级和种族矛盾的一剂良方。

乔丹既是个人主义和多元文化主义等美国核心价值观的象征，又是全球商业文化的符码。他体现了勤奋工作、激烈竞争、靠强烈进取心赢得成功的美式核心价值观。作为一位黑人超级明星，他向普通大众传递了这样一种文化想象——任何人都可以通过个人奋斗和激烈竞争，超越种族和阶级的界限,沿着社会地位的阶梯拾级而上,像乔丹那样登上最高点。通过 NBA 和乔丹的"软包装",无数黑人和全球各地的球迷自觉或不自觉地接受了美国价值观这一"硬内核"的操控。

更重要的是,乔丹与历史上那些具有反叛意识的黑人体育明星不同,他是美国黑人中的"乌木"——即所谓"黑皮白心"的主流社会的"乖孩子"。当媒体问及他对洛杉矶种族骚乱的看法时,他回答说:"我不谈政治,我只知道做好自己的工作。"他显然是怕自己发表了过于"激进"的言论而惹恼了 NBA 的老板、赞助商和媒体,不仅自己丢掉了价值千万的合同,而且也会被塑造和传播核心价值观的媒体"边缘化"。

20 世纪末,美国传播政治经济学界著名学者丹·席勒(Dan Schiller)在提出"数字资本主义"(digital capitalism)这一重要概念的同时就曾一针见血地指出,在"去政治化"的表象之下,美国媒介空间中正演绎着的"信息化的资本主义"(informationalized capitalism)并不是自然而然产生的,而是历经国内政治生态的反复影响和干预逐步建构出来的。[1] 从 NBA 和乔丹的案例中也可以看出,全球传播中的"去政治化"实际上是一个虚无缥缈的"神话"。换言之,"去政治化"成为后冷战时代最鲜明、最有效的"政治"。从 NBA 和乔丹进入全球传播体系的那一刻起,他们已经不可避免地成为政治和意识形态的符码,成为美国向全球推行新帝国战略的工具。尽管 NBA 和乔丹一再讳言政治,但他们的这种"软包装"还是摆脱不了"硬内核"的操控。

(作者单位:清华大学新闻与传播学院)

(原载《新闻记者》2016 年第 3 期(总第 397 期))

---

[1] Schiller D., *Digital Capitalism: Networking the Global Market System*, Cambridge, MA: MIT Press, 1999.

"川普"奇观与美国政治新闻的困境

史安斌 周迦昕

2016年是美国大选年,虽然大幕要到2月份才在艾奥瓦州正式拉开,但共和党总统参选人唐纳德·特朗普(Donald Trump)已经在过去一年间形成了一道引人注目的媒体奇观。这位被中国网民称为"川普"的地产大亨一向以曝光各种夸大其词的"内幕"和发表夺人眼球的偏激言论而著称。在以往的竞选活动中,《纽约时报》《华盛顿邮报》等传统主流媒体把他的言论放在娱乐新闻版刊登,主流社会也把他当作茶余饭后的谈资。但是,2016年下半年共和党参选人进行了三场初选辩论后,他的支持率一路扶摇直上,最终跃居榜首。没有一家主流媒体再敢将他视为"娱乐新闻人物"而等闲视之。

2016年12月7日,特朗普发表了关于"全面禁止穆斯林入境"的言论后,美国主流社会一片哗然。传统主流媒体立即对他展开口诛笔伐。连一向以推送娱乐化"政治软新闻"著称的新闻博客聚台网站"赫芬顿邮报"的总编阿里安娜·赫芬顿(Aianna Huffington)也沉不住气了。她亲自撰写社论,并置顶网站头条:"我们再也不能被他娱乐了……特朗普已经成为美国政治生活中一股危险的黑暗势力。"有趣的是,选民似乎不为所动。在发表上述极端排外言论遭到媒体痛批后,特朗普的支持率并未出现媒体预期的大幅下跌,保持在35%上下,仍然遥遥领先于其他党内参选人。

　　赫芬顿措辞激烈的言论代表了美国主流社会对特朗普所代表的极右翼势力的鲜明立场，但这种声音显然来得太晚。"川普"奇观的泛滥成灾并非"一日之功"。出于发行量、收视率和点击率的需要，美国主流媒体对特朗普的出格言行和极端言论一直采取宽容甚至于变相纵容的立场，以"新闻客观性"和"平衡报道"为由加以海量传播。虽然一些传统媒体将其放在"娱乐新闻版"以示区分，从实际的传播效果而言，却是在为虎作伥，养痈遗患。"赫芬顿邮报"这样的新媒体平台就更是良莠不分，"川普"及其团队擅长的"标题党"和"新闻煽情"等传播策略，正好把网络新闻的眼球效应发挥到了极致，无怪乎连总编亲自出马痛批也收效甚微。

媒体的"大篷车"效应和受众的"脱敏"效果

　　2015年6月16日，特朗普宣布参选2016年美国总统；甫选，首次讲话就公开发表针对墨西哥移民和黑人群体的偏激言论。此后，他在社交媒体上频频制造了被称为"舆论引爆点"的话题，从攻击本党资深议员麦凯恩是"冒牌战斗英雄"，到重弹奥巴马是"穆斯林外国佬"的老调，再到用"毒舌"态度嘲笑女性、少数族裔和残疾人，等等（见图1）。尽管如此，他始终高居社交媒体的话题人物榜首。

　　具有讽刺意味的是，主流媒体不仅未能及时纠正社交媒体散布的偏见性言论，反而用多于其他参选人的版面和时长来放大"川普"奇观。图2显示的是2016年6月特朗普宣布参选到9月首次电视辩论期间的舆情变化。图中的曲线代表了媒体报道特朗普的比率变化，圆点则是他在各个关键的时间节点上的支持率。我们可以看到，媒体的报道比率与特朗普的支持率之间大体呈现出正相关的关系，图1显示的是特朗普的支持率与他发表的各种偏激言论之间的互动关系，我们可以看到，他的支持率一路上升，直至遥遥领先。其间他发表的各种偏激言论虽引发了不同程度的民意波动，但并未从根本上影响他的选情，反而加大了他对其他参选人的领先优势。

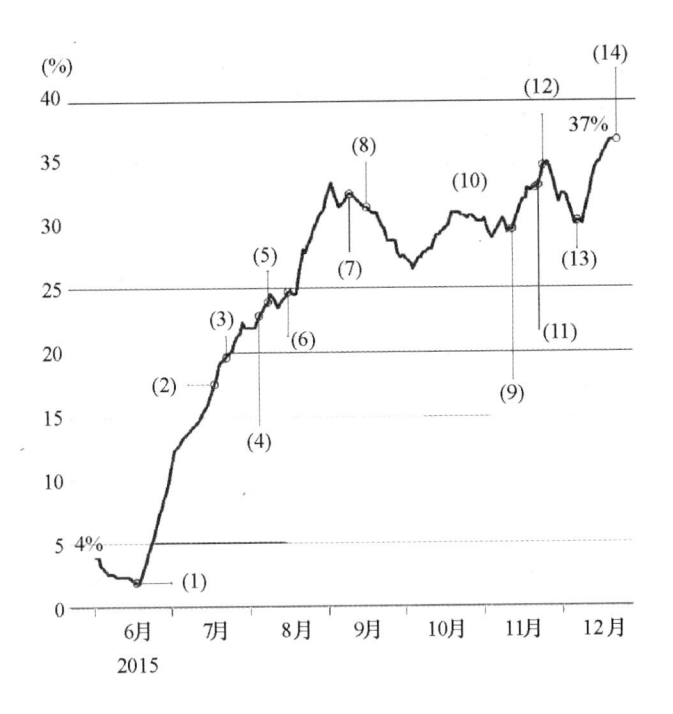

图1 按时间顺序，特朗普发表的偏激言论依次为：(1) 称墨西哥移民是"强奸犯"，应让该国出钱在边境修建"长城"；(2) 称麦凯恩是"冒牌战斗英雄"；(3) 公开党内对手林德赛·格拉汉姆的手机号码；(4) 支持政府关闭，以节支资助美国计划生育协会；(5) 形容福克斯电视台女主播发问像身体某部位"冒血"；(6) 驱逐非法移民反对"出生在美国即入籍"的原则；(7) 嘲笑党内对手卡莉·菲奥丽娜的长相；(8) 不应质疑有人声称"奥巴马是穆斯林外国佬"；(9) 把党内对手本·卡森比作无可救药的娈童犯；(10) 呼吁监视特定的清真寺，宣称上千穆斯林曾经在此庆贺"9·11"；(11) 支持"水刑"虐囚；(12) 戏仿残疾记者；(13) 呼吁全面禁止穆斯林入境；(14) 用下流语言攻击希拉里。

报纸如此，电视也不甘落后。据《廷德尔报告》（*The Tyndall Report*）公布的最新统计结果，特朗普是迄今为止美国大选报道中最具新闻价值的人物。2015年1—11月，美国广播公司（ABC）、全国广播公司（CBS）和哥伦比亚广播公司（CBS）等"三大台"对特朗普的曝光时间长达234分钟，而对其他共和党竞选人加起来才83分钟。如此密集地报道一位言行反常的政治人物，对于传统主流媒体而言实属罕见。尽管媒体采用的大多是新闻娱乐化的手法，但是长此以往，受众便会产生"脱敏"的反馈效

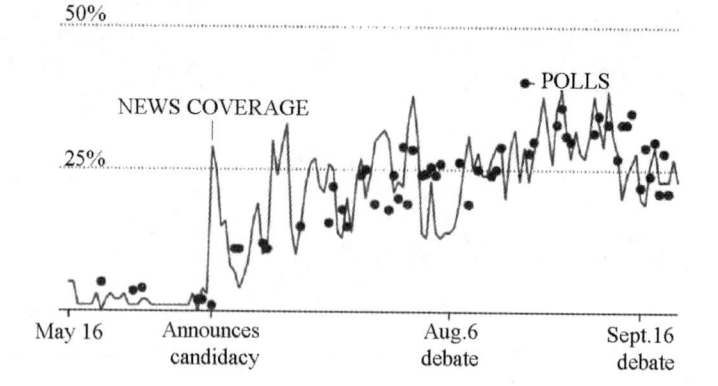

图 2　特朗普的报道份额与选民支持率

果，这就如同长期滥用抗生素后对病毒所产生的"耐药"效果。于是，当他爆出"禁止穆斯林入境"这类带有原教旨主义色彩的言论时，无论主流媒体和舆论如何痛批，民众已经不为所动了。

"川普"奇观的产生折射出西方新闻学理念和政治报道实践中的一些积弊。信奉"反常放大"和"冲突新闻学"（conflict-based journalism）的美国媒体一致选中了最具争议性的特朗普并非出于偶然。一方面，互联网和社交媒体的全方位冲击削弱了传统主流媒体"纠偏""改错"的能力。后者长期承载的启蒙民意的作用在"注意力市场"的激烈竞争中几乎丧失殆尽，在市场和资本的重压之下放弃独立精神和批判立场，转向曲意逢迎法国社会心理学家勒庞所说的"乌合之众"。另一方面，从更为宏观的层面上看，近年来西方社会的核心价值观遭到消解与质疑，在一定程度上动摇了社会共识，在客观上为民粹主义和偏激言论的泛滥提供了肥沃的土壤。特朗普与法国的勒庞、德国巴赫曼等极右翼势力的代表人物遥相呼应，排外反移民的声浪在欧美国家沉渣泛起。

在此背景下，传统主流媒体由于自身的生存压力也失去了明确的目标和方向，这一点在政治报道中表现得尤为明显。2015 年 5 月，在芝加哥召开的 2016 美国大选报道讨论会上，来自各大媒体的政治新闻记者和编辑们就各类可能出现的报道议题展开了讨论，但并未谈及这些报道将要采取何种方向，达成怎样的目标。在失去明确目标和方向的情况下，各家媒体的报道内容便会产生"大篷车"效应。回想2008年奥巴马竞选时，传统主流媒体则是在达成明确目标和方向的情况下齐心协力，把代表"希望""变革"的首位少数族裔总统推上了美国政治舞台的中央。仅仅8年后，这种失去方向与目标的"大篷车"效应却沦为汉娜·阿伦特所批判的"平庸的恶"，变相助力塑造出了"川普"这样一位"反潮流英雄"，这不能不说是耐人寻味的反讽。

"川普"的传播策略："议题操控"代替"真相挖掘"

从本质上看，"川普"奇观意味着媒体与政治人物之间心照不宣的"底线法则"被彻底摧毁。就政治传播的伦理而言，媒体不应卷入党派纷争，公开批评某个政治人物。但如果后者不遵守"政治正确性"（political correctness）的底线，发表挑战主流价值观的偏激言论，媒体就会联手对其施加舆论压力，迫使其调整立场。

但是，特朗普用"自由媒体的偏见"（liberal media bias）这样的"策略性修辞"来回应那些"纠偏""改错"的正当言论，而政治新闻记者出于专业主义和职业操守，不愿与他争辩，反而陷入了"沉默的螺旋"，主要是怕被贴上"传递党派偏见"或"破坏选举公正"的标签。此外，特朗普善于使用"策略性模糊"的说辞——例如"天晓得""没人知道"，曝光一些未经核实的事实、数据和细节，以期降低公众对政府的信任度和媒体的公信力。他还利用社交媒体固有的"情绪聚集和情感放大"效应，通过对"媒体恐慌"情绪的"病毒式传播"，让人们失去对真相的耐心等待和对事实的理性思考。如图1所示，特朗普擅长巧妙地将美国社会中的积怨和特定的新闻事件捆绑在一起，并让"议题操控"代替"真相挖掘"。在"媒体恐慌"的心理作用下，人们往往会轻信他的个人魅力和领导力，忽略甚至遗忘了其言论本身是否秉承了客观真实性和政治正确性的圭臬。

政治新闻报道如何走出"川普"式的困境

政治新闻的宗旨是挖掘客观事实,而政治人物是寻求注意力最大化。在社交媒体当道的今天,传统主流媒体想要不被牵着鼻子走,应当坚持以下原则:

第一,负责报道一切,更要负责任地阐释一切。

当政治人物发表极端言论,尤其是"全面禁止穆斯林入境"这类可能引发一系列宗教仇恨和"媒体恐慌"的时候,政治新闻记者应当及时、审慎地阐释真相,提供背景,帮助公众去伪存真。美国宪法保护宗教信仰的自由,特朗普的政见本身就是违宪的,而他关于穆斯林集会庆祝"9·11"的言论更是无从考证。既不要像"赫芬顿邮报"主编那样用情绪化的表态火上浇油,也不要像福克斯新闻台那样以"我们报道,你们(选民)决定"为由来敷衍塞责。

第二,合理利用议程设置和"区隔"效应。

虽然传统主流媒体受到了社交媒体的挑战,但其强大的议程设置能力仍不容置疑,前不久《纽约时报》为"禁枪"问题罕有地发表头版社论即为一例。面对特朗普这样的"反潮流英雄",新闻从业者既不应囿于"寒蝉"效应而选择"封口",也不应为了追求点击率而放弃社会责任,要善于用"区隔"策略,对某些偏激话题进行"降噪""屏蔽",而对于关乎公众利益的"硬核"话题则要策略性发声,引导公众关注他们应当关注的政治议题,而非一味迎合政治娱乐化的潮流。

第三,坚持事实与价值观导向的原则,摈弃"话题"与"标签"至上的短视策略。

近年来,一些传统主流媒体以"媒体融合"为幌子,盲目"跟风"社交媒体,将复杂多样的政治议题合并压缩为极化对立的微博式"议题"(hashtag),将理性严谨的公共讨论降格为互贴标签、互撕铭牌的"政治真人秀",导致了"川普"奇观式困境的产生和泛滥。经过"川普"风波的洗礼，新闻界更为清晰地认识到，在政治报道中坚持事实与价值观导向对于维系民主、凝聚共识仍然具有十分重大的现实意义。

值得欣慰的是，在走出"川普"式困境的尝试中，一些地方媒体的做法值得肯定。底特律是全美阿拉伯裔居民最为集中的城市，按理说当地媒体对特朗普极端言论的批判应当最为激烈，但当地主要报纸《底特律自由报》没有"跟风"部分社交媒体来"妖魔化"特朗普，挑动族群对立，而是在头版发表了"我们站在一起"的社论，用温和、理性的声音呼吁当地社群团结起来，共同捍卫美国宪法及其核心价值。另一份报纸《底特律新闻》则在社论中呼吁摒弃"文明冲突论"的陈词滥调，并用当地社群长期和谐相处和州长愿意接受叙利亚难民的倡议获得积极响应等事实回击了特朗普毫无根据的煽情言论。这两份报纸的做法不仅在当地产生了良好的反响，同时为新媒体生态下政治新闻报道的"重新定位"作出了积极的尝试。

参考文献

①赵心树、冯继锋：《政治传播研究新发展》，《传播学新趋势》，清华大学出版社 2014 年版，第 485—507 页。

②Glen R. Smith, "Politicians and the News Media: How Elite Attacks Influence Perceptions of Media Bias," *International Journal of Press/Politics*, D01: 10, 1177/1940161210367430, 2010, 15 (3): 319 - 343

③Jay Rosen, "So I Will Try to Explain Why the Trump Candidacy Has Been So Confounding to Our Political Press," *Jay Rosen's Press Think*, 2015-11-29, http://pressthink.org/2015/11/i-will-try-to-explain-why-the-trump-candidacy-has-been-so-confounding-to-our-political-press/

④David Uberti, "The Media's Trump Conundrum," *Columbia Journalism Review*, 2015-09-23, http://www.cjr.org/analysis/the_medias_trump conundrum.php

⑤NPR staff, "How Should the Media Cover Donald Trump," *National Public Radio*. 2015-12-13. http://www.npr.org/2015/12/13/459574441/how-should-the-media-cover-donald-trump

⑥Dylan Byers, "The Media Unload on Trump," *Cable News of Network*, 2015-12-10, http://edition.cnn.com/2015/12/10/politics/donald-trump-media-backlash/

⑦Dave Berg, "The Media has Enabled Donald Trump to Become the GOP Front-runner, That's Tupid," *The Huffington Post*, 2015-12-10, http://www.huffingtonpost.com/dave-berg/the-media-has-enabled-donald-trump_b_8773628.html.

(作者单位：清华大学新闻与传播学院)

(原载《青年记者》2016年第4期)

西方媒体真的不讲政治吗?

张涛甫 郑保卫

一 认清西方"媒体独立"的实质

在西方国家,媒体具有所谓"第四种权力"。这曾令很多西方传媒人为之陶醉,但现实情况远没有那么单纯。西方媒体与政治的关系,剪不断理还乱。在很多情况下,西方媒体是政治的传导线,它把政治资讯传递给公众,还要负责过滤公众对政治资讯的反应。在这种新闻政治化的过程中,权力依赖于对资讯的掌控,使资讯成为政客的"资本"。西方国家政府和政党对媒体没有进行直接控制,而是采取说服、钻空子、渗透等手法,并通过各种政治献金对媒体施加影响。尤其是政党在竞选过程中,把大量的竞选资金投入媒体。作为交易,西方媒体则隐蔽地把政党的政治意图通过各种方式传播出去,其"技巧"已达到了炉火纯青的地步。

西方媒体与政府之间只存在一种"仪式性"的对立关系。这种仪式般的姿态制造出一种西方媒体与政府彼此独立的假象,让人们看起来好像西方媒体没有大肆宣扬政府立场。同时,这种姿态也使西方媒体自由和政府开放的神话更具有蛊惑性。事实上,西方政客为了他们眼中的选票、西方媒体为了它们追逐的利益,会置公众利益于不顾,进行类似"双簧"的表演与合作。在英国,卡梅伦之所以能够在大选中获胜,是与默多克传媒帝国的支持分不开的。另据皮尔斯·摩根这位做过《世界新闻报》《每日镜报》主编的亲历者披露,1997年布莱尔成功当选首相后,给他邮寄了一封手写的信:"亲爱的皮尔斯,谢谢你在选举活动中对我们所做的了不起的报道。你对我们的胜利作出了卓越的贡献。干得漂亮!"由此可见,英国媒体对政治的影响很大。

事实上,西方媒体在长期的职业实践中积累了一套专业性的规则和制度,形成了一系列专业理念、规则和方法,这些东西后来渐渐被归到"新闻专业主义"的名目下,成为西方媒体的"职业标语"。"新闻专业主义"制造出一种新闻独立和客观报道的假象,让人觉得这种新闻是呈现事实的最好方式。不少人被这套看上去很美的"新闻专业主义"话语深度套牢,对它信以为真,误以为此乃媒体"去政治化"的"防弹衣"。其实不是那么回事。西方媒体标榜的新闻自由和价值中立只是一种政治障眼术,不明就里者容易被其美丽的话语所蒙蔽。

马克思主义新闻观从不回避新闻舆论的意识形态属性,马克思主义政党历来把新闻舆论工作视为意识形态工作的重要组成部分。"做好党的新闻舆论工作,事关旗帜和道路,事关贯彻落实党的理论和路线方针政策,事关顺利推进党和国家各项事业,事关全党全国各族人民凝聚力和向心力,事关党和国家前途命运。"在党的新闻舆论工作座谈会上,习近平同志深刻阐述了新闻舆论工作的重要地位和作用,并明确指出,"党的新闻舆论工作坚持党性原则","党和政府主办的媒体是党和政府的宣传阵地,必须姓党"。这就旗帜鲜明地指出正确的政治方向是党的新闻舆论工作的灯塔,具有极强的现实针对性和指导性。我们要用正确的理论武装头脑,穿透西方媒体价值中立的"迷雾",认清西方新闻自由的本质,肩负起党的新闻舆论工作的职责和使命。

二 西方国家媒体无法摆脱政党和资本的控制

西方国家一直标榜它们的新闻媒体报道客观、言论中立,是媒体独立的典范。那么,世界上到底有没有完全独立的新闻媒体?这是个老问题,又是个依然存在疑惑的问题，需要认真思考回答。这里不妨以西方国家媒体为例来说明这个问题。

西方国家媒体总会对政党和政府有所依附

西方国家媒体同政党的关系，往往给人以"雾里看花"的感觉。表面上，许多媒体是私人传媒企业或独立新闻机构，不受政党控制。实际上，无论过去还是现在，西方国家媒体在其意识形态和利益集团的规制下，总是或明或暗、或隐或显地表现出其政治倾向和立场，总会对政党和政府有所依附。

从历史上看，西方国家的媒体大都经历过"政党报刊"时期。这一时期的媒体在经济和政治上对政党都有着很强的依附性。这时的媒体通常由政党出资兴办，属政党所有，其新闻政策及言论倾向由政党决定，并以政党利益作为选择新闻的标准。这种媒体是政党政治斗争的工具，要维护自己所依附的政党的利益、发表有利于该政党的言论。西方国家媒体进入"大众化报刊"时期后，先后出现了面向社会中下层的通俗小报。这一时期许多媒体开始脱离政党，但依然有不同程度的政党背景和政治倾向，会以各种形式和手段为一定的政党服务。

在当代西方国家，大多数媒体在经济上是独立的，与政党和政府之间通常不存在隶属关系。但由于各种利益关系交织渗透，媒体与政党和政府间依然存在着各种联系。在政治选举期间政党与媒体之间的默契配合，就是一个例证。西方国家以总统选举为中心的政党政治角逐，实质上常常演变为媒体间的新闻角逐。因为政治人物通常要借助媒体在公众面前展示自己的形象、宣传自己的政治纲领、扩大自己在选民中的影响，而媒体也希望在选举报道中维护自己所依附的政党的利益，同时展示自己的新闻竞争力。近几十年来，在西方国家出现了不少被称为"媒体总统"的政治人物。以美国为例，从里根到克林顿再到奥巴马，可以说都是善于利用媒体赢得竞选胜利的高手。

西方国家的执政党总会通过自己掌控的政府来控制媒体

通常,西方国家的政府不会直接控制媒体,但它依然有办法通过各种公开或隐蔽的手段对媒体进行控制、施加影响。例如,它可以通过制定各种管理条例和行政法规、控制新闻发布权和新闻信息源以及笼络新闻界头面人物等手段,对新闻传播活动进行管控和约束。有些国家的政府还会直接出面主办新闻机构,实行对新闻传播的直接控制。比如《美国之音》就是由美国政府主办的,它始终以阐明美国政府立场、为美国政府的内外政策服务作为自己的工作目标及准则。对它来说,享有新闻自由的程度要由美国政府来决定。2001年"9·11"恐怖袭击事件后,该台因为违规播放了塔利班组织和本·拉登的录像,受到了台长被撤职、经费被削减的惩处。

许多事实说明,西方国家的一些主流媒体在大方向上通常都是与政府保持一致的,在对外政策上尤其如此。这几年美国发生的诸如"占领华尔街"这样的负面事件,在美国的媒体上报道就有限制。而对一些自己看不顺眼、与其意识形态和价值观相悖国家的"负面新闻",美国媒体却不惜笔墨、大肆炒作,有时甚至不惜编造虚假新闻。这时,其一向奉为圭臬的客观报道原则就完全被抛在了一边。

由此可以看出,西方国家的媒体脱离不了同政党和政治的关系。并且,在西方国家真正起决定性作用的是资本。那些控制着国家经济命脉的大垄断财团,往往会把媒体的所有权和话语权掌握在自己手中。它们通过媒体来控制舆论,通过舆论再影响政府,以获得对自己有利的政策。这样一来,西方国家的新闻媒体根本无法摆脱资本、政党和政治的干预和影响,其标榜的"完全独立"的媒体是根本不存在的。

(作者单位:张涛甫,复旦大学新闻学院;
郑保卫,中国人民大学新闻学院)

(原载《理论导报》2016年第4期)

从美国大选报道看西方媒体的局限性

黄楚新

西方新闻观的现实困境：娱乐化、倾向性报道频出，西方媒体的政治新闻报道倾向于娱乐化。西方新闻报道专业准则强调客观、公正，同时强调政治新闻报道的严肃性。然而，纵观此次西方主流媒体对于美国大选的报道，无论是在新闻选题上还是在用词上，均体现出明显的娱乐化特征。特别是在此次大选的电视辩论环节，人身攻击充斥辩论环节的整个过程，并没有给辩论的正题留出多少空间。同时，西方媒体的报道也呈现出低俗化倾向，媒体聚焦的议题多为双方的绯闻、丑事和互相的抨击谩骂等内容，并通过娱乐化的方式进行呈现，本该重点报道的严肃政策议题成为配角。在新媒体传播技术快速发展的今天，西方主流媒体显然没有彰显出信息筛选和审核的把关作用，反而日益走向娱乐化和商业化，逐步丧失自身的传播优势。西方媒体娱乐化的发展趋势，主要以获得商业利益为出发点和落脚点。在突发事件、重大事件中，媒体选取猎奇的视角，以制造耸人听闻的内容和观点吸引用户关注，从而获得商业利益。娱乐化发展趋势会给西方媒体带来致命的影响，毕竟新媒体时代，媒体的公信力是其安身立命的根本。

西方传统主流媒体倾向性报道频出，阶级性显现。西方媒体报道受到的影响因素较为多元，有来自国家、主流意识形态方面的影响，也有来自媒体行业、媒体组织机构文化和记者自身的影响。尽管西方新闻观强调新闻自由和报道中立，突出媒体"社会公器"的作用，但是从此次美国大选报道中不难看出垄断资本在媒体中的影响力。在美国，大型主流媒体集团为私有，媒体观点和言论方向会受到媒体背后的资本控制方影响。在实际操作中，商业因素在新闻报道内容上的影响也显而易见。随着新闻集团、时代华纳等大型新闻集团对美国新闻行业的垄断，多元的新闻发展环境则更加难以出现。比如，在特朗普与希拉里的辩论过程中，尽管民众被特朗普爆出的话题和言论吸引，但美国媒体的立场更倾向于希拉里。在希拉里陷入"电邮门"危机时，一些美国媒体便对此事件降低报道度，美国有线电视新闻网（CNN）则公然给出"电邮可能是伪造的"的观点。在选举日之前，"美国总统计划"数据库显示，发行量在美国排在第三和第四的《纽约时报》《洛杉矶时报》都明确为希拉里"背书"。同时，美国销量第一的《今日美国报》公开呼吁美国选民不要投票给特朗普。由于此次美国大选之中特朗普与希拉里特殊的背景差异，让一向具有政治倾向的西方主流媒体的倾向性更加凸显。

　　社交媒体迫使西方传统媒体面对新的挑战。在全媒体时代，社交媒体成为美国底层民众表达其政治话语的舆论场。为希拉里站台的是美国主流媒体背后的"精英阶层"，体现的是精英阶层对资本和知识传媒的控制。而特朗普的支持者则以小企业主、中老年人、工薪阶层为主，体现的是底层民众的呼声。传统主流媒体和社交媒体在本次大选中的话语对立，折射出了美国社会精英阶层与大众阶层的分裂。通过此次美国大选，可以感知到社交媒体的重要性愈发突出。有观点认为，此次大选是社交媒体把特朗普送进白宫。虽然这种观点未免极端，但却从另一个角度说明了社交媒体在西方政治经济生活中正发挥着越来越重要的作用。对特朗普来说，他此次大选获胜和善于发挥社交媒体的作用不无关系。

美国大选乱象背后的美国媒体虚伪性与社会阶层矛盾

　　本次美国大选的媒体报道，显示出西方新闻理论与媒体报道实践中的积弊。客观新闻学是西方新闻观的核心，在这次美国大选报道实践中，我们看到的却是一些西方媒体在"眼球经济"趋势引导下的"偏见性"新闻报道。西方主流媒体倡导客观新闻报道，然而，受国家、媒体行业、新闻从业者自身等各种因素的影响，实践中的媒体报道很难做到绝对客观中立。而对于新闻客观的评价体系，也是西方新闻从业者在实践中总结出的一套指标，在时间和空间范围使用上都具有局限性。长期以来，西方主流媒体在实践中形成了一套歪曲而带有惯性的报道理念与稿件审核机制。比如在对异己社会制度国家的报道中，媒体往往表现出批判态度。媒体经常将资本的利益扩大为社会的利益，将资产阶级的主流价值观内化到新闻理念中，细化为一条条行业指标，成为新闻从业者"理所应当"遵守的标准与准则。这种新闻理念，掩盖了西方主流媒体与资本、政治等各方的利益关系。因此，西方新闻观标榜的新闻绝对自由、客观、公正等，无论在理论层面还是在实践层面都具有虚伪性。

媒体立场对立表征下的阶层矛盾。近年来，美国等西方国家国内各阶层之间的收入差距进一步扩大，加剧了西方社会阶层的分化。主流媒体和社交媒体在话题上的针锋相对，折射出精英群体和底层民众为各自的利益表达政治诉求，并为自身利益抗争，是美国社会矛盾激化的现实反映。全球化使得美国资本、技术和知识在全球加速流动，精英阶层对资本和知识的控制无限加强，在资本跨境流动过程中，手握资本的垄断资本家攫取了巨大利益。从西方媒体的报道来看，尽管希拉里强调提高富人阶层的税收以及资本利得税，但希拉里的获胜将为全球化带来延续性的机遇，其重返亚太的全球战略会给资本家带来更高的收益，因此在本次大选中，希拉里得到诸多垄断资本的支持。与之相反，底层民众不仅无法获得资本逐利全球带来的好处，反而成为西方国家资本全球逐利的受害者。正因如此，特朗普提出的实行贸易保护主义的政策，阻止非法移民、再工业化等主张，反映了底层民众迫切需要改变现状的呼声。有观点认为，希拉里与特朗普对决的背后折射出阶级冲突将会重回美国政治。

西方主流媒体公信力受到打击。此次美国大选最终结果与西方主流媒体的预测大相径庭，原因是多方面的。首先，在新媒体时代，较为传统的媒体民意调查方式本身就存在一定的局限性。媒体在进行民调时，没有全方位深入了解不同背景、阶层和种族民众的意愿。其次，主流媒体以大都市为报道大本营，视野受到限制，没能对选举整体形势有清楚的认识。对有选民"不愿表态"的现象，媒体没有重视。媒体本身的"偏见"和其所代表的主流意识形态也驱使报道出现倾向性。第三，新媒体带来的竞争压力使传统媒体对报道内容的低俗化和庸俗化采取容忍的态度。出于发行量、阅读量、点击率需求，主流媒体的报道焦点沉溺于对特朗普和希拉里的娱乐性内容的报道。对于美国总统选举结果，大多数美国主流媒体和民调机构都出现了重大预测错误，将会对西方媒体的公信力有一定的负面影响。媒体公信力的形成并非一蹴而就，它是依托高质量的新闻报道不断积累而成。在新媒体时代，影响力和公信力对传统媒体来说尤为重要，是其安身立命的根本。而偏颇的新闻报道无疑会动摇民众对媒体的信任根基，甚至会给媒体生存和发展带来困难。一旦民众失去对媒体的信赖，那么，媒体报道的传播效果将会大打折扣。同时，西方媒体在美国大选中的表现，也为全世界的新闻从业者和研究者留下了一笔负面遗产。

参考文献

张朋辉、殷淼、吴志伟、丁雨晴：《美国媒体站队成"大选常态"各自代表不同政治思潮》，环球网，2016年10月11日。

（作者单位：中国社会科学院新闻与传播研究所）

（原载《人民论坛》2017年第6期）

为何美国媒体漠视"民主之春"

詹得雄

2016年4月11日至18日,美国首都华盛顿发生了"民主之春"运动,300多个组织的几千人,汇集到那里表达自己的不满和愤怒。他们提出的不是经济要求,而是政治诉求:抗议金钱政治和腐败的、令人失望的大选。警察拘捕了1000多人。值得注意的是,"民主之春"运动的抗议队伍里出现了一块标语牌:"CNN你在哪里?"颇为醒目。它的含义是:我们在抗议,你为什么不来报道?美国的"民主之春"运动,很值得我们对美国的政治制度和新闻自由进行反思。

一 "民主之春"运动再次凸显美国的制度性弊病

美国在这个时候出现这样的风潮一点也不奇怪。现在美国的日子不好过,国内外遇到的挑战和困难很多,人民对政府和政治运作失去信心。中国有个成语叫"月晕而风,础润而雨",意思是说,每有风雨总会先有一些征兆。但这些征兆常常会被人忽视。现在美国这样的小征兆已经不少,例如"占领华尔街"运动、"愤怒者"运动、"黑人的命也是命"抗议活动和最近的"民主之春"运动,等等。这些都是美国制度性弊病引起的抗议,说明美国真的病得不轻。

人们记得,当2008年的金融危机爆发时,美国民众把目光和矛头对准了华尔街,认识到让大家受苦的风暴源头是华尔街的贪婪。一小撮金融投机家推出莫名其妙的"金融衍生工具",把老百姓的钱神不知鬼不觉地骗到了他们的口袋里。高管们享受着惊人的年薪和奖金。可是,一旦资金链断裂,政府却用老百姓交的税去挽救这些"大得不能倒"的金融机构。待到局势稍定,这些银行刚开始赢利,高管们照样拿比以前更多的奖金。老百姓怎么能不愤怒呢?真正有眼光的美国学者指出:"占领华尔街"其实是敲响了美国政治制度的"第一声丧钟"。民众已经打到了要害处,虽然被镇压下去了,被丑化了,但地下的暗火还在燃烧。2008年的危机到现在已经8年了,大的金融机构确实没倒,但老百姓的存款却因一个劲儿地"量化宽松"大印美钞而缩水,用"次贷"买房的人被大批地清出房屋。现在,虽然美国媒体在大力宣传美国的经济现在如何如何有起色,但认真的经济学家指出,事实上没有那么好,还是振兴乏力。

美国国外的情况大家更是有目共睹:伊拉克和阿富汗的"民主"依然乱纷纷;"伊斯兰国"竟然砍了白人的头;美国痛恨的叙利亚总统巴沙尔在俄罗斯的支持下收复失地;恐怖主义阴影一直令有两大洋护卫的美国人睡不好觉;潮水似的难民令欧洲不得安宁,美国也难以应付。

美国就是在上述背景下迎来了今年的"大选年",年底要选出新总统。

"民主之春"运动的矛头,主要对准用政治献金烧钱的大选。美国的选举,谁烧的钱越多,谁就越可能当选。本来富豪捐款还有些羞羞答答,还有些限制,但自从2014年美国最高法院以5:4的票决取消了对富人捐款总额的限制,他们就毫无顾忌地、明目张胆地用金钱来投资一笔"好生意"。据美国民间组织"代表我们"统计,过去5年里有200家企业捐了58亿美元,而得到的回报高达4.4万亿美元,也就是1美元可挣760美元。这样的"好生意"谁不愿意去做呢?而美国的政治,也越来越变成富人的游戏。

二 美国媒体漠视民众的愤怒

人们常常被美国大力宣传的"新闻自由"所迷惑，以为美国新闻界真的那么自由、那么独立。报纸期刊不是有许多不同的观点在争论吗？电台电视台上公众人物不是常常吵得不可开交吗？其实，这些热闹场面背后都隐藏着两个冷冰冰的事实：一是媒体从根本上、总体上要符合出资人的意愿；二是怎么吸引眼球就怎么来，以扩大媒体的吸引力，或曰"吸金力"。一切舆论都要符合他们的价值观，说到底，要确保垄断资本集团的根本利益。集团之间会打打架，会在媒体上演"言论自由"的好戏，那是做给不知情的人看的。

2003年，当美国政府决定攻打伊拉克的时候，媒体也是一片喊打，议会里也没有反对的声音。那时给人的印象是只要美国大兵开进去，就会受到伊拉克人民的夹道欢迎。萨达姆一倒，伊拉克就民主了，大中东民主计划就会很快实现。右派学者还鼓吹：大中东民主了，民主潮流必然会继续往东冲去，民主之花遍地开放，"美国领导下的世界和平"就顺利实现了，这些"新保守主义"精英的言论当时充斥媒体。

2011年的"占领华尔街"运动一度在全国各地蔓延，政府的对策是警棍加歪曲宣传。在当时的电视和报刊里你会看到这样的描写：示威者都是一些不务正业的流浪者。他们践踏了草坪；他们破坏了公园和社区的宁静；他们是酒鬼；他们在帐篷里做爱。最后，政府看到舆论造得差不多了，就来硬的一手，出动大批警察强力清场，而电视镜头对准的是留下的一片狼藉，给人的印象是这批捣蛋鬼终于走了。

2014年4月2日，美国最高法院的裁决，最终推翻了给美国政治竞选捐款总额的上限，这一裁决使得美国选举更加赤裸裸地反映出"钱主政治"的本质。当人们批评最高法院作出的裁决时，看到的是这样的判词："在我们的民主制度中，没有什么权利比参与选举我们的政治领袖这一权利更基本的了。"潜台词是：我用钱来支持我喜欢的领导人，那是我最重要的基本权利,谁管得着?这看似振振有词,但经不起推敲。不错,也许你可以用钱去影响大选,这是你的权利。可是,还有许许多多比你穷的人也有权利,可是他们没钱,这不就明摆着他们对候选人的影响要远远低于你吗?有美国学者指出:美国宪法是以"我们"开头的,确认"人生来平等",可是在金钱面前,如何平等的起来?发起"民主之春"的人正是抓住了这个最要害的问题聚会华盛顿,把4月18日的示威主题定为"民主觉醒",号召人民抵制金钱政治,希望真正把平等的精神贯彻到大选中去。这难道不是有深远意义的大新闻?可是,他们的满腔热情并没有引起美国主流媒体的关注,现场很少有记者出现,电视、平面媒体上也看不到、听不到他们的呼声,所以他们才要打出这样的标语:"CNN你在哪里?"

现在,一些民众发现,原来自己上当了!上了金融巨头的当,上了政府的当,上了媒体的当。这笔账难道不该清算吗?老百姓不禁要问:当"衍生金融工具"大行其道的时候,怎么没见过媒体出来大声疾呼:"当心!有风险!"美国不承认国际法庭,却喜欢把不喜欢的一些国家的领导人送上国际法庭,例如指责当年捍卫塞尔维亚领土完整的领导人犯了"反人类罪"。

三 美国新闻的手电筒只照别人不照自己

美国很"清高",从不说自己搞宣传,总是批评别的国家违背新闻的本义,在搞"宣传""洗脑",自诩美国才是真正尊重新闻的真实性和客观性,但事实说明美国的宣传很虚伪。

什么叫客观真实?这个问题看起来简单,实际很不简单。我们且不从哲学上去探讨它,只举个最简单的例子来说说。比如,一个人的脸上长了个小脓包,你给他照相,如果在三五米外拍,看到的是一张完整的脸。而如果你贴着脸专拍那个包,来个大特写,然后再配一个吓人的标题,那么给人的印象是这个人病入膏肓了。包是真实的,但在他手下就形成了某种不真实。美国总是抓住别的国家的一些人和事大做文章,只要是他不喜的国家,那里有人反政府就一律是"民主斗士",事情有那么简单吗?

美国自认为是人权的维护者,宣传自己是"山巅光耀之城",是人权的榜样。这种舆论已洗了很多人的脑。如果翻翻历史,看看美国建国过程中是如何屠杀印第安人的,是如何对待黑奴的,就知道什么是历史的真实。

20世纪初美国用武力把菲律宾变成了它的殖民地。一名美国国会议员在1909年讲了这样一段话:"你在北吕宋不会听到有任何动乱的事情。在北吕宋,没有人叛乱,因为那里没有一个人。这个国家被以最坚决的方式碾过,扫除干净。只有上帝才知道有多少菲律宾人被埋在地底下。我们的士兵不接受战俘,不保留记录,只是扫平这个国家。无论何时何地他们抓到一个菲律宾人,死亡是唯一下场,只有妇女和儿童被赦免了。这或许可以解释为什么这里性别比例如此不平衡。"100多年过去了,这些话现在听来都觉得毛骨悚然,同大慈大悲的人权卫士的形象有天壤之别。

同样,对于"美国梦"的宣传也洗了很多人的脑。1931年历史学家詹姆斯·特拉斯洛·亚当斯在《美国史诗》中写道,"美国梦"是"一个国度的梦,在这里,每个人的生活都可以过得更好、更富裕、更充实,人们的机会取决于他们的能力和成就",很多人信了。有人甚至说:"我们美国人都是百万富翁,有的已经是了,有的即将是!"今天,不但美国的底层人民,而且中产阶级都在怨叹要圆"美国梦"几乎不可能,但美国的主流媒体还在宣传五彩的泡沫。"民主之春"的出现,标志着一批人的"美国梦"彻底破灭,他们已经从经济斗争走向了政治斗争。

美国媒体的报道向来采取双重标准。他们对美国的政治制度通常表现出很自信,经常站在道德制高点上,批评其他国家的人权、民主状况。他们的记者每天都在全世界寻找可供报道的"民主"事件。就像CNN,它可是美国大牌电视台,无论是"阿拉伯之春""橙色革命"或香港"占中",都少不了它的镜头。为何以CNN为代表的美国主流媒体对发生在身边的"民主之春"不感兴趣?原因很简单,它不是替老百姓说话的,它是替自己身后的老板说话的,是替自己的广告客户说话的,是替美国的权势集团说话的。美国到处去传播"民主",背后都有利益考虑,搞乱的是别人,扶植起来的一定是"自己人"。而"民主之春"是要触动美国的根本体制，这不符合美国权势集团的利益。

虽然"民主之春"也像"占领华尔街"一样被软硬两手打压下去了，但美国制度存在的问题和弊病靠镇压是压不下去的。《纽约时报》在"民主之春"发生前不久就刊登一篇题为《美国理想主义的终结》的文章，说："我们的很多机构要么存在根本缺陷，要么无法正常运转。问题数不胜数，有些人感觉自己被排斥在了美国繁荣之外，明显不满。局面还能撑多久？"这个问题只有靠美国自己来回答了。

（作者单位：新华社世界问题研究中心）

（原载《光明日报》2016年5月23日第012版）

民主失算与媒体失范

李新烽

岁末年终，回眸今年的世界大事，有两件事会迫不及待、争先恐后地赫然跃入公众视野：英国脱欧公投和美国总统大选。这两件事之所以如此炫耀显赫，不是因为它们实行一人一票的选举制，让民众充分发扬民主，世界上不乏此类案例；也不是因为它们赢得各种媒体青睐，受到连篇累牍关注，国际上经常发生此类事情。它们之所以如此张扬显眼，其独特之处在于：其一，性质相同，发生在最发达的资本主义民主国家，政府行为，全民参与，程序完善；其二，结果相似，选举结果与初衷南辕北辙，让各自国家的选民大跌眼镜，推倒重来的呼声不绝于耳，首相、总统不得不出面回应；其三，媒体相仿，英国公投和美国大选前，两国媒体纷纷选边站队，英国媒体分为两大阵营竭尽全力助威造势，美国舆论则形成史无前例的一边倒；其四，影响相当，以客观公正自由自居的英美媒体，公然挑战新闻职业守则和新闻道德规范，搬起石头砸自己的脚，所造成的负面影响相当深广；其五，疑问相继，世人纷纷发问，探究公投和大选结果出人意料的深层原因，意欲打破砂锅问到底。一言以蔽之，此两件大事集中暴露了西式民主失算与西方媒体失范的严重弊端，这一现象让人深思，发人深省，影响深远。

英国采取公投方式决定与欧盟的关系，卡梅伦当初是胸有成竹、胜券在握的，旨在通过公投取得一石三鸟之效果：平息国内的脱欧议论，稳定与欧盟的关系，进而筑牢执政根基。未料事与愿违，自我玩火，外加媒体煽风点火，风长火势，脱欧之烈火似脱缰之野马而失控。民主与卡梅伦开了一个不大不小的玩笑，在哼着小调告别唐宁街10号时，首相先生想必会为自己的失策、公投的失准、民主的失算而悔恨不已。这从他最后阶段不遗余力为"留欧"大声呐喊就能管中窥豹，可见一斑。英国不乏"事后诸葛亮"为他指点迷津：对于像脱欧这样关乎全民利益的重大议题，应该由议会决定，哪能让公投决断？

再把目光转向大西洋彼岸的美国，看看总统大选的新闻报道。维基解密网曝光的一些民主党人邮件证实：民主党竞选总部与媒体界频频私下勾结。俄罗斯《消息报》分析了美国十几家一贯亲共和党媒体的报道，发现"象"党的院外集团转而站到"驴"党一边："几乎所有美国媒体都顾不上保持客观立场，都支持民主党总统候选人希拉里。一拨亲共和党的媒体也背弃了数百年的传统，为民主党人摇旗呐喊。"难怪特朗普戏谑道："美国媒体和希拉里躺在一张床上。"

然而，与英国公投结果一样出乎所料，特朗普胜选了，法国《世界报》将其与2001年骇人听闻的"9·11"恐怖袭击相提并论。对此，西方有识之士从两个方面反躬自问：媒体为何失范？民主缘何失算？

在深挖民主失算的根源时，英美精英人士不约而同地认为，"颠覆性"大选难挽"美式民主"颓势，其根源在于西方体制性腐败。这是因为"这场政治灾难在很大程度上是我国制度自己造成的"，美国《外交政策》双月刊网站的文章进而列举了美国制度的三大弊端：首先是疏忽之过，大多数民众未能从经济发展中受益，政府却袖手旁观；其次是佣金之错，大公司和华尔街一直在通过游说和竞选捐款为政治影响力投入巨资，他们在华盛顿格外有发言权；再次是包容精神之失，"这场选举扯掉了最后一丝对美国民主制度和公共生活中包容精神的尊重"。在竞选过程中，有的总统候选人丑化对手，吹嘘自己，讽刺弱势群体。在英国《独立报》网站12月3日的一篇文章中，透明国际创始人之一劳伦斯·科克罗夫特将西方体制腐败分为五种类型：竞选资金、游说行业、金融腐败、企业行贿和腐败危及碳排放的努力。

其实，对于资本主义制度的腐败和资产阶级民主自由的虚伪，慧眼识珠的美国人早已有所洞察。这次美国总统竞选及其新闻报道，就勾起人们对马克·吐温的著名小说《竞选州长》和迈克·奎因的讽刺小说《金喇叭》的清新回忆。

对于美国媒体严重误判大选结果，未能把握本国的"复杂脉搏"，《纽约时报》媒体专家吉姆·鲁滕贝格认为，这源于新闻"没有成功检测到很大一部分美国选民沸腾的愤怒，这些人感到自己被一个只让某些人享受到的经济复苏所抛弃。他们也感到被华盛顿、华尔街和大型媒体的精英们所羞辱"。对此，德国传媒学专家沃维大声疾呼：西方记者和学者不能再"生活在象牙塔里"了！

英国脱欧公投和美国总统大选，犹如两记响彻全球的警钟，告诫西式民主的吹鼓手们和西方新闻自由的标榜者们，你们的民主模式和新闻自由范式并非十全十美、尽善尽美，再勿"以我为中心"对别国的民主与自由指手画脚、横加干涉了。文明的多样性是人类社会的显著特征，民主和自由并不存在所谓的完美模式和完满范式，适合各自国情、行之有效且不断发展完善的民主与自由，就是好的模式和范式。也许俄罗斯国际问题专家韦尼阿明·波波夫的一席话意味深长：美国大选彻底暴露了西方的政治体制危机，以及社会各阶层的严重分裂。西方执政者需要认识到，面临如此多的全球性问题，开展平等的多边合作已经势在必行。

（作者单位：中国社会科学院西亚非洲研究所）
（原载《中国社会科学报》2016 年 12 月 29 日第 001 版）